中国基本单位统计年鉴 2017

国家统计局普查中心 编

CHINA BASIC STATISTICAL UNITS YEARBOOK

中国统计出版社
China Statistics Press

图书在版编目（CIP）数据

中国基本单位统计年鉴. 2017 / 国家统计局普查中心编. -- 北京 : 中国统计出版社, 2017.10
ISBN 978-7-5037-8280-0

Ⅰ. ①中… Ⅱ. ①国… Ⅲ. ①统计资料－中国－2017－年鉴 Ⅳ. ①C832-54

中国版本图书馆 CIP 数据核字(2017)第 201966 号

中国基本单位统计年鉴—2017

作　　者/国家统计局普查中心
责任编辑/冯燕玲
封面设计/杨　超　李雪燕
出版发行/中国统计出版社
通信地址/北京市丰台区西三环南路甲 6 号　邮政编码/100073
电　　话/邮购（010）63376909　书店（010）68783171
网　　址/ http://www.zgtjcbs.com
印　　刷/河北鑫兆源印刷有限公司
经　　销/新华书店
开　　本/880×1230mm　1/16
字　　数/580 千字
印　　张/18.75
版　　别/2017 年 10 月第 1 版
版　　次/2017 年 10 月第 1 次印刷
定　　价/220.00 元（附光盘）

本书附同版本 CD-ROM 一张，光盘内容以书面文字为准。
如有印装差错，由本社发行部调换。

《中国基本单位统计年鉴-2017》
编辑委员会

编 者 说 明

一、《中国基本单位统计年鉴－2017》是一部反映中华人民共和国各类基本单位情况的资料性工具书。本书分为两部分：第一部分是全国各类法人单位按地区、国民经济行业等进行各种分组汇总而成的综合资料；第二部分是全国各类企业法人单位按地区、国民经济行业、登记注册类型、营业状态等进行各种分组汇总而成的综合资料。

二、1996 年数据来源于第一次全国基本单位普查资料，2001 年数据来源于第二次全国基本单位普查资料，2004 年数据来源于第一次全国经济普查资料，2008 年数据来源于第二次全国经济普查资料，2013 年数据来源于第三次全国经济普查资料，其他年份的数据来源于基本单位年度统计资料。

三、资料的汇总范围为我国境内从事经济社会活动的法人单位，未包括香港、澳门特别行政区和台湾省。

《中国基本单位统计年鉴－2017》内容系统、翔实,具有较强的实用性，可作为各级政府和经济管理部门进行宏观管理、制定政策的参考，也是企业生产经营及投资决策和科研机构、大专院校进行科研及教学活动的辅助资料。

恳请广大读者对本书提出宝贵意见。

目　　录

第一部分　全部法人单位综合资料

第二部分　企业法人单位综合资料

第一部分

全部法人单位综合资料

1-1 按行业(门类)分组的法人单位数

单位：个

行业门类	代码	法人单位数						
		1996年	1997年	1998年	1999年	2000年	2001年	2002年
总计	--	**4402276**	**4344278**	**4417508**	**4221995**	**4366141**	**5107015**	**5170849**
农、林、牧、渔业	A	148029	148269	147656	142055	142140	171526	170953
采矿业	B	100362	99578	102265	91026	90484	71409	70851
制造业	C	1256323	1221878	1290304	1192280	1243607	1220587	1239549
电力、热力、燃气及水生产和供应业	D	30543	29864	30299	30031	30841	36982	37136
建筑业	E	126710	125476	125541	112973	118240	123187	129062
批发和零售业	F	681853	678488	668847	654887	693108	807454	829029
交通运输、仓储和邮政业	G	63808	62871	62941	57772	59711	82162	83489
住宿和餐饮业	H	81444	71835	79270	78804	83014	100768	102244
信息传输、软件和信息技术服务业	I	20381	18545	22141	22826	25425	57420	59368
金融业	J	73824	74054	73941	69029	70228	63996	64806
房地产业	K	39693	40903	44606	44051	48363	92417	96795
租赁和商务服务业	L	96609	109537	100411	97410	107229	234265	242109
科学研究和技术服务业	M	42048	41299	43264	42608	45003	75666	78356
水利、环境和公共设施管理业	N	29508	28661	30273	29315	30189	51007	51426
居民服务、修理和其他服务业	O	52677	45707	51786	48898	54366	94655	96244
教育	P	215358	219281	215530	214042	218304	307817	308320
卫生和社会工作	Q	112326	112810	112695	112375	114388	200360	200761
文化、体育和娱乐业	R	41064	36522	41388	40094	41060	57410	57891
公共管理、社会保障和社会组织	S	1185790	1174810	1170475	1137752	1146645	1254546	1250166
国际组织	T	3926	3890	3875	3767	3796	3381	2294

注：2004年和2008年农、林、牧、渔业法人单位数为兼营第二、三产业的农、林、牧、渔业法人单位；2013年农、林、牧、渔业法人单位数为农、林、牧、渔服务业和兼营第二、三产业的农、林、牧、渔业法人单位；2013年法人单位数不包括金融业、铁路运输业和无分组标识的部分数据(下同)。

1-1 续表 1

单位：个

行业门类	代码	法人单位数						
		2003年	2004年	2005年	2006年	2007年	2008年	2009年
总计	--	**5214144**	**5168303**	**5647823**	**6068912**	**6495064**	**7098765**	**8003868**
农、林、牧、渔业	A	156033	1835	68800	78205	98546	2023	184764
采矿业	B	72538	82353	89430	93967	97678	97315	103403
制造业	C	1298870	1328964	1451556	1579406	1702455	1818370	1959254
电力、热力、燃气及水生产和供应业	D	33570	39830	43148	45922	49052	57923	62038
建筑业	E	132059	128193	149471	170180	190517	226768	261694
批发和零售业	F	840241	883653	994953	1122489	1246042	1403141	1670315
交通运输、仓储和邮政业	G	85991	80375	91565	104635	117228	157589	175914
住宿和餐饮业	H	103537	92869	101853	109892	118173	145297	154895
信息传输、软件和信息技术服务业	I	58307	72913	85499	100614	115101	153290	176326
金融业	J	64802	23793	26828	29201	31815	28668	36907
房地产业	K	98943	129197	148059	165865	187444	214391	244043
租赁和商务服务业	L	219567	249192	291498	331904	368763	427001	511666
科学研究和技术服务业	M	110685	136555	153076	166240	176677	201689	233221
水利、环境和公共设施管理业	N	47847	44352	46847	48811	50953	57553	61740
居民服务、修理和其他服务业	O	64391	83606	93947	102228	110525	120467	141936
教育	P	304056	299418	305446	308760	312339	335065	342003
卫生和社会工作	Q	198879	181877	183760	185014	187376	206480	209016
文化、体育和娱乐业	R	77717	64741	69490	72873	76430	81878	90891
公共管理、社会保障和社会组织	S	1243967	1244587	1252597	1252706	1257950	1363857	1383842
国际组织	T	2144	—	—	—	—	—	—

1-1 续表 2

单位：个

行业门类	代码	法人单位数						
		2010年	2011年	2012年	2013年	2014年	2015年	2016年
总计	--	**8754588**	**9593729**	**10616530**	**10825611**	**13701440**	**15729199**	**18191382**
农、林、牧、渔业	A	242429	321086	440853	161824	951045	1204724	1481473
采矿业	B	104065	105490	107596	89112	101673	103426	104074
制造业	C	2098370	2240315	2380759	2252225	2616671	2801143	3019269
电力、热力、燃气及水生产和供应业	D	64151	66652	69947	70409	79679	87486	99469
建筑业	E	302232	346026	391392	347519	464975	574128	754512
批发和零售业	F	1965118	2276295	2630690	2810531	3513338	4199026	5041698
交通运输、仓储和邮政业	G	195829	219630	249832	262048	323044	378705	443325
住宿和餐饮业	H	164762	172070	186837	199592	235337	274283	317619
信息传输、软件和信息技术服务业	I	191182	208867	245669	226107	289162	387842	507674
金融业	J	45512	55513	67554	—	91583	109711	122516
房地产业	K	284726	323985	356717	343924	419618	466100	533557
租赁和商务服务业	L	590478	687575	813851	916953	1161947	1440572	1768005
科学研究和技术服务业	M	256865	283777	324932	455778	544309	661022	813251
水利、环境和公共设施管理业	N	64794	69186	75981	84803	97522	108069	122367
居民服务、修理和其他服务业	O	158152	175813	196880	190692	242251	298958	359932
教育	P	342408	346390	355072	413908	444038	461451	486026
卫生和社会工作	Q	205778	205173	206885	249567	265537	271571	275554
文化、体育和娱乐业	R	95633	102775	121126	230544	263384	297274	341182
公共管理、社会保障和社会组织	S	1382104	1387111	1393957	1520075	1596327	1603708	1599879
国际组织	T	—	—	—	—	—	—	—

1-2　按三次产业、地区分组的法人单位数

(2016年)　　单位：个

地　区	法人单位数	第一产业	第二产业	第三产业
全　国	**18191382**	**1262764**	**3953940**	**12974678**
北　京	711166	9042	55250	646874
天　津	391323	9789	77536	303998
河　北	785259	62411	198384	524464
山　西	498902	87165	62498	349239
内蒙古	272236	36601	37868	197767
辽　宁	596474	24894	136512	435068
吉　林	193453	14254	37815	141384
黑龙江	251727	26644	41901	183182
上　海	463990	6412	100193	357385
江　苏	1907732	38894	588922	1279916
浙　江	1497165	62212	483481	951472
安　徽	651253	57486	141615	452152
福　建	751748	43405	176046	532297
江　西	464652	48568	97702	318382
山　东	1652065	86617	376382	1189066
河　南	816779	46778	149863	620138
湖　北	783356	64868	142150	576338
湖　南	552659	33665	98947	420047
广　东	1521420	31784	445873	1043763
广　西	474480	69902	56504	348074
海　南	84923	10899	10554	63470
重　庆	533104	93974	80113	359017
四　川	542897	47437	87896	407564
贵　州	339564	69148	62614	207802
云　南	451891	72197	55857	323837
西　藏	26660	575	3814	22271
陕　西	395374	34114	69558	291702
甘　肃	210747	33488	26686	150573
青　海	65364	12481	9316	43567
宁　夏	80937	11695	11832	57410
新　疆	222082	15365	30258	176459

1-3 按地区、开业(成立)

地区	法人单位数	1949年及以前	1950-1977年	1978-1991年	1992-1995年	1996年	1997年	1998年	1999年	2000年	2001年	2002年	2003年
全国	**18191382**	**85329**	**421991**	**762718**	**330453**	**102883**	**102189**	**164317**	**163322**	**244053**	**293359**	**329292**	**388946**
北京	711166	787	4042	16485	16476	4632	5138	7973	9516	14158	18108	20675	25245
天津	391323	836	2027	7633	6784	2023	2119	2960	3022	5023	6017	6169	7658
河北	785259	18861	25407	36429	7953	3783	2946	4778	4521	9562	8573	10736	11300
山西	498902	5263	21019	25859	5306	1577	1831	3224	2704	3874	4909	6547	6402
内蒙古	272236	1457	11650	11457	2917	1204	1380	1933	1846	3040	3542	4125	4247
辽宁	596474	2562	14211	29377	13874	4003	4165	6778	7623	10842	12098	13388	16030
吉林	193453	1690	11087	14234	3952	1384	1067	2215	2093	3693	4503	4195	5260
黑龙江	251727	2084	11854	15996	4868	1720	1450	2694	2576	4447	6211	5141	5670
上海	463990	563	2440	10305	18787	5212	5744	7646	8168	11336	14409	18528	23021
江苏	1907732	2269	12952	38075	25052	7699	8504	17158	13870	25221	34616	37371	44745
浙江	1497165	4981	12247	40555	25974	8732	9245	13216	14576	21744	25849	31665	34945
安徽	651253	1517	10275	15501	8811	2817	2754	3398	3470	5862	6480	8280	10035
福建	751748	2915	12605	31656	14853	4876	5393	6976	7007	10574	10551	12851	16071
江西	464652	2007	16371	27406	6069	2062	1676	2856	2590	5047	5967	6546	8239
山东	1652065	5539	19850	80108	18670	5940	6055	10844	10491	16752	22783	22964	28320
河南	816779	5585	34744	59979	14283	5749	4756	9097	6882	11642	12611	12168	15035
湖北	783356	2265	15638	32796	10370	4432	3528	5728	5173	8372	11108	12300	13430
湖南	552659	2236	19693	41688	14847	3930	3436	8394	4331	8175	10359	9966	12090
广东	1521420	4510	22401	42699	39246	9982	11103	18170	27752	22202	27322	32201	39253
广西	474480	2406	17174	20337	9827	3820	2778	2432	2373	3229	3959	7034	6670
海南	84923	188	4083	3122	2457	548	450	626	652	880	1219	1416	1653
重庆	533104	1025	4897	7407	5927	1700	2237	3375	2330	4029	7100	6448	7702
四川	542897	2154	39948	42628	18312	4192	4235	6675	5535	8463	11097	10879	15302
贵州	339564	1226	7297	12518	11514	1048	1151	1852	1693	2456	2858	3357	4536
云南	451891	1174	10309	14739	5298	2082	2329	2910	3108	10376	4822	5329	6506
西藏	26660	560	2548	5295	889	545	224	352	607	398	321	853	410
陕西	395374	3218	20384	27313	7474	3598	3344	4687	3949	5273	6630	7040	7407
甘肃	210747	2500	14280	23067	3953	1465	1262	2237	1779	2785	3809	4141	4433
青海	65364	643	4479	6242	908	288	278	499	458	832	1107	1228	1190
宁夏	80937	351	2751	4725	1058	519	376	695	580	975	788	1134	1527
新疆	222082	1957	13328	17087	3744	1321	1235	1939	2047	2791	3633	4617	4614

时间分组的法人单位数

单位：个

2004年	2005年	2006年	2007年	2008年	2009年	2010年	2011年	2012年	2013年	2014年	2015年	2016年	无开业年份
402047	**455416**	**521078**	**526914**	**609402**	**801359**	**1019462**	**1187226**	**1315736**	**1497277**	**1750293**	**2146041**	**2485985**	**84294**
29404	32404	33432	37293	43311	52913	60908	67367	70791	73014	25317	37891	3069	817
7923	9022	11257	11412	13535	16938	21134	26326	26302	29652	33671	61486	67042	3352
12367	14139	17944	16295	19145	29469	36464	42734	48810	68650	82096	98237	151773	2287
6934	7955	9596	11992	14528	18413	19817	23592	27352	29408	45631	75907	117863	1399
4774	6025	8121	7351	8621	12335	15881	16914	19148	23887	27192	28092	43855	1242
17555	19183	21176	21946	23945	30618	40613	42389	40361	37695	53771	52191	55755	4325
5120	7065	7802	7392	7454	10723	13522	15508	16726	17163	7564	10958	10666	417
5737	6231	6467	6980	9763	13527	16640	16947	20082	23817	12762	20945	25888	1230
26110	27297	23988	20778	22625	29145	34615	35558	37331	33663	30960	13497	1949	315
41000	44046	55530	55004	57833	80909	112205	121205	126282	119423	190465	254615	373610	8073
33103	35580	44208	45818	46220	60576	75568	89133	89887	152372	177140	173986	219727	10118
12304	13699	18353	18923	23108	27390	38561	44551	51585	59610	78863	103993	75518	5595
16389	18530	21883	21285	25489	34032	44709	52016	53640	51716	71897	91639	103096	9099
6748	8689	9989	9252	11508	16887	22740	26329	30866	26043	48083	66520	92716	1446
28861	32961	38988	37047	46395	62992	80062	86061	90481	108934	185111	241568	358658	5630
14945	23898	23622	20331	28936	36400	43168	47509	50921	65358	75953	102915	85763	4529
14364	16701	17403	17252	22843	30885	37900	44463	50225	75931	84928	109962	133875	1484
12230	15508	16586	15103	17174	23106	31848	35888	38949	45278	52674	47926	58099	3145
43365	47324	54926	56693	62650	84722	102609	126782	144354	166626	149171	116757	59210	9390
5938	7742	8020	9306	10763	15963	19515	27913	40205	40466	54236	71403	80395	576
1701	2013	2306	2526	3226	3821	5938	6813	7340	7835	7926	10227	5715	242
8409	8037	8750	11999	11482	14580	27797	50122	54622	54933	62593	78358	85976	1269
14771	15663	16735	19341	21532	23894	29258	33714	37358	36197	32099	42167	49478	1270
4851	4778	6289	6993	8213	9465	13145	16359	36588	34944	27230	48662	69372	1169
6690	7239	9290	8576	11446	16236	19694	24770	28583	27398	55689	91185	74470	1643
522	815	673	749	1194	1230	1354	1846	1935	2060	122	93	23	1042
7386	9105	10842	11230	14777	20073	24157	28008	29454	27603	36178	38580	35928	1736
4271	4983	5671	5912	7356	8922	11442	13139	17619	23457	14953	17596	9216	499
1125	1220	1445	1758	1927	2311	3332	4415	4877	5707	6904	6637	5427	127
1649	1523	1749	1911	2255	3321	3922	4589	5983	7687	5817	12121	12806	125
5501	6041	8037	8466	10148	9563	10944	14266	17079	20750	13297	19927	19047	703

1-4 按地区、机构类型分组的法人单位数

(2016年)

单位：个

地区	法人单位数	企业法人	事业法人	机关法人	社会团体	其他
全国	**18191382**	**14618448**	**821777**	**256531**	**303393**	**2191233**
北京	711166	669663	11978	2172	5738	21615
天津	391323	362508	6758	2030	2129	17898
河北	785259	611099	32495	12105	8235	121325
山西	498902	336910	28005	8995	8030	116962
内蒙古	272236	183081	18580	7557	8356	54662
辽宁	596474	488742	30909	9604	9234	57985
吉林	193453	132492	19260	5880	4266	31555
黑龙江	251727	158568	21267	9583	4943	57366
上海	463990	432697	7802	1688	3376	18427
江苏	1907732	1717140	39825	10620	26721	113426
浙江	1497165	1307844	32194	8113	20527	128487
安徽	651253	518794	22725	9054	9730	90950
福建	751748	636091	29071	9109	18744	58733
江西	464652	344148	33154	9699	10369	67282
山东	1652065	1344176	44903	12826	18819	231341
河南	816779	580619	66825	14465	8342	146528
湖北	783356	609683	41443	9810	13280	109140
湖南	552659	392705	43318	12712	11321	92603
广东	1521420	1325287	46438	11971	24696	113028
广西	474480	351445	41280	9329	13091	59335
海南	84923	63702	4359	1699	1809	13354
重庆	533104	460825	18073	4032	7429	42745
四川	542897	327339	59930	19358	18721	117549
贵州	339564	247409	21448	7270	5703	57734
云南	451891	343742	22431	11253	11895	62570
西藏	26660	9593	2358	5795	642	8272
陕西	395374	287034	29980	9641	7282	61437
甘肃	210747	125742	19981	7025	9991	48008
青海	65364	41210	4444	2959	2145	14606
宁夏	80937	56781	3161	1471	1513	18011
新疆	222082	151379	17382	8706	6316	38299

1-5　按行业(大类)分组的法人单位数

(2016年)　　单位：个

行业大类	代码	法　人 单位数	从事单一活动或位于一个地点的法人单位	从事多种活动或位于多个地点的法人单位
总计	--	**18191382**	**17637847**	**553535**
农、林、牧、渔业	A	**1481473**	**1476278**	**5195**
农业	01	695164	693130	2034
林业	02	98622	97732	890
畜牧业	03	380235	379240	995
渔业	04	88743	88480	263
农、林、牧、渔服务业	05	218709	217696	1013
采矿业	B	**104074**	**101719**	**2355**
煤炭开采和洗选业	06	20780	19865	915
石油和天然气开采业	07	763	711	52
黑色金属矿采选业	08	15489	15082	407
有色金属矿采选业	09	11303	11034	269
非金属矿采选业	10	48667	48065	602
开采辅助活动	11	3955	3871	84
其他采矿业	12	3117	3091	26
制造业	C	**3019269**	**2972870**	**46399**
农副食品加工业	13	134996	132003	2993
食品制造业	14	71098	69108	1990
酒、饮料和精制茶制造业	15	53103	51591	1512
烟草制品业	16	506	459	47
纺织业	17	144555	142719	1836
纺织服装、服饰业	18	174201	171859	2342
皮革、毛皮、羽毛及其制品和制鞋业	19	78079	77253	826
木材加工和木、竹、藤、棕、草制品业	20	96187	95447	740
家具制造业	21	69605	68493	1112
造纸和纸制品业	22	69488	68899	589
印刷和记录媒介复制业	23	80058	78911	1147
文教、工美、体育和娱乐用品制造业	24	101990	100575	1415
石油加工和炼焦业	25	8674	8365	309
化学原料和化学制品制造业	26	125405	122597	2808
医药制造业	27	25842	24968	874
化学纤维制造业	28	7084	6999	85
橡胶和塑料制品业	29	176649	174714	1935
非金属矿物制品业	30	261399	257905	3494
黑色金属冶炼和压延加工业	31	41722	41020	702
有色金属冶炼和压延加工业	32	30984	30496	488
金属制品业	33	261885	258986	2899
通用设备制造业	34	288974	284791	4183

1-5 续表 1

单位：个

行业大类	代码	法　人单位数	从事单一活动或位于一个地点的法人单位	从事多种活动或位于多个地点的法人单位
专用设备制造业	35	196537	193755	2782
汽车制造业	36	74134	72938	1196
铁路、船舶、航空航天和其他运输设备制造业	37	34104	33419	685
电气机械和器材制造业	38	183157	179485	3672
计算机、通信和其他电子设备制造业	39	100997	99169	1828
仪器仪表制造业	40	39837	38894	943
其他制造业	41	55295	54907	388
废弃资源综合利用业	42	13295	13103	192
金属制品、机械和设备修理业	43	19429	19042	387
电力、热力、燃气及水生产和供应业	D	**99469**	**94591**	**4878**
电力、热力生产和供应业	44	67322	64462	2860
燃气生产和供应业	45	9246	8331	915
水的生产和供应业	46	22901	21798	1103
建筑业	E	**754512**	**729119**	**25393**
房屋建筑业	47	134121	124286	9835
土木工程建筑业	48	131940	126244	5696
建筑安装业	49	126136	122007	4129
建筑装饰和其他建筑业	50	362315	356582	5733
批发和零售业	F	**5041698**	**4932016**	**109682**
批发业	51	3010293	2956766	53527
零售业	52	2031405	1975250	56155
交通运输、仓储和邮政业	G	**443325**	**424951**	**18374**
铁路运输业	53	3777	3583	194
道路运输业	54	247449	239326	8123
水上运输业	55	13930	13287	643
航空运输业	56	2254	2073	181
管道运输业	57	452	426	26
装卸搬运和运输代理业	58	114877	110203	4674
仓储业	59	38032	36912	1120
邮政业	60	22554	19141	3413
住宿和餐饮业	H	**317619**	**304302**	**13317**
住宿业	61	100050	96085	3965
餐饮业	62	217569	208217	9352
信息传输、软件和信息技术服务业	I	**507674**	**498099**	**9575**
电信、广播电视和卫星传输服务	63	20582	17898	2684
互联网和相关服务	64	69984	69053	931
软件和信息技术服务业	65	417108	411148	5960
金融业	J	**122516**	**105856**	**16660**
货币金融服务	66	40733	32727	8006

1-5　续表 2

单位：个

行业大类	代码	法　人 单位数	从事单一活动或位于一个地点的法人单位	从事多种活动或位于多个地点的法人单位
资本市场服务	67	41735	40875	860
保险业	68	20754	13414	7340
其他金融业	69	19294	18840	454
房地产业	**K**	**533557**	**506108**	**27449**
房地产业	70	533557	506108	27449
租赁和商务服务业	**L**	**1768005**	**1733602**	**34403**
租赁业	71	122245	120813	1432
商务服务业	72	1645760	1612789	32971
科学研究和技术服务业	**M**	**813251**	**795930**	**17321**
研究和试验发展	73	111180	109930	1250
专业技术服务业	74	338862	326541	12321
科技推广和应用服务业	75	363209	359459	3750
水利、环境和公共设施管理业	**N**	**122367**	**118798**	**3569**
水利管理业	76	28082	26913	1169
生态保护和环境治理业	77	14790	14413	377
公共设施管理业	78	79495	77472	2023
居民服务、修理和其他服务业	**O**	**359932**	**352718**	**7214**
居民服务业	79	137239	133581	3658
机动车、电子产品和日用产品修理业	80	117207	114905	2302
其他服务业	81	105486	104232	1254
教育	**P**	**486026**	**454653**	**31373**
教育	82	486026	454653	31373
卫生和社会工作	**Q**	**275554**	**259456**	**16098**
卫生	83	218068	202409	15659
社会工作	84	57486	57047	439
文化、体育和娱乐业	**R**	**341182**	**336509**	**4673**
新闻和出版业	85	9395	9002	393
广播、电视、电影和影视录音制作业	86	32779	31607	1172
文化艺术业	87	119027	118029	998
体育	88	30594	29813	781
娱乐业	89	149387	148058	1329
公共管理、社会保障和社会组织	**S**	**1599879**	**1440272**	**159607**
中国共产党机关	90	35636	31846	3790
国家机构	91	461613	388586	73027
人民政协、民主党派	92	6812	6535	277
社会保障	93	16992	16668	324
群众团体、社会团体和其他成员组织	94	379555	375740	3815
基层群众自治组织	95	699271	620897	78374

1-6 按行业(大类)、东中西部以及东北地区分组的法人单位数

(2016年) 单位：个

行业大类	代码	法人单位数	东部地区	中部地区	西部地区	东北地区
总计	--	**18191382**	**9766791**	**3767601**	**3615336**	**1041654**
农、林、牧、渔业	A	**1481473**	**431720**	**404560**	**547829**	**97364**
农业	01	695164	225199	188589	241159	40217
林业	02	98622	31168	32938	30668	3848
畜牧业	03	380235	73267	97186	191261	18521
渔业	04	88743	31831	19817	33889	3206
农、林、牧、渔服务业	05	218709	70255	66030	50852	31572
采矿业	B	**104074**	**19741**	**30246**	**44216**	**9871**
煤炭开采和洗选业	06	20780	1545	7405	9936	1894
石油和天然气开采业	07	763	117	116	401	129
黑色金属矿采选业	08	15489	5177	3665	4548	2099
有色金属矿采选业	09	11303	1524	3357	5350	1072
非金属矿采选业	10	48667	10470	13955	20091	4151
开采辅助活动	11	3955	391	639	2546	379
其他采矿业	12	3117	517	1109	1344	147
制造业	C	**3019269**	**2059990**	**469346**	**334634**	**155299**
农副食品加工业	13	134996	53181	34542	30606	16667
食品制造业	14	71098	33692	16826	15559	5021
酒、饮料和精制茶制造业	15	53103	18386	12958	18013	3746
烟草制品业	16	506	120	219	123	44
纺织业	17	144555	118216	15795	7936	2608
纺织服装、服饰业	18	174201	135161	25219	8067	5754
皮革、毛皮、羽毛及其制品和制鞋业	19	78079	64067	8441	4246	1325
木材加工和木、竹、藤、棕、草制品业	20	96187	56343	17827	14748	7269
家具制造业	21	69605	46113	11516	9361	2615
造纸和纸制品业	22	69488	52825	8240	5975	2448
印刷和记录媒介复制业	23	80058	53712	12658	9727	3961
文教、工美、体育和娱乐用品制造业	24	101990	79851	11192	8815	2132
石油加工和炼焦业	25	8674	4219	1370	1687	1398

1-6 续表 1

单位：个

行业大类	代码	法人单位数	东部地区	中部地区	西部地区	东北地区
化学原料和化学制品制造业	26	125405	74494	26499	16143	8269
医药制造业	27	25842	11355	7224	4952	2311
化学纤维制造业	28	7084	6094	539	249	202
橡胶和塑料制品业	29	176649	138299	18030	12755	7565
非金属矿物制品业	30	261399	117618	68228	58706	16847
黑色金属冶炼和压延加工业	31	41722	24092	8365	5744	3521
有色金属冶炼和压延加工业	32	30984	17562	6897	5032	1493
金属制品业	33	261885	202732	26580	22064	10509
通用设备制造业	34	288974	220472	31388	18764	18350
专用设备制造业	35	196537	144013	26684	14947	10893
汽车制造业	36	74134	47625	14781	7891	3837
铁路、船舶、航空航天和其他运输设备制造业	37	34104	23399	3764	5305	1636
电气机械和器材制造业	38	183157	146470	19776	10245	6666
计算机、通信和其他电子设备制造业	39	100997	83589	10197	5469	1742
仪器仪表制造业	40	39837	30032	4855	2633	2317
其他制造业	41	55295	37450	11995	4275	1575
废弃资源综合利用业	42	13295	6748	3710	2105	732
金属制品、机械和设备修理业	43	19429	12060	3031	2492	1846
电力、热力、燃气及水生产和供应业	**D**	**99469**	**38609**	**26107**	**28526**	**6227**
电力、热力生产和供应业	44	67322	26709	16892	19413	4308
燃气生产和供应业	45	9246	3148	2567	2808	723
水的生产和供应业	46	22901	8752	6648	6305	1196
建筑业	**E**	**754512**	**406732**	**170746**	**129978**	**47056**
房屋建筑业	47	134121	62946	32656	29629	8890
土木工程建筑业	48	131940	71237	30314	21653	8736
建筑安装业	49	126136	74804	25083	16882	9367
建筑装饰和其他建筑业	50	362315	197745	82693	61814	20063
批发和零售业	**F**	**5041698**	**2952817**	**949800**	**868592**	**270489**
批发业	51	3010293	1950254	468683	419616	171740
零售业	52	2031405	1002563	481117	448976	98749

1-6 续表 2 单位：个

行业大类	代码	法人单位数	东部地区	中部地区	西部地区	东北地区
交通运输、仓储和邮政业	G	**443325**	**243808**	**92459**	**77215**	**29843**
铁路运输业	53	3777	1393	952	955	477
道路运输业	54	247449	124270	60295	46542	16342
水上运输业	55	13930	8645	3060	1641	584
航空运输业	56	2254	1056	341	654	203
管道运输业	57	452	164	100	159	29
装卸搬运和运输代理业	58	114877	79675	14200	14685	6317
仓储业	59	38032	19736	7501	6595	4200
邮政业	60	22554	8869	6010	5984	1691
住宿和餐饮业	H	**317619**	**150796**	**63270**	**89362**	**14191**
住宿业	61	100050	45772	20324	28290	5664
餐饮业	62	217569	105024	42946	61072	8527
信息传输、软件和信息技术服务业	I	**507674**	**302971**	**100695**	**75928**	**28080**
电信、广播电视和卫星传输服务	63	20582	7756	5440	5311	2075
互联网和相关服务	64	69984	36772	16762	13374	3076
软件和信息技术服务业	65	417108	258443	78493	57243	22929
金融业	J	**122516**	**59495**	**24292**	**30214**	**8515**
货币金融服务	66	40733	15404	8814	12647	3868
资本市场服务	67	41735	24155	7018	8555	2007
保险业	68	20754	9352	4744	4915	1743
其他金融业	69	19294	10584	3716	4097	897
房地产业	K	**533557**	**278327**	**114327**	**106410**	**34493**
房地产业	70	533557	278327	114327	106410	34493
租赁和商务服务业	L	**1768005**	**1067873**	**333096**	**280147**	**86889**
租赁业	71	122245	59726	28549	26153	7817
商务服务业	72	1645760	1008147	304547	253994	79072
科学研究和技术服务业	M	**813251**	**510971**	**144631**	**113192**	**44457**
研究和试验发展	73	111180	78897	15505	8493	8285
专业技术服务业	74	338862	194795	64438	61284	18345
科技推广和应用服务业	75	363209	237279	64688	43415	17827

1-6 续表 3

单位：个

行业大类	代码	法人单位数	东部地区	中部地区	西部地区	东北地区
水利、环境和公共设施管理业	N	**122367**	**53853**	**31073**	**29011**	**8430**
水利管理业	76	28082	8576	8406	8492	2608
生态保护和环境治理业	77	14790	6432	3697	3760	901
公共设施管理业	78	79495	38845	18970	16759	4921
居民服务、修理和其他服务业	O	**359932**	**180499**	**81833**	**78196**	**19404**
居民服务业	79	137239	69591	28406	30136	9106
机动车、电子产品和日用产品修理业	80	117207	60451	22105	28216	6435
其他服务业	81	105486	50457	31322	19844	3863
教育	P	**486026**	**187773**	**134550**	**133900**	**29803**
教育	82	486026	187773	134550	133900	29803
卫生和社会工作	Q	**275554**	**88548**	**92385**	**71368**	**23253**
卫生	83	218068	61635	78866	59546	18021
社会工作	84	57486	26913	13519	11822	5232
文化、体育和娱乐业	R	**341182**	**167005**	**77380**	**78281**	**18516**
新闻和出版业	85	9395	4582	2190	1910	713
广播、电视、电影和影视录音制作业	86	32779	17639	6442	7003	1695
文化艺术业	87	119027	63808	27330	22483	5406
体育	88	30594	18905	5002	4882	1805
娱乐业	89	149387	62071	36416	42003	8897
公共管理、社会保障和社会组织	S	**1599879**	**565263**	**426805**	**498337**	**109474**
中国共产党机关	90	35636	9299	9229	13731	3377
国家机构	91	461613	135322	130552	152620	43119
人民政协、民主党派	92	6812	2245	1721	2168	678
社会保障	93	16992	4772	4822	5970	1428
群众团体、社会团体和其他成员组织	94	379555	155466	79018	123899	21172
基层群众自治组织	95	699271	258159	201463	199949	39700

1-7 按行业(大类)、地区

(2016年)

行业大类	代码	法人单位数	北京	天津	河北	山西	内蒙古
总计	--	**18191382**	**711166**	**391323**	**785259**	**498902**	**272236**
农、林、牧、渔业	A	**1481473**	**9537**	**10591**	**73763**	**94596**	**46071**
农业	01	695164	5460	6163	38584	43277	15035
林业	02	98622	925	824	4822	10957	1994
畜牧业	03	380235	2336	1800	18070	32276	19159
渔业	04	88743	321	1002	935	655	413
农、林、牧、渔服务业	05	218709	495	802	11352	7431	9470
采矿业	B	**104074**	**128**	**144**	**6332**	**6965**	**5422**
煤炭开采和洗选业	06	20780	16	13	511	3706	1207
石油和天然气开采业	07	763	8	17	5	46	89
黑色金属矿采选业	08	15489	21	14	3714	1144	1204
有色金属矿采选业	09	11303	2	4	347	242	525
非金属矿采选业	10	48667	65	43	1621	1546	2030
开采辅助活动	11	3955	12	47	66	127	134
其他采矿业	12	3117	4	6	68	154	233
制造业	C	**3019269**	**34454**	**57722**	**151619**	**32151**	**20204**
农副食品加工业	13	134996	960	1312	5735	2476	2926
食品制造业	14	71098	1007	1210	3193	1663	1183
酒、饮料和精制茶制造业	15	53103	390	302	1660	958	731
烟草制品业	16	506	1	2	17	2	3
纺织业	17	144555	454	1253	8677	384	609
纺织服装、服饰业	18	174201	2684	1964	3621	472	449
皮革、毛皮、羽毛及其制品和制鞋业	19	78079	241	439	7226	131	185
木材加工和木、竹、藤、棕、草制品业	20	96187	848	996	2962	489	725
家具制造业	21	69605	1424	1276	3150	408	188
造纸和纸制品业	22	69488	930	1642	2804	411	205
印刷和记录媒介复制业	23	80058	1591	1370	3423	1009	519
文教、工美、体育和娱乐用品制造业	24	101990	754	1913	4546	501	217
石油加工和炼焦业	25	8674	199	275	594	372	150
化学原料和化学制品制造业	26	125405	1983	2882	7464	1938	1342
医药制造业	27	25842	594	471	1048	416	244
化学纤维制造业	28	7084	31	62	301	41	13
橡胶和塑料制品业	29	176649	1641	3293	10375	955	613
非金属矿物制品业	30	261399	2628	2715	14061	6354	4075
黑色金属冶炼和压延加工业	31	41722	330	1708	3248	1286	605
有色金属冶炼和压延加工业	32	30984	236	689	1453	524	479
金属制品业	33	261885	3927	8279	21103	2531	1446
通用设备制造业	34	288974	2922	7217	15766	3154	896

分组的法人单位数

单位：个

辽宁	吉林	黑龙江	上海	江苏	浙江	安徽	福建	江西	山东	代码
596474	**193453**	**251727**	**463990**	**1907732**	**1497165**	**651253**	**751748**	**464652**	**1652065**	--
36796	**22638**	**37930**	**6791**	**56236**	**67211**	**74581**	**47858**	**55064**	**106857**	A
12714	7781	19722	4650	21839	40244	35142	25840	28510	57015	01
2001	947	900	542	2876	5596	5359	5215	4838	5705	02
7889	5082	5550	501	8079	8641	12808	6516	11265	19249	03
2290	444	472	719	6100	7731	4177	5834	3955	4648	04
11902	8384	11286	379	17342	4999	17095	4453	6496	20240	05
6177	**1487**	**2207**	**1**	**756**	**1260**	**2663**	**2981**	**4166**	**3776**	B
715	235	944		48	10	222	302	638	608	06
25	76	28	1	16	3	6		8	52	07
1836	194	69		73	30	455	325	386	511	08
837	158	77		28	79	296	339	618	282	09
2551	688	912		518	1124	1525	1894	2047	2119	10
151	88	140		58	5	90	24	155	108	11
62	48	37		15	9	69	97	314	96	12
98922	**26979**	**29398**	**83350**	**481869**	**434321**	**101640**	**138926**	**67565**	**284344**	C
6945	3968	5754	607	7574	5979	6999	6243	3789	17809	13
2599	1150	1272	1008	4713	3255	3314	4521	1881	7936	14
1461	1096	1189	199	2099	2873	2909	4890	1268	3517	15
10	20	14	2	9	7	27	15	13	28	16
1990	240	378	2299	40242	34911	3491	5536	2841	14194	17
4991	460	303	6119	30550	33764	7268	13429	7147	16425	18
988	107	230	1054	5290	20581	1841	9474	2049	3832	19
2835	1801	2633	2049	11973	7323	4791	5577	2606	18645	20
1580	445	590	3164	7090	7282	2634	3516	2800	5710	21
1653	388	407	3044	9595	11918	1584	3895	1161	5787	22
2190	929	842	2472	9669	11001	3002	3319	1519	6409	23
1501	288	343	1744	13116	23181	3056	9037	1931	9708	24
1023	124	251	152	727	449	163	185	123	1078	25
5297	1443	1529	3408	15310	9550	4164	4167	4749	15672	26
875	1015	421	549	2650	1415	1634	611	1344	2336	27
138	34	30	113	2739	1665	149	250	65	556	28
5349	1075	1141	6456	25704	33726	5571	7056	2078	16030	29
10430	3191	3226	3311	22507	14328	11192	14523	9313	24349	30
2958	298	265	579	7060	4385	1414	1194	458	3447	31
1242	147	104	660	5290	3681	768	655	1466	1846	32
7572	1390	1547	11017	46525	36344	6311	9274	3055	20140	33
14322	1702	2326	11380	71703	53299	6735	6088	2118	33380	34

1-7 续表 1

行业大类	代码	法人单位数	北京	天津	河北	山西	内蒙古
专用设备制造业	35	196537	2367	4650	9310	1699	754
汽车制造业	36	74134	757	1434	3996	270	151
铁路、船舶、航空航天和其他运输设备制造业	37	34104	236	2208	1697	134	43
电气机械和器材制造业	38	183157	2036	2879	7071	864	434
计算机、通信和其他电子设备制造业	39	100997	1262	1948	1574	194	85
仪器仪表制造业	40	39837	1100	983	1286	209	67
其他制造业	41	55295	314	1095	2660	1447	378
废弃资源综合利用业	42	13295	81	440	693	334	199
金属制品、机械和设备修理业	43	19429	526	815	905	525	290
电力、热力、燃气及水生产和供应业	**D**	**99469**	**699**	**772**	**3601**	**3662**	**2832**
电力、热力生产和供应业	44	67322	475	419	2204	2522	2015
燃气生产和供应业	45	9246	57	137	579	519	303
水的生产和供应业	46	22901	167	216	818	621	514
建筑业	**E**	**754512**	**20507**	**19760**	**37803**	**20372**	**9834**
房屋建筑业	47	134121	2324	3648	6080	2631	1602
土木工程建筑业	48	131940	2351	4308	8539	3292	1901
建筑安装业	49	126136	3063	3828	6430	3288	1637
建筑装饰和其他建筑业	50	362315	12769	7976	16754	11161	4694
批发和零售业	**F**	**5041698**	**208813**	**119826**	**219536**	**139240**	**68237**
批发业	51	3010293	106599	92998	128935	68259	32915
零售业	52	2031405	102214	26828	90601	70981	35322
交通运输、仓储和邮政业	**G**	**443325**	**14864**	**17852**	**18661**	**11375**	**7968**
铁路运输业	53	3777	85	155	81	201	193
道路运输业	54	247449	8106	5324	13614	8308	5123
水上运输业	55	13930	34	451	294	21	16
航空运输业	56	2254	106	150	47	52	79
管道运输业	57	452	8	26	12	10	9
装卸搬运和运输代理业	58	114877	4073	8312	2876	1454	1210
仓储业	59	38032	1867	3144	1383	941	727
邮政业	60	22554	585	290	354	388	611
住宿和餐饮业	**H**	**317619**	**17134**	**5652**	**8229**	**7109**	**3999**
住宿业	61	100050	4818	1004	2844	2353	1673
餐饮业	62	217569	12316	4648	5385	4756	2326
信息传输、软件和信息技术服务业	**I**	**507674**	**36026**	**15818**	**13944**	**11529**	**5057**
电信、广播电视和卫星传输服务	63	20582	1207	271	482	616	515
互联网和相关服务	64	69984	3275	1494	2033	1956	1314
软件和信息技术服务业	65	417108	31544	14053	11429	8957	3228
金融业	**J**	**122516**	**4972**	**4897**	**4847**	**2883**	**2885**
货币金融服务	66	40733	800	1744	1446	1422	1398

单位：个

辽宁	吉林	黑龙江	上海	江苏	浙江	安徽	福建	江西	山东	代码
7256	1610	2027	7163	47077	24229	5547	6060	2552	19710	35
1669	1861	307	2114	11092	16659	3110	1836	1096	6937	36
1299	179	158	715	7750	5081	804	1126	528	2568	37
5000	813	853	5227	32926	40230	5466	6688	2872	9535	38
1305	245	192	2211	19271	11654	2629	3608	2247	4002	39
1758	267	292	1764	8402	7459	1148	1145	647	2237	40
838	388	349	1665	9270	5468	2346	3644	2987	7551	41
463	156	113	216	1571	1016	934	632	575	743	42
1385	149	312	889	2375	1608	639	732	287	2227	43
2691	**1732**	**1804**	**199**	**4287**	**5208**	**3696**	**6888**	**5248**	**6094**	D
1791	1252	1265	66	1892	3515	1779	5718	4067	4054	44
303	215	205	25	501	368	352	206	336	782	45
597	265	334	108	1894	1325	1565	964	845	1258	46
30258	**7854**	**8944**	**17532**	**104443**	**44305**	**34345**	**28007**	**21165**	**84503**	E
4795	1907	2188	1981	15630	6351	5551	6222	5103	14131	47
5665	1559	1512	2515	18442	9381	6387	4719	3706	14573	48
6156	1581	1630	3817	22842	6163	5431	3035	2911	16840	49
13642	2807	3614	9219	47529	22410	16976	14031	9445	38959	50
169643	**43730**	**57116**	**159464**	**587718**	**430888**	**166351**	**230843**	**104265**	**543508**	F
114481	20943	36316	121987	415797	282744	87692	152113	53729	354500	51
55162	22787	20800	37477	171921	148144	78659	78730	50536	189008	52
17900	**5225**	**6718**	**16475**	**50401**	**25963**	**18049**	**16912**	**14501**	**42742**	G
203	109	165	14	165	36	96	102	112	522	53
9700	2796	3846	4057	33855	13892	12199	7783	11350	22907	54
464	24	96	313	1998	1328	1263	1277	376	1156	55
97	33	73	53	119	106	39	85	29	152	56
19	3	7	8	31	2	9	1	12	55	57
4789	577	951	8969	10642	8014	2418	5649	1263	12435	58
1803	1316	1081	2094	2520	1207	1181	1039	721	4311	59
825	367	499	967	1071	1378	844	976	638	1204	60
8935	**2326**	**2930**	**13787**	**20393**	**20961**	**11076**	**11574**	**5988**	**23469**	H
3325	1030	1309	3561	4926	7662	3013	4450	2454	5421	61
5610	1296	1621	10226	15467	13299	8063	7124	3534	18048	62
18826	**3808**	**5446**	**16460**	**61674**	**51124**	**19282**	**22801**	**11354**	**39025**	I
1221	423	431	255	1354	870	925	744	417	1027	63
1821	633	622	1330	8292	3935	3612	4502	2103	6276	64
15784	2752	4393	14875	52028	46319	14745	17555	8834	31722	65
4440	**1669**	**2406**	**2482**	**7550**	**8853**	**5099**	**4938**	**3238**	**10033**	J
1897	929	1042	710	2262	1739	1848	1194	1070	2815	66

1-7 续表 2

行业大类	代码	法人单位数	北京	天津	河北	山西	内蒙古
资本市场服务	67	41735	2693	1445	1978	514	542
保险业	68	20754	665	270	889	542	588
其他金融业	69	19294	814	1438	534	405	357
房地产业	**K**	**533557**	**19040**	**10443**	**25580**	**12856**	**7946**
房地产业	70	533557	19040	10443	25580	12856	7946
租赁和商务服务业	**L**	**1768005**	**151316**	**47918**	**56208**	**36562**	**20979**
租赁业	71	122245	5876	5205	6490	3727	2734
商务服务业	72	1645760	145440	42713	49718	32835	18245
科学研究和技术服务业	**M**	**813251**	**107916**	**42071**	**26097**	**13141**	**8029**
研究和试验发展	73	111180	4439	2002	3271	1511	587
专业技术服务业	74	338862	24941	10683	10382	7601	4678
科技推广和应用服务业	75	363209	78536	29386	12444	4029	2764
水利、环境和公共设施管理业	**N**	**122367**	**4119**	**2124**	**5535**	**3848**	**2928**
水利管理业	76	28082	334	335	703	948	782
生态保护和环境治理业	77	14790	383	208	461	522	428
公共设施管理业	78	79495	3402	1581	4371	2378	1718
居民服务、修理和其他服务业	**O**	**359932**	**19510**	**10889**	**14019**	**15397**	**6425**
居民服务业	79	137239	8886	3914	4498	3597	2414
机动车、电子产品和日用产品修理业	80	117207	6082	2581	4551	2770	1517
其他服务业	81	105486	4542	4394	4970	9030	2494
教育	**P**	**486026**	**11398**	**4499**	**21537**	**11769**	**7802**
教育	82	486026	11398	4499	21537	11769	7802
卫生和社会工作	**Q**	**275554**	**4061**	**1969**	**7042**	**6400**	**5178**
卫生	83	218068	3101	1500	5631	5073	4230
社会工作	84	57486	960	469	1411	1327	948
文化、体育和娱乐业	**R**	**341182**	**29447**	**7533**	**10845**	**10128**	**4575**
新闻和出版业	85	9395	1752	193	179	380	175
广播、电视、电影和影视录音制作业	86	32779	3130	827	1376	870	553
文化艺术业	87	119027	17894	4075	3196	4400	1636
体育	88	30594	2802	716	841	827	423
娱乐业	89	149387	3869	1722	5253	3651	1788
公共管理、社会保障和社会组织	**S**	**1599879**	**17225**	**10843**	**80061**	**58919**	**35865**
中国共产党机关	90	35636	279	201	1762	1705	777
国家机构	91	461613	3866	2688	16540	16836	12136
人民政协、民主党派	92	6812	85	68	283	342	148
社会保障	93	16992	295	156	496	878	299
群众团体、社会团体和其他成员组织	94	379555	6057	2262	8993	8924	9042
基层群众自治组织	95	699271	6643	5468	51987	30234	13463

单位：个

辽宁	吉林	黑龙江	上海	江苏	浙江	安徽	福建	江西	山东	代码
1180	210	617	858	2496	4793	1689	1975	1150	2847	67
833	370	540	388	1487	754	840	553	365	2797	68
530	160	207	526	1305	1567	722	1216	653	1574	69
20642	**6047**	**7804**	**17282**	**48989**	**32749**	**19504**	**17417**	**12404**	**40442**	**K**
20642	6047	7804	17282	48989	32749	19504	17417	12404	40442	70
55359	**13262**	**18268**	**62017**	**190016**	**152078**	**64747**	**76540**	**44630**	**141897**	**L**
4278	1470	2069	2451	10477	7067	5913	4789	3642	10796	71
51081	11792	16199	59566	179539	145011	58834	71751	40988	131101	72
26317	**7149**	**10991**	**23051**	**98989**	**53401**	**23937**	**27025**	**11727**	**78175**	**M**
4958	882	2445	2400	29370	8852	3271	6740	1018	11477	73
10785	3263	4297	14383	42546	23571	14268	12381	5960	22625	74
10574	3004	4249	6268	27073	20978	6398	7904	4749	44073	75
4681	**1771**	**1978**	**2102**	**10268**	**8191**	**5013**	**4834**	**3416**	**8272**	**N**
1263	728	617	229	2221	1014	1033	894	943	1100	76
566	138	197	186	1231	1015	528	699	418	1087	77
2852	905	1164	1687	6816	6162	3452	3241	2055	6085	78
11760	**3935**	**3709**	**12855**	**33190**	**18739**	**12809**	**13098**	**8882**	**30633**	**O**
5561	1692	1853	6664	11949	7625	4999	5099	3239	10678	79
4150	1169	1116	4017	10825	7426	4021	4927	2285	9112	80
2049	1074	740	2174	10416	3688	3789	3072	3358	10843	81
15061	**6455**	**8287**	**5988**	**24846**	**24772**	**16972**	**17130**	**15676**	**31676**	**P**
15061	6455	8287	5988	24846	24772	16972	17130	15676	31676	82
13225	**4013**	**6015**	**3338**	**20120**	**9787**	**9484**	**8162**	**10410**	**21068**	**Q**
10659	2653	4709	1661	9441	6118	7452	6692	8460	17264	83
2566	1360	1306	1677	10679	3669	2032	1470	1950	3804	84
10218	**3378**	**4920**	**7621**	**28933**	**25203**	**14519**	**12883**	**7479**	**21732**	**R**
317	196	200	250	479	322	321	359	254	433	85
851	420	424	659	2739	4016	992	1112	825	1686	86
2873	1106	1427	2003	11241	6201	3970	4897	2557	8330	87
1264	219	322	1348	3197	3135	716	1629	611	2155	88
4913	1437	2547	3361	11277	11529	8520	4886	3232	9128	89
44623	**29995**	**34856**	**13195**	**77054**	**82151**	**47486**	**62931**	**57474**	**133819**	**S**
1647	597	1133	174	1726	1110	1150	1335	1261	1143	90
15639	12143	15337	3140	20409	17744	13610	17149	21445	30323	91
285	156	237	131	300	312	293	293	229	313	92
608	266	554	270	1085	413	393	606	620	885	93
10419	5064	5689	3716	30536	29727	13793	25668	13602	19923	94
16025	11769	11906	5764	22998	32845	18247	17880	20317	81232	95

1-7 续表 3

行业大类	代码	河南	湖北	湖南	广东	广西	海南
总计	--	**816779**	**783356**	**552659**	**1521420**	**474480**	**84923**
农、林、牧、渔业	A	**58830**	**75829**	**45660**	**41000**	**76497**	**11876**
农业	01	28999	32967	19694	20150	32862	5254
林业	02	3292	5061	3431	3967	7204	696
畜牧业	03	13543	19140	8154	4323	20934	3752
渔业	04	944	7700	2386	3344	8902	1197
农、林、牧、渔服务业	05	12052	10961	11995	9216	6595	977
采矿业	B	**4761**	**4614**	**7077**	**4003**	**3686**	**360**
煤炭开采和洗选业	06	1145	504	1190	35	63	2
石油和天然气开采业	07	33	18	5	10	4	5
黑色金属矿采选业	08	543	503	634	458	407	31
有色金属矿采选业	09	1083	248	870	312	531	131
非金属矿采选业	10	1766	2905	4166	2922	2452	164
开采辅助活动	11	110	92	65	66	23	5
其他采矿业	12	81	344	147	200	206	22
制造业	C	**110992**	**88664**	**68334**	**389552**	**34750**	**3833**
农副食品加工业	13	8580	6719	5979	6414	2762	548
食品制造业	14	4856	2848	2264	6633	2339	216
酒、饮料和精制茶制造业	15	2493	3192	2138	2306	1389	150
烟草制品业	16	28	33	116	38	7	1
纺织业	17	3760	4009	1310	10599	643	51
纺织服装、服饰业	18	3351	5394	1587	26515	971	90
皮革、毛皮、羽毛及其制品和制鞋业	19	2216	1008	1196	15923	503	7
木材加工和木、竹、藤、棕、草制品业	20	4375	2194	3372	5723	4493	247
家具制造业	21	2385	1711	1578	13374	780	127
造纸和纸制品业	22	1869	1516	1699	13131	903	79
印刷和记录媒介复制业	23	2904	2301	1923	14202	1054	256
文教、工美、体育和娱乐用品制造业	24	3123	1254	1327	15742	951	110
石油加工和炼焦业	25	392	189	131	540	105	20
化学原料和化学制品制造业	26	5826	4309	5513	13863	1899	195
医药制造业	27	1633	1333	864	1524	506	157
化学纤维制造业	28	138	92	54	370	12	7
橡胶和塑料制品业	29	4013	3449	1964	33873	1197	145
非金属矿物制品业	30	17327	11630	12412	18537	5097	659
黑色金属冶炼和压延加工业	31	2641	1026	1540	2120	581	21
有色金属冶炼和压延加工业	32	1943	703	1493	3017	380	35
金属制品业	33	5776	5456	3451	45954	1572	169
通用设备制造业	34	9541	5648	4192	18662	1310	55

单位：个

重庆	四川	贵州	云南	西藏	陕西	甘肃	青海	宁夏	新疆	代码
533104	**542897**	**339564**	**451891**	**26660**	**395374**	**210747**	**65364**	**80937**	**222082**	--
99522	**53836**	**71134**	**78056**	**627**	**38039**	**36639**	**13096**	**13506**	**20806**	A
49044	24040	34101	42161	200	15193	13233	4227	5343	5720	01
3352	3275	2719	3989	34	2652	2522	1287	879	761	02
26902	16976	29031	24603	332	15348	17389	6832	5159	8596	03
14676	3146	3297	1444	9	921	344	135	314	288	04
5548	6399	1986	5859	52	3925	3151	615	1811	5441	05
2734	**4921**	**7636**	**7080**	**237**	**5073**	**2310**	**1035**	**841**	**3241**	B
890	1274	2161	1706	2	1213	277	102	504	537	06
50	44	15	10		113	22	6	9	39	07
106	412	387	686	22	329	294	108	12	581	08
40	531	487	1699	85	462	322	167	5	496	09
1527	2483	4373	2685	118	1310	1149	591	281	1092	10
75	103	88	82	4	1520	153	16	25	323	11
46	74	125	212	6	126	93	45	5	173	12
60358	**60213**	**40573**	**26905**	**1221**	**41267**	**17228**	**5032**	**7392**	**19491**	C
4084	4842	3462	3083	246	3136	2345	574	870	2276	13
1756	2810	1665	1530	61	2061	714	197	440	803	14
1302	3967	4714	2820	78	1391	582	141	248	650	15
14	11	20	46		8	8		3	3	16
2288	1109	603	393	71	740	233	67	360	820	17
2265	1141	1133	365	61	468	144	138	115	817	18
1352	929	488	133	21	138	199	49	139	110	19
2104	1759	2435	1523	47	765	267	123	133	374	20
2631	2084	1545	638	81	784	215	71	120	224	21
999	1221	589	547	10	817	215	25	98	346	22
1424	2277	617	778	24	1357	916	114	234	413	23
1328	717	2289	729	105	581	660	387	81	770	24
100	225	127	122		352	88	15	74	329	25
1771	3146	1493	1330	61	2021	847	356	523	1354	26
484	1060	489	413	40	851	506	95	74	190	27
24	64	8	13		46	12	4	8	45	28
2222	2515	969	1028	8	1460	676	107	304	1656	29
6407	10013	9955	4855	209	6877	4635	1111	1445	4027	30
745	1012	556	624	3	567	361	147	195	348	31
580	634	437	661	3	1196	243	124	111	184	32
5571	3382	2245	1808	36	2362	1058	516	649	1419	33
4217	4886	890	780	1	4309	509	155	289	522	34

1-7 续表 4

行业大类	代码	河南	湖北	湖南	广东	广西	海南
专用设备制造业	35	7875	5276	3735	23326	1362	121
汽车制造业	36	2884	6420	1001	2748	1116	52
铁路、船舶、航空航天和其他运输设备制造业	37	1040	697	561	1971	254	47
电气机械和器材制造业	38	4677	3415	2482	39790	898	88
计算机、通信和其他电子设备制造业	39	1525	1910	1692	38011	713	48
仪器仪表制造业	40	1266	996	589	5636	175	20
其他制造业	41	1207	2736	1272	5755	263	28
废弃资源综合利用业	42	784	535	548	1339	252	17
金属制品、机械和设备修理业	43	564	665	351	1916	263	67
电力、热力、燃气及水生产和供应业	**D**	**2778**	**4822**	**5901**	**10423**	**3055**	**438**
电力、热力生产和供应业	44	1478	2797	4249	8103	2237	263
燃气生产和供应业	45	475	560	325	447	168	46
水的生产和供应业	46	825	1465	1327	1873	650	129
建筑业	**E**	**32006**	**44807**	**18051**	**43877**	**15299**	**5995**
房屋建筑业	47	7204	8293	3874	5976	2266	603
土木工程建筑业	48	6201	7448	3280	5628	1999	781
建筑安装业	49	3887	6844	2722	8044	1705	742
建筑装饰和其他建筑业	50	14714	22222	8175	24229	9329	3869
批发和零售业	**F**	**206121**	**207587**	**126236**	**434221**	**131838**	**18000**
批发业	51	99493	96936	62574	284889	68474	9692
零售业	52	106628	110651	63662	149332	63364	8308
交通运输、仓储和邮政业	**G**	**16364**	**21776**	**10394**	**38161**	**10650**	**1777**
铁路运输业	53	216	209	118	217	40	16
道路运输业	54	9764	12377	6297	13943	6201	789
水上运输业	55	180	806	414	1575	603	219
航空运输业	56	78	87	56	203	49	35
管道运输业	57	22	29	18	19	9	2
装卸搬运和运输代理业	58	2476	4704	1885	18273	2384	432
仓储业	59	2373	1618	667	2028	765	143
邮政业	60	1255	1946	939	1903	599	141
住宿和餐饮业	**H**	**12911**	**14747**	**11439**	**27458**	**6264**	**2139**
住宿业	61	4564	3962	3978	9872	2527	1214
餐饮业	62	8347	10785	7461	17586	3737	925
信息传输、软件和信息技术服务业	**I**	**18203**	**25832**	**14495**	**44114**	**9612**	**1985**
电信、广播电视和卫星传输服务	63	1020	1319	1143	1440	656	106
互联网和相关服务	64	3225	3174	2692	5213	1258	422
软件和信息技术服务业	65	13958	21339	10660	37461	7698	1457
金融业	**J**	**4891**	**4750**	**3431**	**10272**	**2509**	**651**
货币金融服务	66	1876	1587	1011	2381	819	313

单位：个

重庆	四川	贵州	云南	西藏	陕西	甘肃	青海	宁夏	新疆	代码
3380	3347	803	599	3	3016	577	121	255	730	35
4353	1236	208	184	1	445	52	11	41	93	36
3798	496	107	35		487	33	11	11	30	37
1838	2279	819	550	10	2142	461	135	177	502	38
1418	1387	434	107	1	1157	79	21	19	48	39
754	467	141	152		686	75	15	55	46	40
538	506	932	606	10	399	238	108	194	103	41
229	352	239	265	6	201	152	47	64	99	42
382	339	161	188	24	447	128	47	63	160	43
2424	**6181**	**2386**	**3206**	**170**	**3046**	**1870**	**694**	**637**	**2025**	D
1452	3851	1594	2208	144	1811	1464	567	490	1580	44
271	788	216	268	4	319	170	38	65	198	45
701	1542	576	730	22	916	236	89	82	247	46
15054	**17023**	**12268**	**18936**	**2214**	**22139**	**5559**	**2618**	**3050**	**5984**	E
3701	5147	2315	3508	1328	5279	1585	607	736	1555	47
1290	2387	1690	2985	749	4920	1175	634	712	1211	48
1610	2086	1621	2574	55	2975	879	306	421	1013	49
8453	7403	6642	9869	82	8965	1920	1071	1181	2205	50
148631	**93544**	**65613**	**127986**	**2488**	**98536**	**40691**	**11215**	**20956**	**58857**	F
58209	50641	27027	58604	791	45830	22173	5367	10559	39026	51
90422	42903	38586	69382	1697	52706	18518	5848	10397	19831	52
9316	**12020**	**5619**	**8685**	**341**	**9044**	**3652**	**1177**	**1907**	**6836**	G
93	164	50	66	4	138	72	23	21	91	53
5433	7781	3532	4762	226	5548	2046	767	1314	3809	54
467	266	122	99		31	10	13	10	4	55
63	97	33	87	15	91	36	10	12	82	56
12	24	13	9	1	47	6		3	26	57
2141	2196	768	1979	26	1178	532	190	248	1833	58
610	769	443	456	26	1300	696	96	92	615	59
497	723	658	1227	43	711	254	78	207	376	60
26385	**11368**	**11495**	**11186**	**609**	**9337**	**4040**	**1381**	**1288**	**2010**	H
4342	4279	3453	3945	449	3572	1748	680	494	1128	61
22043	7089	8042	7241	160	5765	2292	701	794	882	62
15673	**11309**	**4851**	**11683**	**181**	**8662**	**2329**	**982**	**1465**	**4124**	I
552	817	336	651	103	845	268	110	80	378	63
2668	1591	1305	1654	17	1787	689	200	331	560	64
12453	8901	3210	9378	61	6030	1372	672	1054	3186	65
3565	**3600**	**2417**	**4080**	**109**	**3119**	**2211**	**439**	**1983**	**3297**	J
1155	1368	1055	1799	62	1418	1334	258	1017	964	66

1-7 续表 5

行业大类	代码	河南	湖北	湖南	广东	广西	海南
资本市场服务	67	845	1558	1262	4917	1024	153
保险业	68	1420	945	632	1454	393	95
其他金融业	69	750	660	526	1520	273	90
房地产业	**K**	**27501**	**26387**	**15675**	**58807**	**16006**	**7578**
房地产业	70	27501	26387	15675	58807	16006	7578
租赁和商务服务业	**L**	**57916**	**85194**	**44047**	**180052**	**46247**	**9831**
租赁业	71	6166	5359	3742	5599	3221	976
商务服务业	72	51750	79835	40305	174453	43026	8855
科学研究和技术服务业	**M**	**39894**	**34873**	**21059**	**51475**	**18547**	**2771**
研究和试验发展	73	1736	3911	4058	10050	1359	296
专业技术服务业	74	12284	15441	8884	31479	7940	1804
科技推广和应用服务业	75	25874	15521	8117	9946	9248	671
水利、环境和公共设施管理业	**N**	**7072**	**6823**	**4901**	**7746**	**3887**	**662**
水利管理业	76	1604	2103	1775	1613	1514	133
生态保护和环境治理业	77	708	897	624	1078	321	84
公共设施管理业	78	4760	3823	2502	5055	2052	445
居民服务、修理和其他服务业	**O**	**13368**	**18537**	**12840**	**25957**	**7572**	**1609**
居民服务业	79	5192	6718	4661	9752	2618	526
机动车、电子产品和日用产品修理业	80	4452	5147	3430	10284	2960	646
其他服务业	81	3724	6672	4749	5921	1994	437
教育	**P**	**45623**	**21728**	**22782**	**42108**	**22010**	**3819**
教育	82	45623	21728	22782	42108	22010	3819
卫生和社会工作	**Q**	**36862**	**12794**	**16435**	**11746**	**5021**	**1255**
卫生	83	33906	10061	13914	9172	3954	1055
社会工作	84	2956	2733	2521	2574	1067	200
文化、体育和娱乐业	**R**	**15552**	**13358**	**16344**	**20781**	**8818**	**2027**
新闻和出版业	85	508	452	275	526	194	89
广播、电视、电影和影视录音制作业	86	1277	1223	1255	1858	1033	236
文化艺术业	87	8178	4548	3677	5555	2090	416
体育	88	854	1176	818	2819	768	263
娱乐业	89	4735	5959	10319	10023	4733	1023
公共管理、社会保障和社会组织	**S**	**105134**	**70234**	**87558**	**79667**	**52212**	**8317**
中国共产党机关	90	1808	1316	1989	1404	1189	165
国家机构	91	31182	21406	26073	20803	20019	2660
人民政协、民主党派	92	289	262	306	387	251	73
社会保障	93	1260	896	775	519	1463	47
群众团体、社会团体和其他成员组织	94	12833	15742	14124	26702	13073	1882
基层群众自治组织	95	57762	30612	44291	29852	16217	3490

单位：个

重庆	四川	贵州	云南	西藏	陕西	甘肃	青海	宁夏	新疆	代码
1499	864	723	1005	19	671	390	69	453	1296	67
494	859	293	788	25	706	323	57	86	303	68
417	509	346	488	3	324	164	55	427	734	69
13609	**15896**	**9930**	**12215**	**234**	**13811**	**5313**	**1781**	**1984**	**7685**	K
13609	15896	9930	12215	234	13811	5313	1781	1984	7685	70
44328	**40743**	**23830**	**39115**	**1161**	**24939**	**11004**	**4514**	**6022**	**17265**	L
4664	3141	2946	2803	91	2688	1301	556	699	1309	71
39664	37602	20884	36312	1070	22251	9703	3958	5323	15956	72
12658	**22179**	**6650**	**14057**	**540**	**13169**	**5268**	**1940**	**1880**	**8275**	M
869	1612	440	1264	61	1104	392	160	156	489	73
8173	10108	4474	7040	386	7439	3379	1349	1170	5148	74
3616	10459	1736	5753	93	4626	1497	431	554	2638	75
3058	**4605**	**2311**	**3220**	**84**	**4202**	**1629**	**665**	**628**	**1794**	N
585	1452	607	1012	32	1058	519	222	156	553	76
547	607	231	440	11	499	199	150	62	265	77
1926	2546	1473	1768	41	2645	911	293	410	976	78
15427	**9165**	**9197**	**12280**	**214**	**8169**	**3136**	**1221**	**1603**	**3787**	O
8260	3678	3410	3515	72	2843	1137	488	516	1185	79
4504	3873	3745	3845	110	3649	1381	427	592	1613	80
2663	1614	2042	4920	32	1677	618	306	495	989	81
13339	**27020**	**12807**	**11604**	**1041**	**16191**	**10694**	**1963**	**2088**	**7341**	P
13339	27020	12807	11604	1041	16191	10694	1963	2088	7341	82
6395	**18697**	**5225**	**5713**	**468**	**14649**	**4232**	**1179**	**1014**	**3597**	Q
4335	14940	4465	4826	447	13683	3772	989	852	3053	83
2060	3757	760	887	21	966	460	190	162	544	84
11155	**17190**	**5829**	**9216**	**515**	**7690**	**5495**	**1301**	**1520**	**4977**	R
210	344	147	169	12	267	135	40	58	159	85
656	970	413	743	109	981	467	134	202	742	86
4129	4116	1218	2725	159	2441	2228	451	348	942	87
807	851	360	522	5	483	182	113	129	239	88
5353	10909	3691	5057	230	3518	2483	563	783	2895	89
29473	**113387**	**39793**	**46668**	**14206**	**54292**	**47447**	**13131**	**11173**	**40690**	S
600	3422	910	1642	908	1364	1193	386	219	1121	90
9030	33193	12311	14977	5037	16810	11450	3551	1933	12173	91
168	415	160	235	103	202	224	71	57	134	92
784	1461	185	722	7	529	143	77	46	254	93
7698	20948	6359	14684	1707	8089	16328	4355	6231	15385	94
11193	53948	19868	14408	6444	27298	18109	4691	2687	11623	95

1-8 按行业(大类)、机构类型分组的法人单位数

(2016年) 单位：个

行业大类	代码	法人单位数	企业法人	事业法人	机关法人	社会团体	其他
总计	--	**18191382**	**14618448**	**821777**	**256531**	**303393**	**2191233**
农、林、牧、渔业	A	**1481473**	**675005**	**14453**			**792015**
农业	01	695164	305231	1005			388928
林业	02	98622	60701	3046			34875
畜牧业	03	380235	190702	571			188962
渔业	04	88743	57175	236			31332
农、林、牧、渔服务业	05	218709	61196	9595			147918
采矿业	B	**104074**	**104007**				**67**
煤炭开采和洗选业	06	20780	20777				3
石油和天然气开采业	07	763	762				1
黑色金属矿采选业	08	15489	15487				2
有色金属矿采选业	09	11303	11303				
非金属矿采选业	10	48667	48646				21
开采辅助活动	11	3955	3921				34
其他采矿业	12	3117	3111				6
制造业	C	**3019269**	**3012112**	**2**			**7155**
农副食品加工业	13	134996	132114				2882
食品制造业	14	71098	70642				456
酒、饮料和精制茶制造业	15	53103	51350				1753
烟草制品业	16	506	429				77
纺织业	17	144555	144411				144
纺织服装、服饰业	18	174201	174024				177
皮革、毛皮、羽毛及其制品和制鞋业	19	78079	78053				26
木材加工和木、竹、藤、棕、草制品业	20	96187	95761				426
家具制造业	21	69605	69537				68
造纸和纸制品业	22	69488	69464				24
印刷和记录媒介复制业	23	80058	80053	1			4
文教、工美、体育和娱乐用品制造业	24	101990	101516				474
石油加工和炼焦业	25	8674	8670				4

1-8 续表 1

单位：个

行业大类	代码	法人单位数	企业法人	事业法人	机关法人	社会团体	其他
化学原料和化学制品制造业	26	125405	125351				54
医药制造业	27	25842	25770				72
化学纤维制造业	28	7084	7082				2
橡胶和塑料制品业	29	176649	176638				11
非金属矿物制品业	30	261399	261348				51
黑色金属冶炼和压延加工业	31	41722	41689				33
有色金属冶炼和压延加工业	32	30984	30976				8
金属制品业	33	261885	261843	1			41
通用设备制造业	34	288974	288962				12
专用设备制造业	35	196537	196449				88
汽车制造业	36	74134	74131				3
铁路、船舶、航空航天和其他运输设备制造业	37	34104	34104				
电气机械和器材制造业	38	183157	183144				13
计算机、通信和其他电子设备制造业	39	100997	100994				3
仪器仪表制造业	40	39837	39833				4
其他制造业	41	55295	55185				110
废弃资源综合利用业	42	13295	13251				44
金属制品、机械和设备修理业	43	19429	19338				91
电力、热力、燃气及水生产和供应业	**D**	**99469**	**97243**	**758**			**1468**
电力、热力生产和供应业	44	67322	66008	337			977
燃气生产和供应业	45	9246	9112	16			118
水的生产和供应业	46	22901	22123	405			373
建筑业	**E**	**754512**	**754508**	**4**			
房屋建筑业	47	134121	134121				
土木工程建筑业	48	131940	131937	3			
建筑安装业	49	126136	126136				
建筑装饰和其他建筑业	50	362315	362314	1			
批发和零售业	**F**	**5041698**	**4981263**	**7**			**60428**
批发业	51	3010293	2958876				51417
零售业	52	2031405	2022387	7			9011

1-8 续表 2

单位：个

行业大类	代码	法人单位数	企业法人	事业法人	机关法人	社会团体	其他
交通运输、仓储和邮政业	G	**443325**	**433099**	**7755**			**2471**
铁路运输业	53	3777	3577	117			83
道路运输业	54	247449	240597	6092			760
水上运输业	55	13930	13397	463			70
航空运输业	56	2254	2144	92			18
管道运输业	57	452	446	4			2
装卸搬运和运输代理业	58	114877	114554	69			254
仓储业	59	38032	36290	696			1046
邮政业	60	22554	22094	222			238
住宿和餐饮业	H	**317619**	**313412**	**776**			**3431**
住宿业	61	100050	98300	605			1145
餐饮业	62	217569	215112	171			2286
信息传输、软件和信息技术服务业	I	**507674**	**499749**	**5531**			**2394**
电信、广播电视和卫星传输服务	63	20582	16558	3517			507
互联网和相关服务	64	69984	68702	547			735
软件和信息技术服务业	65	417108	414489	1467			1152
金融业	J	**122516**	**117173**	**1656**	**53**		**3634**
货币金融服务	66	40733	37077	1034	53		2569
资本市场服务	67	41735	41263	234			238
保险业	68	20754	20351	223			180
其他金融业	69	19294	18482	165			647
房地产业	K	**533557**	**527149**	**3778**			**2630**
房地产业	70	533557	527149	3778			2630
租赁和商务服务业	L	**1768005**	**1641160**	**30136**			**96709**
租赁业	71	122245	118994	141			3110
商务服务业	72	1645760	1522166	29995			93599
科学研究和技术服务业	M	**813251**	**658760**	**71834**			**82657**
研究和试验发展	73	111180	100958	6063			4159
专业技术服务业	74	338862	295499	38801			4562
科技推广和应用服务业	75	363209	262303	26970			73936

1-8 续表 3

单位：个

行业大类	代码	法人单位数	企业法人	事业法人	机关法人	社会团体	其他
水利、环境和公共设施管理业	N	**122367**	**79747**	**37977**		**37**	**4606**
水利管理业	76	28082	6343	19551			2188
生态保护和环境治理业	77	14790	10918	3375		37	460
公共设施管理业	78	79495	62486	15051			1958
居民服务、修理和其他服务业	O	**359932**	**337057**	**6545**			**16330**
居民服务业	79	137239	120412	5091			11736
机动车、电子产品和日用产品修理业	80	117207	115919	266			1022
其他服务业	81	105486	100726	1188			3572
教育	P	**486026**	**77510**	**235739**			**172777**
教育	82	486026	77510	235739			172777
卫生和社会工作	Q	**275554**	**37917**	**101922**		**2909**	**132806**
卫生	83	218068	32067	84971			101030
社会工作	84	57486	5850	16951		2909	31776
文化、体育和娱乐业	R	**341182**	**271218**	**39955**		**2359**	**27650**
新闻和出版业	85	9395	5346	3672			377
广播、电视、电影和影视录音制作业	86	32779	26515	5944			320
文化艺术业	87	119027	76361	27131			15535
体育	88	30594	20852	2272		2359	5111
娱乐业	89	149387	142144	936			6307
公共管理、社会保障和社会组织	S	**1599879**	**359**	**262949**	**256478**	**298088**	**782005**
中国共产党机关	90	35636		2687	32949		
国家机构	91	461613		244597	217016		
人民政协、民主党派	92	6812		526	6286		
社会保障	93	16992	359	15139	227		1267
群众团体、社会团体和其他成员组织	94	379555				298088	81467
基层群众自治组织	95	699271					699271

1-9 按行业(大类)、开业(成立)

行业大类	代码	法人单位数	1949年及以前	1950-1977年	1978-1991年
总计	--	**18191382**	**85329**	**421991**	**762718**
农、林、牧、渔业	A	**1481473**	**221**	**6701**	**7031**
农业	01	695164	58	1375	1184
林业	02	98622	58	2303	1488
畜牧业	03	380235	29	438	662
渔业	04	88743	5	251	418
农、林、牧、渔服务业	05	218709	71	2334	3279
采矿业	B	**104074**	**48**	**822**	**2632**
煤炭开采和洗选业	06	20780	21	441	1064
石油和天然气开采业	07	763	1	3	13
黑色金属矿采选业	08	15489	9	50	209
有色金属矿采选业	09	11303	5	78	331
非金属矿采选业	10	48667	11	235	972
开采辅助活动	11	3955	1	11	25
其他采矿业	12	3117		4	18
制造业	C	**3019269**	**648**	**11145**	**54956**
农副食品加工业	13	134996	33	797	2382
食品制造业	14	71098	18	318	1274
酒、饮料和精制茶制造业	15	53103	44	381	1298
烟草制品业	16	506	13	17	38
纺织业	17	144555	30	411	2134
纺织服装、服饰业	18	174201	11	281	1861
皮革、毛皮、羽毛及其制品和制鞋业	19	78079	12	152	1014
木材加工和木、竹、藤、棕、草制品业	20	96187	8	208	974
家具制造业	21	69605	4	99	570
造纸和纸制品业	22	69488	17	203	1466
印刷和记录媒介复制业	23	80058	75	626	4110
文教、工美、体育和娱乐用品制造业	24	101990	7	251	1637
石油加工和炼焦业	25	8674	12	53	206
化学原料和化学制品制造业	26	125405	32	718	3347
医药制造业	27	25842	24	239	681
化学纤维制造业	28	7084	1	14	121
橡胶和塑料制品业	29	176649	7	340	3202
非金属矿物制品业	30	261399	45	1416	7137
黑色金属冶炼和压延加工业	31	41722	5	262	1382
有色金属冶炼和压延加工业	32	30984	11	108	635
金属制品业	33	261885	31	681	4026
通用设备制造业	34	288974	71	1170	5145

时间分组的法人单位数

1992-1995年	1996年	1997年	1998年	1999年	2000年	2001年	2002年	2003年	2004年	代码
330453	**102883**	**102189**	**164317**	**163322**	**244053**	**293359**	**329292**	**388946**	**402047**	--
3511	**1207**	**1196**	**3332**	**2294**	**5149**	**5253**	**5063**	**6851**	**6405**	A
872	326	347	944	735	1674	1715	1660	2259	2028	01
473	143	134	345	242	671	541	577	745	647	02
581	248	279	890	616	1256	1423	1303	1917	1849	03
363	119	123	313	209	418	398	414	489	496	04
1222	371	313	840	492	1130	1176	1109	1441	1385	05
2124	**851**	**804**	**1400**	**1158**	**1990**	**2492**	**2613**	**4148**	**5287**	B
747	311	299	418	346	501	645	666	1174	1387	06
18	7	11	13	19	19	15	23	16	19	07
217	95	67	158	140	285	372	381	766	1311	08
276	113	117	165	171	258	300	342	470	585	09
806	301	295	600	448	864	1050	1116	1612	1850	10
39	16	13	31	22	42	77	52	76	96	11
21	8	2	15	12	21	33	33	34	39	12
75076	**24302**	**26347**	**41574**	**41581**	**62415**	**77361**	**89904**	**110191**	**108896**	C
2991	1161	1254	2333	2168	3276	3763	4084	5031	5017	13
1881	677	700	1184	1064	1573	1830	1753	2119	2120	14
1398	555	641	1047	1024	1418	1428	1588	1779	1710	15
22	3	6	10	12	7	12	4	18	13	16
2972	1007	1253	1935	2026	3752	4100	5827	6925	5860	17
3399	1051	1114	1615	1877	3281	3871	4484	5425	5381	18
2003	648	588	846	910	1278	1596	1824	2133	2148	19
1226	463	460	836	841	1431	1708	1982	2506	2705	20
1052	419	487	695	695	971	1188	1339	1676	1890	21
1938	700	725	1093	1094	1523	1974	2327	2854	2685	22
4079	1179	1352	1899	1582	2503	3104	3586	4514	4107	23
2522	753	772	1219	1287	1932	2376	2818	3457	3406	24
297	87	87	156	156	218	276	325	445	452	25
4707	1525	1654	2716	2648	3862	4701	5091	6096	5915	26
1073	339	346	567	483	703	900	985	1150	1116	27
186	66	68	93	110	232	245	329	397	361	28
4754	1575	1680	2698	2819	4108	5364	6317	7241	7040	29
7472	2432	2215	3971	3502	5137	6229	6919	9266	8654	30
1680	461	551	857	843	1172	1472	1826	2791	2654	31
941	287	350	520	505	742	1034	1119	1299	1392	32
5581	1766	1963	3085	3310	4730	6184	7431	8832	8976	33
6818	2207	2424	3885	3831	5612	7178	8675	10537	11024	34

1-9 续表 1

行业大类	代码	法人单位数	1949年及以前	1950-1977年	1978-1991年
专用设备制造业	35	196537	47	768	2848
汽车制造业	36	74134	15	307	1169
铁路、船舶、航空航天和其他运输设备制造业	37	34104	24	215	745
电气机械和器材制造业	38	183157	30	544	2833
计算机、通信和其他电子设备制造业	39	100997	4	148	899
仪器仪表制造业	40	39837	9	222	849
其他制造业	41	55295	4	64	409
废弃资源综合利用业	42	13295	1	20	121
金属制品、机械和设备修理业	43	19429	3	112	443
电力、热力、燃气及水生产和供应业	**D**	**99469**	**125**	**2734**	**6326**
电力、热力生产和供应业	44	67322	71	1948	3998
燃气生产和供应业	45	9246	6	13	147
水的生产和供应业	46	22901	48	773	2181
建筑业	**E**	**754512**	**96**	**4346**	**10662**
房屋建筑业	47	134121	56	3123	5714
土木工程建筑业	48	131940	19	889	2246
建筑安装业	49	126136	10	217	1440
建筑装饰和其他建筑业	50	362315	11	117	1262
批发和零售业	**F**	**5041698**	**1119**	**15097**	**31439**
批发业	51	3010293	375	6873	17186
零售业	52	2031405	744	8224	14253
交通运输、仓储和邮政业	**G**	**443325**	**273**	**4152**	**7668**
铁路运输业	53	3777	27	81	165
道路运输业	54	247449	108	2211	3966
水上运输业	55	13930	16	302	743
航空运输业	56	2254	1	9	46
管道运输业	57	452		2	8
装卸搬运和运输代理业	58	114877	24	329	1085
仓储业	59	38032	65	1146	1520
邮政业	60	22554	32	72	135
住宿和餐饮业	**H**	**317619**	**70**	**1215**	**4864**
住宿业	61	100050	39	786	3450
餐饮业	62	217569	31	429	1414
信息传输、软件和信息技术服务业	**I**	**507674**	**46**	**581**	**1702**
电信、广播电视和卫星传输服务	63	20582	31	522	1096
互联网和相关服务	64	69984	9	12	74
软件和信息技术服务业	65	417108	6	47	532
金融业	**J**	**122516**	**150**	**635**	**2344**
货币金融服务	66	40733	114	609	1969

1992-1995年	1996年	1997年	1998年	1999年	2000年	2001年	2002年	2003年	2004年	代码
3860	1276	1441	2328	2227	3518	4544	5284	6670	6942	35
1784	551	643	904	993	1358	1814	2286	2921	2928	36
1025	319	354	502	557	743	878	1008	1171	1233	37
4567	1461	1639	2319	2622	3640	4677	5346	6384	6253	38
2133	581	725	991	1045	1726	2414	2717	3162	3539	39
1396	413	470	665	715	981	1217	1275	1592	1501	40
673	178	207	321	349	565	748	770	969	919	41
127	34	57	89	103	154	205	239	368	452	42
519	128	121	195	183	269	331	346	463	503	43
3222	**1021**	**1093**	**1645**	**1522**	**2056**	**2389**	**3054**	**4314**	**4199**	**D**
2040	707	744	1162	1080	1348	1688	2168	3244	3177	44
179	57	68	94	115	167	193	228	303	269	45
1003	257	281	389	327	541	508	658	767	753	46
13584	**3897**	**4291**	**6354**	**6078**	**7627**	**10617**	**11761**	**13335**	**14947**	**E**
4630	1113	1172	1818	1500	1814	3136	3053	2508	2797	47
2655	618	724	1180	1089	1373	1856	2066	2647	2745	48
2424	781	935	1297	1358	1610	2216	2282	2682	3056	49
3875	1385	1460	2059	2131	2830	3409	4360	5498	6349	50
41322	**15958**	**18787**	**31729**	**33560**	**50009**	**61127**	**71147**	**90543**	**94494**	**F**
24714	9507	11402	19463	21042	31264	38768	45392	58696	61503	51
16608	6451	7385	12266	12518	18745	22359	25755	31847	32991	52
6635	**2075**	**2353**	**3973**	**3544**	**4886**	**6445**	**7290**	**9027**	**11612**	**G**
95	31	24	42	44	56	65	60	61	86	53
3376	1099	1305	1935	1900	2636	3715	4154	4808	6029	54
480	125	147	218	193	242	329	420	498	650	55
63	24	21	30	23	36	48	60	68	82	56
12	1	5	3	2	11	5	7	12	11	57
1386	517	494	744	730	1114	1425	1679	2320	3420	58
1140	251	288	574	443	562	674	731	1020	983	59
83	27	69	427	209	229	184	179	240	351	60
4556	**1677**	**1826**	**2687**	**2670**	**3863**	**4139**	**4650**	**5885**	**6685**	**H**
2625	896	953	1328	1217	1628	1705	1882	2422	2746	61
1931	781	873	1359	1453	2235	2434	2768	3463	3939	62
2162	**821**	**1045**	**1683**	**2267**	**4141**	**4993**	**5400**	**7311**	**8720**	**I**
636	160	188	347	502	675	905	739	802	923	63
123	80	64	129	192	494	551	619	1043	1216	64
1403	581	793	1207	1573	2972	3537	4042	5466	6581	65
1421	**960**	**737**	**680**	**536**	**704**	**896**	**1484**	**2047**	**1873**	**J**
895	538	370	381	278	256	256	421	520	456	66

1-9 续表 2

行业大类	代码	法人单位数	1949年及以前	1950-1977年	1978-1991年
资本市场服务	67	41735	4	2	79
保险业	68	20754	30	14	212
其他金融业	69	19294	2	10	84
房地产业	**K**	**533557**	**62**	**2274**	**7044**
房地产业	70	533557	62	2274	7044
租赁和商务服务业	**L**	**1768005**	**653**	**4807**	**23342**
租赁业	71	122245	5	91	344
商务服务业	72	1645760	648	4716	22998
科学研究和技术服务业	**M**	**813251**	**334**	**11774**	**21705**
研究和试验发展	73	111180	67	1500	2216
专业技术服务业	74	338862	169	6855	11117
科技推广和应用服务业	75	363209	98	3419	8372
水利、环境和公共设施管理业	**N**	**122367**	**245**	**6383**	**10359**
水利管理业	76	28082	130	4717	5650
生态保护和环境治理业	77	14790	16	439	826
公共设施管理业	78	79495	99	1227	3883
居民服务、修理和其他服务业	**O**	**359932**	**53**	**1282**	**3888**
居民服务业	79	137239	33	908	1644
机动车、电子产品和日用产品修理业	80	117207	8	232	1732
其他服务业	81	105486	12	142	512
教育	**P**	**486026**	**23605**	**81522**	**56241**
教育	82	486026	23605	81522	56241
卫生和社会工作	**Q**	**275554**	**2286**	**48641**	**36702**
卫生	83	218068	2141	46555	29851
社会工作	84	57486	145	2086	6851
文化、体育和娱乐业	**R**	**341182**	**931**	**7810**	**14359**
新闻和出版业	85	9395	117	407	1614
广播、电视、电影和影视录音制作业	86	32779	82	1647	2488
文化艺术业	87	119027	707	5406	9084
体育	88	30594	18	272	665
娱乐业	89	149387	7	78	508
公共管理、社会保障和社会组织	**S**	**1599879**	**54364**	**210070**	**459454**
中国共产党机关	90	35636	2523	7826	11148
国家机构	91	461613	8783	50358	106385
人民政协、民主党派	92	6812	250	1348	2777
社会保障	93	16992	35	226	2008
群众团体、社会团体和其他成员组织	94	379555	8151	15741	53387
基层群众自治组织	95	699271	34622	134571	283749

1992-1995年	1996年	1997年	1998年	1999年	2000年	2001年	2002年	2003年	2004年	代码
297	97	92	111	133	211	271	258	369	372	67
155	300	253	158	75	143	266	709	1031	900	68
74	25	22	30	50	94	103	96	127	145	69
15105	**3599**	**4147**	**6482**	**6592**	**9425**	**11688**	**13194**	**16152**	**16113**	K
15105	3599	4147	6482	6592	9425	11688	13194	16152	16113	70
19623	**5315**	**6301**	**8695**	**11820**	**16646**	**18230**	**19897**	**25479**	**30909**	L
588	246	241	372	380	613	831	860	1121	1354	71
19035	5069	6060	8323	11440	16033	17399	19037	24358	29555	72
11490	**3447**	**3193**	**5037**	**4990**	**7819**	**10013**	**11397**	**13669**	**14738**	M
877	254	254	413	386	762	808	911	1097	1207	73
6948	2176	2001	3057	3204	4590	5791	6680	8153	8878	74
3665	1017	938	1567	1400	2467	3414	3806	4419	4653	75
3808	**1140**	**1149**	**1621**	**1327**	**2135**	**2382**	**2783**	**3122**	**2915**	N
1474	432	411	580	368	590	610	704	636	590	76
304	87	89	137	148	235	250	322	375	362	77
2030	621	649	904	811	1310	1522	1757	2111	1963	78
4294	**1454**	**1696**	**2557**	**2655**	**3965**	**4560**	**5209**	**6911**	**7467**	O
1407	477	647	1025	1043	1646	1818	2133	2774	3013	79
2302	812	824	1191	1245	1677	1936	2149	2942	3070	80
585	165	225	341	367	642	806	927	1195	1384	81
18145	**5842**	**5493**	**7850**	**6593**	**10630**	**10503**	**10998**	**12524**	**12268**	P
18145	5842	5493	7850	6593	10630	10503	10998	12524	12268	82
12061	**3652**	**2652**	**4668**	**3502**	**6093**	**6455**	**5994**	**6932**	**6703**	Q
10076	3086	2178	3839	2798	5036	5379	4866	5478	5345	83
1985	566	474	829	704	1057	1076	1128	1454	1358	84
4777	**1352**	**1337**	**2006**	**1823**	**4053**	**5051**	**6587**	**9527**	**9024**	R
775	154	116	157	174	260	247	231	302	357	85
865	205	172	263	189	318	388	508	451	570	86
2059	598	577	769	593	1056	1312	1270	1586	1515	87
456	134	161	192	183	351	388	475	669	620	88
622	261	311	625	684	2068	2716	4103	6519	5962	89
87537	**24313**	**17742**	**30344**	**28810**	**40447**	**48765**	**50867**	**40978**	**38792**	S
2042	663	516	556	345	651	977	1437	588	417	90
32695	9252	8162	10477	7040	11390	16638	20616	14284	12650	91
322	138	103	128	71	161	135	161	106	79	92
1063	301	222	259	260	650	743	880	1399	731	93
18751	5928	4368	7736	6124	9403	8659	9310	10176	10073	94
32664	8031	4371	11188	14970	18192	21613	18463	14425	14842	95

1-9 续表 3

行业大类	代码	2005年	2006年	2007年	2008年
总计	--	**455416**	**521078**	**526914**	**609402**
农、林、牧、渔业	A	**10326**	**12535**	**21870**	**43825**
农业	01	3302	4374	7811	14869
林业	02	912	1150	1560	2366
畜牧业	03	3038	3662	7147	14718
渔业	04	783	857	1284	2419
农、林、牧、渔服务业	05	2291	2492	4068	9453
采矿业	B	**6020**	**6574**	**5968**	**6629**
煤炭开采和洗选业	06	1452	1143	999	1210
石油和天然气开采业	07	27	31	24	35
黑色金属矿采选业	08	1371	1200	1201	1345
有色金属矿采选业	09	758	1041	971	749
非金属矿采选业	10	2236	2901	2509	2934
开采辅助活动	11	112	180	162	240
其他采矿业	12	64	78	102	116
制造业	C	**115727**	**138458**	**129402**	**128599**
农副食品加工业	13	5723	6187	5950	6639
食品制造业	14	2317	2664	2604	2811
酒、饮料和精制茶制造业	15	1898	2203	2097	2223
烟草制品业	16	12	25	9	12
纺织业	17	5986	7066	5946	5140
纺织服装、服饰业	18	5858	6888	6444	5976
皮革、毛皮、羽毛及其制品和制鞋业	19	2469	2911	2706	2578
木材加工和木、竹、藤、棕、草制品业	20	3222	4297	4155	4056
家具制造业	21	2019	2615	2467	2512
造纸和纸制品业	22	2820	3375	3278	2957
印刷和记录媒介复制业	23	3757	4369	3516	3280
文教、工美、体育和娱乐用品制造业	24	3589	4449	4000	3854
石油加工和炼焦业	25	382	440	440	433
化学原料和化学制品制造业	26	6308	7207	5994	5928
医药制造业	27	1101	1096	908	926
化学纤维制造业	28	320	486	375	261
橡胶和塑料制品业	29	7671	9441	8840	8183
非金属矿物制品业	30	9499	12330	11209	12683
黑色金属冶炼和压延加工业	31	2550	2511	2327	2345
有色金属冶炼和压延加工业	32	1518	1897	1801	1654
金属制品业	33	9572	11574	10954	10956
通用设备制造业	34	11470	13558	13366	13228

2009年	2010年	2011年	2012年	2013年	2014年	2015年	2016年	无开业年份	代码
801359	**1019462**	**1187226**	**1315736**	**1497277**	**1750293**	**2146041**	**2485985**	**84294**	--
76039	**86484**	**107098**	**154977**	**197824**	**203828**	**241033**	**264749**	**6671**	A
27175	34685	45271	64217	88325	111841	135317	139134	3666	01
4740	5202	7245	10919	12320	13993	14396	14942	510	02
22595	23354	27849	42378	49300	44924	56267	72260	1252	03
4015	4704	7924	10550	12160	10911	13665	15071	384	04
17514	18539	18809	26913	35719	22159	21388	23342	859	05
7053	**7244**	**7460**	**7550**	**6448**	**5580**	**5444**	**5221**	**514**	B
1281	1176	1201	1108	938	710	700	746	96	06
42	37	47	51	56	85	77	69	5	07
1039	1144	1144	914	771	534	356	342	68	08
703	648	730	718	518	402	390	360	104	09
3586	3766	3873	4225	3602	2946	2961	2778	190	10
245	258	259	303	325	515	464	366	25	11
157	215	206	231	238	388	496	560	26	12
157537	**198052**	**213845**	**212313**	**231055**	**233353**	**247314**	**275762**	**13456**	C
7178	7507	8571	10265	10625	8743	11480	11387	451	13
2942	3292	4597	5476	5395	5460	8210	8445	374	14
2380	2620	2968	4001	4123	3423	5448	4896	512	15
15	25	59	49	27	27	32	38	1	16
6647	9241	9227	8157	10284	10604	11887	15673	465	17
7962	11901	13042	12546	16518	15323	16891	20273	928	18
3554	5204	5841	5646	8497	9107	6706	7329	379	19
4902	6135	6447	7318	8317	7744	9944	14033	269	20
3260	4583	4866	5828	6445	7314	6978	9240	393	21
4044	4697	4569	4655	5199	5042	4978	5041	234	22
4028	4712	4555	4221	3892	3342	3800	3734	136	23
4902	6394	7197	7833	9085	8583	8972	10310	385	24
523	492	501	550	497	477	521	584	64	25
6779	7062	7184	7212	6643	6703	7424	7360	589	26
1198	1352	1499	1583	1621	1512	2053	2204	183	27
326	563	553	382	423	374	413	358	27	28
9903	11932	12187	11962	12635	12041	11555	12501	653	29
15134	17923	20614	20767	20641	18436	17858	18864	1046	30
2354	2563	2401	2014	1861	1453	1777	1501	109	31
1684	1917	2135	2040	1984	1712	1727	1874	98	32
13712	17572	19321	18973	21396	22616	22883	24491	1269	33
15188	19978	21753	18731	19825	22063	22961	27337	939	34

1-9 续表 4

行业大类	代码	2005年	2006年	2007年	2008年
专用设备制造业	35	7426	8940	8288	8510
汽车制造业	36	2857	3381	3277	2971
铁路、船舶、航空航天和其他运输设备制造业	37	1328	1666	1624	1635
电气机械和器材制造业	38	6578	8169	8028	8047
计算机、通信和其他电子设备制造业	39	3692	4397	4505	4480
仪器仪表制造业	40	1551	1756	1669	1578
其他制造业	41	1128	1314	1264	1223
废弃资源综合利用业	42	538	564	647	682
金属制品、机械和设备修理业	43	568	682	714	838
电力、热力、燃气及水生产和供应业	**D**	**4179**	**4286**	**3530**	**3797**
电力、热力生产和供应业	44	3091	3103	2368	2330
燃气生产和供应业	45	290	303	284	386
水的生产和供应业	46	798	880	878	1081
建筑业	**E**	**16484**	**18236**	**17867**	**20043**
房屋建筑业	47	3222	3674	3314	3497
土木工程建筑业	48	2998	3090	3107	3547
建筑安装业	49	3268	3600	3416	3938
建筑装饰和其他建筑业	50	6996	7872	8030	9061
批发和零售业	**F**	**107149**	**130717**	**135007**	**160997**
批发业	51	69245	83943	87556	103417
零售业	52	37904	46774	47451	57580
交通运输、仓储和邮政业	**G**	**13792**	**14683**	**14597**	**16590**
铁路运输业	53	130	116	95	156
道路运输业	54	6421	7427	7465	8755
水上运输业	55	643	583	651	599
航空运输业	56	62	95	76	65
管道运输业	57	10	14	15	16
装卸搬运和运输代理业	58	4881	4703	4423	4852
仓储业	59	1235	1323	1339	1395
邮政业	60	410	422	533	752
住宿和餐饮业	**H**	**8246**	**9801**	**10421**	**12030**
住宿业	61	3326	4143	4389	4921
餐饮业	62	4920	5658	6032	7109
信息传输、软件和信息技术服务业	**I**	**9521**	**11140**	**11299**	**12904**
电信、广播电视和卫星传输服务	63	829	799	602	911
互联网和相关服务	64	1242	1598	1653	1708
软件和信息技术服务业	65	7450	8743	9044	10285
金融业	**J**	**2557**	**2887**	**3793**	**4955**
货币金融服务	66	918	990	1528	1856

2009年	2010年	2011年	2012年	2013年	2014年	2015年	2016年	无开业年份	代码
11141	14469	15160	14637	14989	16654	16453	17201	916	35
3781	5278	5318	4903	5593	5998	5899	6918	287	36
2014	2402	2281	2133	2300	2600	2538	2630	179	37
10537	13369	14514	13638	14294	14560	13649	14422	1037	38
5864	8025	8582	8605	9416	7936	7481	7276	654	39
2042	2412	2850	2877	3038	2820	2844	2974	121	40
1743	2267	2440	2817	2969	7598	10456	13269	631	41
764	935	1107	1002	1003	1188	1364	1452	79	42
1036	1230	1506	1492	1520	1900	2132	2147	48	43
4185	**4345**	**4347**	**4611**	**4475**	**5711**	**8784**	**12974**	**545**	D
2467	2557	2531	2596	2441	3532	6144	10401	386	44
487	544	591	705	757	867	1013	1111	69	45
1231	1244	1225	1310	1277	1312	1627	1462	90	46
28753	**37380**	**44403**	**46867**	**52741**	**95957**	**107261**	**157392**	**3533**	E
5305	6604	7337	8204	8989	14632	13838	22473	598	47
5229	6573	7823	8403	9240	15750	17281	28125	667	48
5204	6512	7534	7732	7958	15001	16801	24350	514	49
13015	17691	21709	22528	26554	50574	59341	82444	1754	50
232832	**306076**	**371770**	**400741**	**455876**	**588841**	**725805**	**850553**	**19003**	F
149950	197385	234772	247352	267951	357290	403489	450816	10942	51
82882	108691	136998	153389	187925	231551	322316	399737	8061	52
22100	**28111**	**29385**	**30168**	**35871**	**46719**	**56469**	**63229**	**1678**	G
169	251	266	249	306	441	371	378	12	53
11995	14616	15712	16291	19330	26601	33379	41289	926	54
773	819	779	669	738	1162	1014	1062	75	55
87	123	122	158	228	227	248	239	13	56
25	39	30	35	35	49	46	57	2	57
5776	7210	8227	8788	10354	12852	14327	12841	376	58
1909	2476	2557	2478	2914	3453	3862	3475	219	59
1366	2577	1692	1500	1966	1934	3222	3888	55	60
13381	**17633**	**20901**	**26350**	**32243**	**30701**	**43709**	**46401**	**1015**	H
4763	6196	6910	8149	8874	7417	9598	9329	358	61
8618	11437	13991	18201	23369	23284	34111	37072	657	62
17158	**21491**	**27277**	**31395**	**40020**	**63039**	**98976**	**120117**	**2465**	I
926	991	981	1150	1041	1232	1789	1780	25	63
2092	2714	3299	3858	4562	7801	15839	18522	490	64
14140	17786	22997	26387	34417	54006	81348	99815	1950	65
5701	**7425**	**9579**	**10622**	**12576**	**15158**	**17591**	**14688**	**517**	J
2644	3407	4007	4224	4208	3354	3662	2804	68	66

1-9 续表 5

行业大类	代码	2005年	2006年	2007年	2008年
资本市场服务	67	401	558	736	941
保险业	68	1095	1106	1241	1770
其他金融业	69	143	233	288	388
房地产业	K	**17775**	**20901**	**23934**	**20683**
房地产业	70	17775	20901	23934	20683
租赁和商务服务业	L	**36529**	**40496**	**43181**	**56199**
租赁业	71	1677	2076	2163	2878
商务服务业	72	34852	38420	41018	53321
科学研究和技术服务业	M	**17481**	**19746**	**20676**	**26541**
研究和试验发展	73	1359	1734	1732	2087
专业技术服务业	74	10028	11112	10978	11911
科技推广和应用服务业	75	6094	6900	7966	12543
水利、环境和公共设施管理业	N	**3290**	**3431**	**3373**	**4296**
水利管理业	76	681	710	593	909
生态保护和环境治理业	77	421	451	446	547
公共设施管理业	78	2188	2270	2334	2840
居民服务、修理和其他服务业	O	**8435**	**9607**	**9382**	**11365**
居民服务业	79	3336	3596	3475	4374
机动车、电子产品和日用产品修理业	80	3384	4062	3753	4294
其他服务业	81	1715	1949	2154	2697
教育	P	**14239**	**14237**	**12162**	**14941**
教育	82	14239	14237	12162	14941
卫生和社会工作	Q	**8576**	**8834**	**8235**	**10490**
卫生	83	6942	7066	6169	8030
社会工作	84	1634	1768	2066	2460
文化、体育和娱乐业	R	**11347**	**14203**	**13982**	**14388**
新闻和出版业	85	345	302	246	354
广播、电视、电影和影视录音制作业	86	686	721	639	848
文化艺术业	87	2471	2412	2439	3087
体育	88	855	919	952	1145
娱乐业	89	6990	9849	9706	8954
公共管理、社会保障和社会组织	S	**43743**	**40306**	**38235**	**40130**
中国共产党机关	90	422	339	346	322
国家机构	91	16742	12932	11964	12148
人民政协、民主党派	92	74	75	54	60
社会保障	93	889	933	870	780
群众团体、社会团体和其他成员组织	94	13006	15393	14939	16274
基层群众自治组织	95	12610	10634	10062	10546

2009年	2010年	2011年	2012年	2013年	2014年	2015年	2016年	无开业年份	代码
1335	2152	3226	3882	5447	6996	7988	5494	283	67
979	876	1075	1206	1082	1078	1619	3320	61	68
743	990	1271	1310	1839	3730	4322	3070	105	69
28998	**40274**	**40518**	**35553**	**43558**	**46733**	**43559**	**57082**	**2112**	**K**
28998	40274	40518	35553	43558	46733	43559	57082	2112	70
72104	**94989**	**119325**	**138493**	**156425**	**218960**	**280017**	**311593**	**7977**	**L**
4547	6363	8097	9397	11048	16707	22397	27294	555	71
67557	88626	111228	129096	145377	202253	257620	284299	7422	72
36676	**45621**	**54825**	**63856**	**75956**	**83785**	**113609**	**131190**	**3683**	**M**
3139	4283	5663	6391	7385	13966	20374	31710	605	73
15066	19068	22847	24900	28016	33548	38259	42541	969	74
18471	22270	26315	32565	40555	36271	54976	56939	2109	75
5248	**5869**	**6979**	**8224**	**8524**	**9516**	**10620**	**12850**	**778**	**N**
815	862	1010	1448	1187	956	911	1083	25	76
673	708	853	982	989	1248	1666	2136	80	77
3760	4299	5116	5794	6348	7312	8043	9631	673	78
14655	**18189**	**22241**	**25537**	**31740**	**39863**	**55546**	**66192**	**1189**	**O**
5270	6726	8604	10529	12681	14506	19898	25246	430	79
5387	6794	8116	8916	10596	10213	14200	17039	333	80
3998	4669	5521	6092	8463	15144	21448	23907	426	81
16256	**20946**	**21934**	**24897**	**25565**	**15737**	**19759**	**22488**	**651**	**P**
16256	20946	21934	24897	25565	15737	19759	22488	651	82
10657	**13633**	**12833**	**14398**	**14072**	**7529**	**9331**	**10260**	**365**	**Q**
8175	10627	9418	10147	8982	4045	5284	6372	183	83
2482	3006	3415	4251	5090	3484	4047	3888	182	84
17110	**19488**	**20460**	**24630**	**23821**	**23367**	**40541**	**48144**	**1064**	**R**
389	442	455	549	444	300	364	287	7	85
1055	1558	1832	2022	2078	2361	4266	6461	106	86
4084	5484	6581	8787	9267	10444	15992	20989	458	87
1398	1522	1771	2111	2415	2620	4245	5941	116	88
10184	10482	9821	11161	9617	7642	15674	14466	377	89
34916	**46212**	**52046**	**54554**	**48487**	**15916**	**20673**	**15100**	**17078**	**S**
308	660	487	485	339	37	54	42	2106	90
11133	17575	16400	17662	12965	3030	4051	3774	12507	91
49	86	92	141	86	14	20	16	266	92
507	739	885	1079	639	250	302	322	20	93
16551	20025	23452	27796	27334	11604	14235	10629	510	94
6368	7127	10730	7391	7124	981	2011	317	1669	95

1-10 按地区分组的法人单位数

单位：个

地区	法人单位数(2015年)	#多产业法人单位	法人单位数(2016年)	#多产业法人单位
全国	**15729199**	**529279**	**18191382**	**553535**
北京	704629	23032	711166	23669
天津	320203	6256	391323	7201
河北	630137	16572	785259	21997
山西	382169	25047	498902	26920
内蒙古	231915	8423	272236	8938
辽宁	552428	12591	596474	13368
吉林	181344	4497	193453	4561
黑龙江	225311	8703	251727	8889
上海	448591	25547	463990	26940
江苏	1551446	30782	1907732	33062
浙江	1346362	33855	1497165	36191
安徽	564967	20179	651253	21271
福建	664420	27531	751748	28229
江西	385517	10346	464652	11572
山东	1269898	31524	1652065	33999
河南	763210	14167	816779	14504
湖北	678384	26924	783356	28229
湖南	467954	19543	552659	20017
广东	1397022	51776	1521420	52419
广西	402587	19653	474480	15824
海南	76095	3486	84923	3641
重庆	454877	14466	533104	15327
四川	490038	21339	542897	21797
贵州	265382	11037	339564	11724
云南	372760	17621	451891	18024
西藏	26512	1731	26660	1752
陕西	358073	15787	395374	16041
甘肃	196182	10832	210747	10917
青海	58654	3754	65364	3809
宁夏	65679	2359	80937	2447
新疆	196453	9919	222082	10256

1-11 农、林、牧、渔业按地区分组的法人单位数

单位：个

地区	法人单位数（2015年）	#多产业法人单位	法人单位数（2016年）	#多产业法人单位
全国	**1204724**	**4738**	**1481473**	**5195**
北京	9551	117	9537	117
天津	7908	15	10591	21
河北	58834	141	73763	200
山西	78524	152	94596	192
内蒙古	37307	168	46071	181
辽宁	32287	98	36796	110
吉林	21479	72	22638	74
黑龙江	32838	231	37930	237
上海	6737	68	6791	71
江苏	44605	122	56236	145
浙江	64569	302	67211	323
安徽	67845	215	74581	229
福建	41418	207	47858	226
江西	40974	130	55064	170
山东	69181	122	106857	138
河南	57527	65	58830	62
湖北	57476	230	75829	253
湖南	35753	123	45660	127
广东	37250	297	41000	315
广西	61108	364	76497	415
海南	11045	148	11876	144
重庆	80942	255	99522	306
四川	40698	160	53836	171
贵州	46519	76	71134	89
云南	59970	301	78056	305
西藏	617	3	627	3
陕西	29688	54	38039	60
甘肃	32849	108	36639	108
青海	11249	42	13096	43
宁夏	10336	45	13506	48
新疆	17640	307	20806	312

1-12　采矿业按地区分组的法人单位数

单位：个

地　区	法人单位数 (2015年)	#多产业法人单位	法人单位数 (2016年)	#多产业法人单位
全　国	**103426**	**2271**	**104074**	**2355**
北　京	124	9	128	8
天　津	142	13	144	15
河　北	6547	210	6332	232
山　西	6410	173	6965	206
内蒙古	5186	101	5422	111
辽　宁	6117	86	6177	88
吉　林	1477	21	1487	22
黑龙江	2064	47	2207	50
上　海	1	1	1	1
江　苏	759	20	756	19
浙　江	1339	27	1260	28
安　徽	2616	71	2663	73
福　建	3241	48	2981	47
江　西	4168	46	4166	48
山　东	3726	84	3776	87
河　南	6487	59	4761	60
湖　北	4740	138	4614	140
湖　南	6836	61	7077	58
广　东	3979	106	4003	101
广　西	3443	105	3686	105
海　南	350	15	360	16
重　庆	2654	169	2734	155
四　川	4959	198	4921	203
贵　州	7361	51	7636	58
云　南	6690	206	7080	208
西　藏	230	8	237	8
陕　西	4663	41	5073	45
甘　肃	2308	26	2310	27
青　海	1001	31	1035	31
宁　夏	779	16	841	15
新　疆	3029	84	3241	90

1-13 制造业按地区分组的法人单位数

单位：个

地区	法人单位数 (2015年)	#多产业法人单位	法人单位数 (2016年)	#多产业法人单位
全国	**2801143**	**44815**	**3019269**	**46399**
北京	34144	1815	34454	1780
天津	54114	1026	57722	1097
河北	126557	1328	151619	1755
山西	27601	777	32151	891
内蒙古	18575	464	20204	480
辽宁	97001	1117	98922	1226
吉林	26010	237	26979	239
黑龙江	27666	344	29398	366
上海	82529	3091	83350	3175
江苏	434394	4934	481869	5039
浙江	423211	7245	434321	7117
安徽	92414	1157	101640	1240
福建	132615	1718	138926	1821
江西	60422	445	67565	526
山东	235765	3064	284344	3296
河南	127691	567	110992	602
湖北	83366	1493	88664	1589
湖南	62180	669	68334	713
广东	365811	7124	389552	7066
广西	31491	1092	34750	1119
海南	3450	114	3833	126
重庆	55432	1202	60358	1218
四川	57055	1158	60213	1163
贵州	33898	325	40573	357
云南	23311	844	26905	873
西藏	1178	47	1221	49
陕西	38398	450	41267	469
甘肃	16692	318	17228	322
青海	4575	127	5032	132
宁夏	6510	142	7392	146
新疆	17087	381	19491	407

1-14 电力、热力、燃气及水生产和供应业按地区分组的法人单位数

单位：个

地 区	法人单位数(2015年)	#多产业法人单位	法人单位数(2016年)	#多产业法人单位
全 国	**87486**	**4703**	**99469**	**4878**
北 京	659	39	699	37
天 津	655	35	772	35
河 北	2747	126	3601	158
山 西	2183	138	3662	165
内蒙古	2325	159	2832	165
辽 宁	2419	111	2691	115
吉 林	1551	88	1732	89
黑龙江	1626	138	1804	145
上 海	191	18	199	18
江 苏	3389	135	4287	144
浙 江	4856	231	5208	248
安 徽	3183	202	3696	207
福 建	7073	209	6888	218
江 西	4532	170	5248	180
山 东	3734	185	6094	203
河 南	2892	140	2778	149
湖 北	3968	278	4822	283
湖 南	5419	188	5901	185
广 东	10013	365	10423	372
广 西	2885	277	3055	261
海 南	422	47	438	48
重 庆	2294	179	2424	182
四 川	6135	405	6181	403
贵 州	2125	156	2386	168
云 南	2882	249	3206	256
西 藏	164	22	170	22
陕 西	2493	96	3046	102
甘 肃	1774	128	1870	128
青 海	621	31	694	33
宁 夏	500	38	637	36
新 疆	1776	120	2025	123

1-15 建筑业按地区分组的法人单位数

单位：个

地 区	法人单位数 (2015年)	#多产业法人单位	法人单位数 (2016年)	#多产业法人单位
全 国	**574128**	**22843**	**754512**	**25393**
北 京	20087	1126	20507	1117
天 津	15517	343	19760	373
河 北	23139	717	37803	956
山 西	12500	590	20372	748
内蒙古	6801	231	9834	260
辽 宁	27161	774	30258	872
吉 林	6992	138	7854	155
黑龙江	7402	250	8944	266
上 海	16781	1102	17532	1165
江 苏	76873	2550	104443	2766
浙 江	37693	2448	44305	2574
安 徽	27029	1089	34345	1222
福 建	22420	1374	28007	1552
江 西	14359	483	21165	593
山 东	58283	1179	84503	1402
河 南	22488	467	32006	566
湖 北	31367	979	44807	1198
湖 南	12226	487	18051	565
广 东	36124	2040	43877	2102
广 西	10729	739	15299	863
海 南	5151	126	5995	140
重 庆	12375	613	15054	655
四 川	13673	954	17023	1045
贵 州	7913	230	12268	310
云 南	14632	565	18936	591
西 藏	2201	15	2214	15
陕 西	18887	383	22139	406
甘 肃	4529	204	5559	210
青 海	2143	119	2618	122
宁 夏	1889	112	3050	127
新 疆	4764	416	5984	457

1-16 批发和零售业按地区分组的法人单位数

单位：个

地 区	法人单位数(2015年)	#多产业法人单位	法人单位数(2016年)	#多产业法人单位
全 国	**4199026**	**102520**	**5041698**	**109682**
北 京	206521	7517	208813	7430
天 津	98551	1352	119826	1654
河 北	165475	3663	219536	4556
山 西	94250	3115	139240	3788
内蒙古	55958	1300	68237	1475
辽 宁	155775	2478	169643	2677
吉 林	40125	642	43730	651
黑龙江	49972	1200	57116	1253
上 海	153401	10183	159464	10808
江 苏	466828	8057	587718	8523
浙 江	374162	8325	430888	8653
安 徽	136555	3213	166351	3453
福 建	193733	4664	230843	4883
江 西	80263	1208	104265	1518
山 东	403965	5051	543508	5780
河 南	172392	2289	206121	2367
湖 北	183287	3095	207587	3377
湖 南	97477	1293	126236	1477
广 东	391401	11690	434221	11741
广 西	106962	4643	131838	4958
海 南	15881	717	18000	767
重 庆	125316	3230	148631	3512
四 川	80348	3474	93544	3639
贵 州	47828	1321	65613	1530
云 南	99551	3123	127986	3250
西 藏	2471	109	2488	111
陕 西	87319	1576	98536	1665
甘 肃	36704	1124	40691	1151
青 海	9654	449	11215	473
宁 夏	16248	484	20956	520
新 疆	50653	1935	58857	2042

1-17 交通运输、仓储和邮政业按地区分组的法人单位数

单位：个

地区	法人单位数(2015年)	#多产业法人单位	法人单位数(2016年)	#多产业法人单位
全 国	**378705**	**16652**	**443325**	**18374**
北 京	14754	712	14864	729
天 津	15560	323	17852	366
河 北	14280	415	18661	516
山 西	8635	428	11375	515
内蒙古	6403	324	7968	358
辽 宁	16442	482	17900	513
吉 林	4643	155	5225	161
黑龙江	5782	253	6718	271
上 海	15963	1491	16475	1513
江 苏	40424	994	50401	1061
浙 江	22591	1229	25963	1555
安 徽	15307	655	18049	722
福 建	15702	676	16912	758
江 西	12533	375	14501	439
山 东	33779	691	42742	838
河 南	14402	286	16364	308
湖 北	18409	773	21776	939
湖 南	7907	287	10394	314
广 东	35068	2324	38161	2393
广 西	8512	684	10650	754
海 南	1631	129	1777	138
重 庆	7840	560	9316	615
四 川	10788	585	12020	627
贵 州	4392	233	5619	301
云 南	6720	467	8685	484
西 藏	335	43	341	43
陕 西	7908	245	9044	266
甘 肃	3361	226	3652	231
青 海	1033	96	1177	102
宁 夏	1455	87	1907	97
新 疆	6146	424	6836	447

1-18 住宿和餐饮业按地区分组的法人单位数

单位：个

地 区	法人单位数(2015年)	#多产业法人单位	法人单位数(2016年)	#多产业法人单位
全 国	**274283**	**11953**	**317619**	**13317**
北 京	17141	1343	17134	1320
天 津	4658	238	5652	325
河 北	6000	379	8229	541
山 西	5056	250	7109	345
内蒙古	3428	167	3999	180
辽 宁	8333	268	8935	292
吉 林	2109	44	2326	44
黑龙江	2661	84	2930	84
上 海	13238	1233	13787	1355
江 苏	16420	761	20393	862
浙 江	19122	1281	20961	1413
安 徽	9009	437	11076	500
福 建	10556	416	11574	434
江 西	4920	95	5988	125
山 东	17774	465	23469	617
河 南	14547	207	12911	215
湖 北	13308	398	14747	437
湖 南	9786	162	11439	192
广 东	24390	1462	27458	1543
广 西	5172	330	6264	368
海 南	1908	121	2139	133
重 庆	21802	445	26385	527
四 川	10241	396	11368	435
贵 州	8149	65	11495	79
云 南	8134	308	11186	320
西 藏	602	17	609	18
陕 西	8371	237	9337	250
甘 肃	3544	148	4040	148
青 海	1179	49	1381	55
宁 夏	979	39	1288	46
新 疆	1746	108	2010	114

1-19 信息传输、软件和信息技术服务业按地区分组的法人单位数

单位：个

地 区	法人单位数(2015年)	#多产业法人单位	法人单位数(2016年)	#多产业法人单位
全 国	**387842**	**8480**	**507674**	**9575**
北 京	47988	1082	36026	1152
天 津	12589	143	15818	169
河 北	8114	165	13944	233
山 西	5915	159	11529	228
内蒙古	3208	96	5057	111
辽 宁	14937	211	18826	237
吉 林	3214	87	3808	91
黑龙江	4164	109	5446	112
上 海	15863	990	16460	1026
江 苏	41381	621	61674	746
浙 江	36445	609	51124	778
安 徽	13734	221	19282	265
福 建	16932	260	22801	295
江 西	6905	112	11354	143
山 东	25610	278	39025	353
河 南	11964	134	18203	145
湖 北	19146	237	25832	282
湖 南	8401	170	14495	193
广 东	38168	1335	44114	1400
广 西	6486	191	9612	219
海 南	1541	38	1985	46
重 庆	11706	247	15673	280
四 川	7850	251	11309	267
贵 州	3042	77	4851	92
云 南	9055	212	11683	235
西 藏	175	33	181	36
陕 西	7021	122	8662	132
甘 肃	1756	84	2329	87
青 海	767	46	982	47
宁 夏	869	36	1465	42
新 疆	2896	124	4124	133

1-20 金融业按地区分组的法人单位数

单位：个

地区	法人单位数(2015年)	#多产业法人单位	法人单位数(2016年)	#多产业法人单位
全国	**109711**	**15964**	**122516**	**16660**
北京	5117	386	4972	450
天津	4218	307	4897	324
河北	4687	732	4847	837
山西	2375	498	2883	567
内蒙古	2488	487	2885	519
辽宁	4078	650	4440	668
吉林	1524	351	1669	353
黑龙江	2215	448	2406	458
上海	2258	379	2482	397
江苏	6908	900	7550	919
浙江	8005	958	8853	989
安徽	4478	639	5099	654
福建	4432	478	4938	487
江西	3467	454	3238	463
山东	6952	1080	10033	1202
河南	4159	724	4891	724
湖北	4114	599	4750	633
湖南	2996	535	3431	542
广东	9547	1181	10272	1207
广西	2972	488	2509	483
海南	562	100	651	105
重庆	3478	461	3565	479
四川	3338	748	3600	759
贵州	2163	321	2417	340
云南	3516	587	4080	593
西藏	106	34	109	38
陕西	2810	429	3119	448
甘肃	2221	375	2211	380
青海	414	102	439	103
宁夏	1798	123	1983	124
新疆	2315	410	3297	415

1-21　房地产业按地区分组的法人单位数

单位：个

地　区	法人单位数（2015年）	#多产业法人单位	法人单位数（2016年）	#多产业法人单位
全　国	**466100**	**24804**	**533557**	**27449**
北　京	18833	1661	19040	1646
天　津	8472	325	10443	391
河　北	18376	929	25580	1367
山　西	9678	605	12856	766
内蒙古	7150	315	7946	385
辽　宁	19375	549	20642	614
吉　林	5623	99	6047	105
黑龙江	7108	195	7804	204
上　海	16553	1387	17282	1458
江　苏	40553	1909	48989	2160
浙　江	29342	1695	32749	1818
安　徽	17223	1137	19504	1292
福　建	16047	975	17417	1023
江　西	10783	422	12404	606
山　东	32596	1087	40442	1348
河　南	22377	327	27501	343
湖　北	22570	1064	26387	1202
湖　南	13880	281	15675	354
广　东	54716	3878	58807	3964
广　西	13475	1200	16006	1281
海　南	6642	301	7578	316
重　庆	12134	1145	13609	1245
四　川	14505	867	15896	934
贵　州	8751	286	9930	362
云　南	10950	785	12215	811
西　藏	229	12	234	12
陕　西	12816	301	13811	329
甘　肃	4978	203	5313	209
青　海	1634	115	1781	122
宁　夏	1707	152	1984	161
新　疆	7024	597	7685	621

1-22 租赁和商务服务业按地区分组的法人单位数

单位：个

地 区	法人单位数(2015年)	#多产业法人单位	法人单位数(2016年)	#多产业法人单位
全 国	**1440572**	**29970**	**1768005**	**34403**
北 京	150385	2606	151316	2875
天 津	36907	564	47918	714
河 北	40060	835	56208	1191
山 西	24183	675	36562	861
内蒙古	16216	330	20979	389
辽 宁	48462	833	55359	984
吉 林	11703	209	13262	219
黑龙江	14050	209	18268	235
上 海	59133	2949	62017	3123
江 苏	142838	2772	190016	3255
浙 江	120967	2741	152078	3426
安 徽	52265	1022	64747	1160
福 建	62383	1086	76540	1208
江 西	33561	421	44630	634
山 东	101010	1307	141897	1694
河 南	45465	346	57916	390
湖 北	68232	903	85194	1095
湖 南	30928	504	44047	595
广 东	165240	4510	180052	4611
广 西	35285	1253	46247	1375
海 南	8321	237	9831	252
重 庆	36399	661	44328	756
四 川	33398	733	40743	810
贵 州	17043	281	23830	368
云 南	31253	806	39115	901
西 藏	1160	13	1161	13
陕 西	21989	300	24939	334
甘 肃	9350	204	11004	221
青 海	3685	122	4514	125
宁 夏	4206	104	6022	109
新 疆	14495	434	17265	480

1-23 科学研究和技术服务业按地区分组的法人单位数

单位：个

地 区	法人单位数 (2015年)	#多产业法人单位	法人单位数 (2016年)	#多产业法人单位
全 国	**661022**	**15143**	**813251**	**17321**
北 京	92262	1395	107916	1830
天 津	28149	283	42071	368
河 北	19522	381	26097	560
山 西	9640	351	13141	429
内蒙古	6910	147	8029	167
辽 宁	23503	359	26317	398
吉 林	6006	98	7149	103
黑龙江	8349	142	10991	156
上 海	21533	942	23051	985
江 苏	65696	1243	98989	1468
浙 江	43731	1287	53401	1525
安 徽	20225	546	23937	611
福 建	21860	696	27025	745
江 西	9574	219	11727	299
山 东	59213	582	78175	737
河 南	36961	221	39894	259
湖 北	30688	694	34873	758
湖 南	16851	351	21059	420
广 东	46376	1853	51475	1906
广 西	15433	777	18547	809
海 南	2342	97	2771	104
重 庆	10497	330	12658	356
四 川	19315	448	22179	515
贵 州	5710	189	6650	220
云 南	12532	574	14057	592
西 藏	539	24	540	24
陕 西	12392	225	13169	248
甘 肃	4874	183	5268	192
青 海	1775	103	1940	103
宁 夏	1529	58	1880	58
新 疆	7035	345	8275	376

1-24 水利、环境和公共设施管理业按地区分组的法人单位数

单位：个

地区	法人单位数(2015年)	#多产业法人单位	法人单位数(2016年)	#多产业法人单位
全国	**108069**	**3358**	**122367**	**3569**
北京	4170	121	4119	117
天津	1904	39	2124	43
河北	4269	88	5535	136
山西	3072	92	3848	104
内蒙古	2502	84	2928	88
辽宁	4430	81	4681	87
吉林	1675	22	1771	24
黑龙江	1860	66	1978	69
上海	2068	67	2102	68
江苏	9159	198	10268	206
浙江	7155	249	8191	279
安徽	4301	177	5013	198
福建	4419	163	4834	170
江西	3018	71	3416	79
山东	6534	127	8272	153
河南	6094	94	7072	98
湖北	6110	267	6823	259
湖南	4441	125	4901	129
广东	7237	283	7746	292
广西	3496	121	3887	112
海南	568	28	662	28
重庆	2552	98	3058	107
四川	4290	135	4605	148
贵州	1904	49	2311	45
云南	2965	140	3220	147
西藏	82	3	84	4
陕西	3668	76	4202	81
甘肃	1507	114	1629	114
青海	595	18	665	18
宁夏	494	33	628	33
新疆	1530	129	1794	133

1-25　居民服务、修理和其他服务业按地区分组的法人单位数

单位：个

地　区	法人单位数(2015年)	#多产业法人单位	法人单位数(2016年)	#多产业法人单位
全　国	**298958**	**6408**	**359932**	**7214**
北　京	19774	773	19510	769
天　津	9070	151	10889	174
河　北	10454	205	14019	271
山　西	9963	139	15397	200
内蒙古	4661	74	6425	83
辽　宁	10606	155	11760	165
吉　林	3622	28	3935	28
黑龙江	3199	48	3709	48
上　海	12568	741	12855	820
江　苏	26282	438	33190	560
浙　江	17458	476	18739	530
安　徽	10042	197	12809	237
福　建	11346	285	13098	312
江　西	7082	85	8882	113
山　东	22923	210	30633	263
河　南	11089	75	13368	78
湖　北	15665	192	18537	247
湖　南	10065	78	12840	99
广　东	23892	886	25957	915
广　西	6487	223	7572	238
海　南	1381	36	1609	39
重　庆	12848	182	15427	224
四　川	7714	180	9165	185
贵　州	6403	66	9197	90
云　南	9186	174	12280	210
西　藏	210	7	214	7
陕　西	6999	101	8169	96
甘　肃	2723	56	3136	57
青　海	947	21	1221	24
宁　夏	1131	34	1603	33
新　疆	3168	92	3787	99

1-26 教育按地区分组的法人单位数

单位：个

地 区	法人单位数(2015年)	#多产业法人单位	法人单位数(2016年)	#多产业法人单位
全 国	**461451**	**31927**	**486026**	**31373**
北 京	11339	307	11398	313
天 津	4307	278	4499	289
河 北	20754	978	21537	981
山 西	10826	1151	11769	1149
内蒙古	7189	285	7802	291
辽 宁	14632	922	15061	925
吉 林	6392	596	6455	596
黑龙江	8067	499	8287	496
上 海	5945	151	5988	165
江 苏	21802	1140	24846	1180
浙 江	23549	958	24772	1011
安 徽	16224	1762	16972	1772
福 建	16785	1115	17130	1122
江 西	14760	1304	15676	1309
山 东	25908	2133	31676	2099
河 南	44940	1595	45623	1594
湖 北	20637	2369	21728	2385
湖 南	21891	2056	22782	2053
广 东	40628	1418	42108	1448
广 西	21541	1069	22010	374
海 南	3653	255	3819	256
重 庆	11938	1421	13339	1430
四 川	26097	2415	27020	2384
贵 州	12180	1409	12807	1415
云 南	10956	1536	11604	1530
西 藏	1042	236	1041	236
陕 西	16022	698	16191	695
甘 肃	10503	983	10694	985
青 海	1929	217	1963	215
宁 夏	1900	142	2088	142
新 疆	7115	529	7341	533

1-27 卫生和社会工作按地区分组的法人单位数

单位：个

地区	法人单位数(2015年)	#多产业法人单位	法人单位数(2016年)	#多产业法人单位
全国	**271571**	**16285**	**275554**	**16098**
北京	4002	245	4061	236
天津	1758	174	1969	176
河北	9919	363	7042	413
山西	5760	732	6400	743
内蒙古	5063	230	5178	228
辽宁	12871	308	13225	315
吉林	3923	111	4013	112
黑龙江	5866	560	6015	558
上海	3325	113	3338	112
江苏	17487	1160	20120	1163
浙江	8873	966	9787	1003
安徽	9301	1226	9484	1228
福建	8362	352	8162	354
江西	10167	355	10410	357
山东	18964	1357	21068	1361
河南	38881	311	36862	309
湖北	12415	1160	12794	1162
湖南	16082	797	16435	783
广东	11399	927	11746	924
广西	6059	439	5021	148
海南	1194	92	1255	95
重庆	5972	563	6395	569
四川	18357	897	18697	896
贵州	4955	685	5225	688
云南	5575	1019	5713	1017
西藏	457	31	468	31
陕西	14703	285	14649	289
甘肃	4241	450	4232	451
青海	1155	118	1179	118
宁夏	955	50	1014	50
新疆	3530	209	3597	209

1-28 文化、体育和娱乐业按地区分组的法人单位数

单位：个

地区	法人单位数(2015年)	#多产业法人单位	法人单位数(2016年)	#多产业法人单位
全国	**297274**	**4224**	**341182**	**4673**
北京	30574	408	29447	434
天津	4821	66	7533	88
河北	8614	121	10845	149
山西	7360	121	10128	139
内蒙古	3722	60	4575	64
辽宁	9416	90	10218	100
吉林	3186	43	3378	43
黑龙江	4464	64	4920	67
上海	7315	254	7621	283
江苏	20741	264	28933	311
浙江	21070	341	25203	418
安徽	13372	120	14519	125
福建	11493	169	12883	184
江西	6586	68	7479	82
山东	15590	157	21732	188
河南	17609	120	15552	118
湖北	12279	193	13358	213
湖南	14899	129	16344	139
广东	18220	506	20781	530
广西	7962	106	8818	112
海南	1798	38	2027	42
重庆	9173	114	11155	134
四川	15893	148	17190	162
贵州	4616	62	5829	73
云南	7768	153	9216	157
西藏	512	18	515	18
陕西	7052	78	7690	84
甘肃	4818	90	5495	91
青海	1183	37	1301	39
宁夏	1268	14	1520	14
新疆	3900	72	4977	72

1-29 公共管理、社会保障和社会组织按地区分组的法人单位数

单位：个

地区	法人单位数(2015年)	#多产业法人单位	法人单位数(2016年)	#多产业法人单位
全国	**1603708**	**162221**	**1599879**	**159607**
北京	17204	1370	17225	1309
天津	10903	581	10843	579
河北	81789	4796	80061	6945
山西	58238	14901	58919	14884
内蒙古	36823	3401	35865	3403
辽宁	44583	3019	44623	2982
吉林	30090	1456	29995	1452
黑龙江	35958	3816	34856	3814
上海	13189	387	13195	397
江苏	74907	2564	77054	2535
浙江	82224	2487	82151	2503
安徽	49844	6093	47486	6083
福建	63603	12640	62931	12390
江西	57443	3883	57474	3888
山东	128391	12365	133819	12240
河南	105245	6140	105134	6117
湖北	70607	11862	70234	11777
湖南	89936	11247	87558	11079
广东	77563	9591	79667	9589
广西	53089	5552	52212	1830
海南	8255	847	8317	846
重庆	29525	2591	29473	2577
四川	115384	7187	113387	7051
贵州	40430	5155	39793	5139
云南	47114	5572	46668	5544
西藏	14202	1056	14206	1064
陕西	54874	10090	54292	10042
甘肃	47450	5808	47447	5805
青海	13115	1911	13131	1904
宁夏	11126	650	11173	646
新疆	40604	3203	40690	3193

第二部分

企业法人单位综合资料

2-1 按行业(中类)、

(2016年)

行业中类	代码	企业单位数	北京	天津	河北	山西	内蒙古
总计	--	**14618448**	**669663**	**362508**	**611099**	**336910**	**183081**
农、林、牧、渔业	A	**675005**	**6481**	**2758**	**24045**	**18533**	**13463**
农业	01	305231	3674	1052	10285	7398	4938
谷物种植	011	48086	271	330	2945	1747	1812
豆类、油料和薯类种植	012	9199	29	19	424	161	584
棉、麻、糖、烟草种植	013	5008	5	3	70	10	23
蔬菜、食用菌及园艺作物种植	014	104751	1994	528	4079	2569	1053
水果种植	015	63434	1047	101	1169	729	164
坚果、含油果、香料和饮料作物种植	016	20241	97	1	284	184	4
中药材种植	017	26357	70	18	446	734	198
其他农业	019	28155	161	52	868	1264	1100
林业	02	60701	826	306	3095	3344	1287
林木育种和育苗	021	46661	750	278	2603	2576	880
造林和更新	022	7851	43	17	365	634	345
森林经营和管护	023	4114	33	7	112	111	39
木材和竹材采运	024	1117		3	9	7	20
林产品采集	025	958		1	6	16	3
畜牧业	03	190702	1491	701	7640	6249	5123
牲畜饲养	031	129388	775	444	5842	4586	4363
家禽饲养	032	44690	511	164	1384	1306	398
狩猎和捕捉动物	033	954	1	2	7	11	9
其他畜牧业	039	15670	204	91	407	346	353
渔业	04	57175	239	455	540	222	180
水产养殖	041	54686	234	435	529	218	175
水产捕捞	042	2489	5	20	11	4	5
农、林、牧、渔服务业	05	61196	251	244	2485	1320	1935
农业服务业	051	47828	193	203	2170	1127	1422
林业服务业	052	4845	26	10	150	117	147
畜牧服务业	053	5462	14	21	140	64	347
渔业服务业	054	3061	18	10	25	12	19
采矿业	B	**104007**	**128**	**144**	**6329**	**6961**	**5416**
煤炭开采和洗选业	06	20777	16	13	511	3706	1206
烟煤和无烟煤开采洗选	061	18669	16	3	473	3406	857
褐煤开采洗选	062	623			10	54	251
其他煤炭采选	069	1485		10	28	246	98
石油和天然气开采业	07	762	8	17	5	46	89
石油开采	071	468	6	14	4	1	55
天然气开采	072	294	2	3	1	45	34
黑色金属矿采选业	08	15487	21	14	3713	1144	1204
铁矿采选	081	13736	21	10	3687	1106	1167
锰矿、铬矿采选	082	983			6	26	10
其他黑色金属矿采选	089	768		4	20	12	27
有色金属矿采选业	09	11303	2	4	347	242	525

地区分组的企业法人单位数

单位：个

辽宁	吉林	黑龙江	上海	江苏	浙江	安徽	福建	江西	山东	河南	代码
488742	**132492**	**158568**	**432697**	**1717140**	**1307844**	**518794**	**636091**	**344148**	**1344176**	**580619**	--
15937	**8470**	**4717**	**1696**	**22133**	**23519**	**27533**	**31186**	**26877**	**38319**	**32657**	A
5524	3058	1761	909	9966	13061	12782	16365	13248	17500	15444	01
1792	1318	835	68	2781	1179	5029	1069	3096	4782	4576	011
116	73	159	7	94	154	257	367	546	337	541	012
38	14	6	1	20	18	100	70	115	152	306	013
1889	884	422	697	4810	5982	3850	7237	3328	6855	5026	014
1042	141	79	101	757	3212	999	2521	2678	2700	1676	015
69	15	7	2	230	1242	707	2514	1008	330	405	016
265	426	135	7	375	1113	883	692	559	578	804	017
313	187	118	26	899	161	957	1895	1918	1766	2110	019
1610	644	438	336	1563	2896	3635	3435	3176	2996	2467	02
1390	420	210	301	1406	2565	3160	2139	2035	2832	2163	021
116	47	59	13	54	94	261	614	506	73	187	022
81	129	116	19	50	104	148	404	441	74	83	023
19	43	43	1	36	28	36	204	119	7	27	024
4	5	10	2	17	105	30	74	75	10	7	025
4966	3032	1476	221	3706	2718	6183	4789	5553	10554	9029	03
2979	1945	1115	135	2245	1421	3798	3327	3495	6267	6618	031
1443	810	208	62	1203	931	2016	1047	1504	3474	1681	032
17	8	6		14		48	6	35	7	53	033
527	269	147	24	244	366	321	409	519	806	677	039
1913	301	164	122	3498	3291	2134	4198	2122	3176	602	04
1820	290	155	114	3400	3102	2038	4030	2074	2865	574	041
93	11	9	8	98	189	96	168	48	311	28	042
1924	1435	878	108	3400	1553	2799	2399	2778	4093	5115	05
1273	1284	636	75	2590	1293	2146	1680	2224	2894	4127	051
101	35	50	17	313	131	190	280	309	273	270	052
398	91	166	5	256	50	358	102	160	481	653	053
152	25	26	11	241	79	105	337	85	445	65	054
6176	**1487**	**2205**	**1**	**748**	**1258**	**2649**	**2981**	**4166**	**3772**	**4761**	B
715	235	944		48	10	222	302	638	607	1145	06
664	176	862		33	5	178	261	567	560	1080	061
13	36	28		1		6	1	12	23	8	062
38	23	54		14	5	38	40	59	24	57	069
25	76	27	1	16	3	6		8	52	33	07
16	68	23		12	1	2		1	43	23	071
9	8	4	1	4	2	4		7	9	10	072
1836	194	69		73	30	454	325	386	511	543	08
1740	188	67		66	30	423	298	357	485	518	081
75				1		12	19	4	7	2	082
21	6	2		6		19	8	25	19	23	089
837	158	77		28	79	296	339	618	282	1083	09

2-1 续表 1

行业中类	代码	企业单位数	北京	天津	河北	山西	内蒙古
常用有色金属矿采选	091	7822	1	3	134	201	379
贵金属矿采选	092	2221	1	1	191	36	118
稀有稀土金属矿采选	093	1260			22	5	28
非金属矿采选业	10	48646	65	43	1621	1545	2030
土砂石开采	101	41282	61	32	1353	1404	1702
化学矿开采	102	1720			10	16	37
采盐	103	528		7	47		12
石棉及其他非金属矿采选	109	5116	4	4	211	125	279
开采辅助活动	11	3921	12	47	64	124	133
煤炭开采和洗选辅助活动	111	653		5	14	73	54
石油和天然气开采辅助活动	112	2480	12	35	41	12	30
其他开采辅助活动	119	788		7	9	39	49
其他采矿业	12	3111	4	6	68	154	229
其他采矿业	120	3111	4	6	68	154	229
制造业	**C**	**3012112**	**34443**	**57694**	**151464**	**31858**	**20081**
农副食品加工业	13	132114	956	1303	5656	2315	2862
谷物磨制	131	26833	76	109	816	543	468
饲料加工	132	15393	343	279	1041	263	377
植物油加工	133	11857	49	103	512	146	191
制糖业	134	978	2	9	38	5	19
屠宰及肉类加工	135	22325	224	178	1246	337	1111
水产品加工	136	12092	16	75	222	5	11
蔬菜、水果和坚果加工	137	18650	128	289	703	370	307
其他农副食品加工	139	23986	118	261	1078	646	378
食品制造业	14	70642	1007	1208	3179	1633	1161
焙烤食品制造	141	18369	324	212	786	403	299
糖果、巧克力及蜜饯制造	142	6037	75	150	591	170	34
方便食品制造	143	12261	131	145	472	192	159
乳制品制造	144	1970	37	41	81	49	211
罐头食品制造	145	3765	24	74	220	78	36
调味品、发酵制品制造	146	8903	137	163	368	355	153
其他食品制造	149	19337	279	423	661	386	269
酒、饮料和精制茶制造业	15	51350	390	302	1659	957	731
酒的制造	151	18389	118	109	760	349	414
饮料制造	152	18257	259	189	877	588	314
精制茶加工	153	14704	13	4	22	20	3
烟草制品业	16	429	1	2	6	2	3
烟叶复烤	161	190			3	1	1
卷烟制造	162	109	1	2	3	1	2
其他烟草制品制造	169	130					
纺织业	17	144411	454	1252	8670	377	607
棉纺织及印染精加工	171	53012	78	398	3725	176	25
毛纺织及染整精加工	172	8604	50	92	1787	23	410
麻纺织及染整精加工	173	1577	1	11	17	6	6

单位：个

辽宁	吉林	黑龙江	上海	江苏	浙江	安徽	福建	江西	山东	河南	代码
588	71	35		21	40	230	246	251	62	503	091
180	74	35		5	10	44	38	73	209	390	092
69	13	7		2	29	22	55	294	11	190	093
2551	688	912		518	1122	1525	1894	2047	2119	1766	10
1961	615	827		425	1028	1270	1645	1716	1581	1534	101
110	4	2		19	5	24	26	26	7	26	102
24				26	10	1	25	3	236	10	103
456	69	83		48	79	230	198	302	295	196	109
150	88	139		50	5	78	24	155	105	110	11
13	18	14		19	1	40	4	38	20	31	111
103	56	108		19		12	2	5	41	62	112
34	14	17		12	4	26	18	112	44	17	119
62	48	37		15	9	68	97	314	96	81	12
62	48	37		15	9	68	97	314	96	81	120
98882	**26807**	**28900**	**83334**	**481510**	**433021**	**101033**	**138762**	**67512**	**284015**	**110941**	**C**
6925	3823	5361	603	7476	5329	6855	6159	3763	17686	8561	13
1378	1482	2709	30	1767	268	2551	491	1287	1670	2734	131
1163	602	545	137	970	458	477	548	387	1972	1144	132
267	161	388	41	458	204	930	263	418	1273	1201	133
20	4	23	4	30	42	17	28	18	79	17	134
1123	410	576	159	1257	808	1040	686	449	3329	1140	135
1382	96	29	42	1081	1679	146	2125	87	2943	74	136
879	470	456	57	839	1168	647	1200	336	3884	546	137
713	598	635	133	1074	702	1047	818	781	2536	1705	139
2599	1146	1242	1004	4675	3173	3300	4516	1871	7897	4849	14
880	309	203	284	992	1034	1056	1329	364	1667	1416	141
85	12	27	79	211	215	177	659	102	649	248	142
332	216	284	150	704	517	699	573	387	1135	1227	143
69	25	128	13	113	52	34	41	37	209	114	144
200	27	53	32	273	246	133	526	89	473	178	145
367	139	157	131	605	240	316	393	102	1007	637	146
666	418	390	315	1777	869	885	995	790	2757	1029	149
1461	1096	1188	198	2084	2441	2587	4823	1259	3446	2485	15
818	642	695	41	864	618	683	539	377	1578	801	151
634	450	482	147	866	730	863	740	514	1570	1366	152
9	4	11	10	354	1093	1041	3544	368	298	318	153
10	20	12	2	9	7	24	15	13	23	28	16
3	10	8				4	9	3	7	15	161
3	6	3	2	3	5	5	5	6	8	6	162
4	4	1		6	2	15	1	4	8	7	169
1990	238	373	2299	40237	34903	3479	5536	2841	14187	3760	17
518	52	61	512	15151	10362	1553	1393	1486	6895	2410	171
105	24	22	148	1977	1162	164	117	71	696	117	172
15	11	149	9	324	94	89	14	133	90	133	173

2-1 续表 2

行业中类	代码	企业单位数	北京	天津	河北	山西	内蒙古
丝绢纺织及印染精加工	174	3654	8	25	11	9	2
化纤织造及印染精加工	175	12528	3	32	151	11	7
针织或钩针编织物及其制品制造	176	23641	73	201	258	33	83
家用纺织制成品制造	177	23356	144	255	1879	79	42
非家用纺织制成品制造	178	18039	97	238	842	40	32
纺织服装、服饰业	18	174024	2684	1964	3621	466	447
机织服装制造	181	106572	2256	1522	2233	265	205
针织或钩针编织服装制造	182	23881	232	112	317	24	105
服饰制造	183	43571	196	330	1071	177	137
皮革、毛皮、羽毛及其制品和制鞋业	19	78053	241	439	7224	130	183
皮革鞣制加工	191	3632	5	23	363	9	14
皮革制品制造	192	25984	100	178	3576	38	62
毛皮鞣制及制品加工	193	6610	36	41	2534	28	63
羽毛(绒)加工及制品制造	194	2535	9	6	181	14	24
制鞋业	195	39292	91	191	570	41	20
木材加工和木、竹、藤、棕、草制品业	20	95761	848	995	2956	483	721
木材加工	201	36302	97	208	799	227	443
人造板制造	202	18996	75	71	477	59	101
木制品制造	203	29799	663	683	1584	171	154
竹、藤、棕、草等制品制造	204	10664	13	33	96	26	23
家具制造业	21	69537	1424	1276	3148	408	185
木质家具制造	211	47958	1145	852	2282	288	137
竹、藤家具制造	212	1089	4	1	19	9	3
金属家具制造	213	7190	133	149	519	44	17
塑料家具制造	214	1078	3	14	16	9	9
其他家具制造	219	12222	139	260	312	58	19
造纸和纸制品业	22	69464	926	1642	2804	411	205
纸浆制造	221	531	1	17	13	2	6
造纸	222	16347	155	517	586	99	53
纸制品制造	223	52586	770	1108	2205	310	146
印刷和记录媒介复制业	23	80053	1591	1368	3423	1009	519
印刷	231	72862	1295	1187	3067	865	426
装订及印刷相关服务	232	6866	277	174	341	142	91
记录媒介复制	233	325	19	7	15	2	2
文教、工美、体育和娱乐用品制造业	24	101516	751	1911	4544	442	211
文教办公用品制造	241	10226	81	127	370	29	13
乐器制造	242	2496	89	239	223	10	7
工艺美术品制造	243	63851	455	1273	2421	358	179
体育用品制造	244	9789	64	198	670	37	7
玩具制造	245	12633	37	37	679	4	1
游艺器材及娱乐用品制造	246	2521	25	37	181	4	4
石油加工和炼焦业	25	8670	199	275	594	372	150
精炼石油产品制造	251	7073	198	263	487	59	65
炼焦	252	1597	1	12	107	313	85

单位：个

辽宁	吉林	黑龙江	上海	江苏	浙江	安徽	福建	江西	山东	河南	代码
227	2	6	44	578	1410	148	52	52	176	44	174
64	8	10	97	6119	4217	147	224	70	492	95	175
358	59	26	447	4712	8940	303	2283	458	1389	277	176
310	46	66	475	6570	4761	493	606	393	2515	394	177
393	36	33	567	4806	3957	582	847	178	1934	290	178
4990	460	303	6119	30547	33762	7268	13429	7147	16423	3351	18
4056	321	190	3915	17260	19190	4892	9536	3685	7941	1902	181
287	30	36	1318	3358	7163	503	1147	1026	2017	531	182
647	109	77	886	9929	7409	1873	2746	2436	6465	918	183
987	107	229	1054	5289	20580	1841	9474	2049	3830	2216	19
48	4	50	10	191	608	133	339	98	245	394	191
272	27	51	588	1796	5173	569	1797	741	1401	574	192
202	23	86	33	324	1305	123	51	76	545	270	193
46	24	5	40	329	355	444	62	149	153	136	194
419	29	37	383	2649	13139	572	7225	985	1486	842	195
2833	1796	2605	2048	11913	7242	4752	5574	2605	18617	4372	20
1028	932	1532	415	4179	1240	2106	1507	938	7005	2397	201
373	278	310	126	3397	711	1000	938	317	5624	1087	202
1319	512	693	1473	3812	3441	1087	1262	535	4722	727	203
113	74	70	34	525	1850	559	1867	815	1266	161	204
1580	445	590	3164	7082	7282	2626	3516	2798	5700	2382	21
1252	345	454	2335	5369	4668	1925	1986	2126	4552	1773	211
5	5	1	12	43	210	81	148	75	68	33	212
100	22	36	237	472	1430	218	422	87	296	369	213
30	13	21	17	90	188	53	70	28	86	28	214
193	60	78	563	1108	786	349	890	482	698	179	219
1653	388	407	3043	9595	11918	1584	3895	1160	5785	1869	22
13	5	7		40	19	9	45	26	51	41	221
326	121	146	374	2508	1752	540	913	339	1500	763	222
1314	262	254	2669	7047	10147	1035	2937	795	4234	1065	223
2190	929	842	2472	9669	11000	3001	3319	1519	6409	2904	23
1999	777	705	2206	9043	10359	2732	3121	1377	5913	2654	231
185	145	133	256	595	632	248	186	134	467	237	232
6	7	4	10	31	9	21	12	8	29	13	233
1501	285	342	1743	13097	23178	3042	9036	1930	9699	3122	24
156	50	106	414	1323	3828	241	332	509	471	186	241
67	10	18	111	480	226	20	84	15	209	147	242
1122	199	190	732	6676	13510	1720	7371	1016	6682	2405	243
103	12	20	204	1541	2320	281	841	164	1528	71	244
27	10	3	227	2683	2583	699	363	185	695	141	245
26	4	5	55	394	711	81	45	41	114	172	246
1023	124	251	152	726	449	162	185	123	1078	392	25
971	110	216	152	680	446	134	180	102	968	317	251
52	14	35		46	3	28	5	21	110	75	252

2-1 续表 3

行业中类	代码	企业单位数	北京	天津	河北	山西	内蒙古
化学原料和化学制品制造业	26	125351	1983	2881	7461	1938	1339
基础化学原料制造	261	19588	160	436	1527	462	522
肥料制造	262	15497	159	155	1143	498	311
农药制造	263	2860	29	60	200	67	23
涂料、油墨、颜料及类似产品制造	264	22428	684	789	1212	200	101
合成材料制造	265	12621	147	309	481	105	83
专用化学产品制造	266	31922	526	753	1954	451	199
炸药、火工及焰火产品制造	267	6006	1	6	49	32	45
日用化学产品制造	268	14429	277	373	895	123	55
医药制造业	27	25770	594	470	1048	415	244
化学药品原料药制造	271	3313	31	75	181	47	37
化学药品制剂制造	272	2740	131	63	115	66	24
中药饮片加工	273	4512	60	22	167	49	49
中成药生产	274	3925	81	54	118	65	53
兽用药品制造	275	1792	48	35	143	81	22
生物药品制造	276	4837	150	105	151	48	45
卫生材料及医药用品制造	277	4651	93	116	173	59	14
化学纤维制造业	28	7082	31	62	301	41	13
纤维素纤维原料及纤维制造	281	1315	5	14	139	9	4
合成纤维制造	282	5767	26	48	162	32	9
橡胶和塑料制品业	29	176638	1641	3292	10375	954	613
橡胶制品业	291	31084	205	745	3703	240	62
塑料制品业	292	145554	1436	2547	6672	714	551
非金属矿物制品业	30	261348	2628	2714	14061	6350	4075
水泥、石灰和石膏制造	301	16390	117	157	1107	746	486
石膏、水泥制品及类似制品制造	302	57746	852	709	2782	977	1162
砖瓦、石材等建筑材料制造	303	109830	883	1119	5108	2645	1904
玻璃制造	304	5012	128	87	311	58	36
玻璃制品制造	305	16923	220	233	1240	263	55
玻璃纤维和玻璃纤维增强塑料制品制造	306	6522	119	62	876	43	26
陶瓷制品制造	307	17158	51	49	502	196	28
耐火材料制品制造	308	13496	123	99	903	878	82
石墨及其他非金属矿物制品制造	309	18271	135	199	1232	544	296
黑色金属冶炼和压延加工业	31	41689	330	1708	3245	1284	601
炼铁	311	1709	4	28	108	191	74
炼钢	312	1080	1	39	77	43	30
黑色金属铸造	313	17402	143	220	1669	721	62
钢压延加工	314	18077	175	1410	1335	222	156
铁合金冶炼	315	3421	7	11	56	107	279
有色金属冶炼和压延加工业	32	30976	236	689	1453	524	479
常用有色金属冶炼	321	5759	15	94	379	232	139
贵金属冶炼	322	834	2	5	24	20	35
稀有稀土金属冶炼	323	1194	3	9	10	26	98
有色金属合金制造	324	4132	55	76	268	45	57

单位：个

辽宁	吉林	黑龙江	上海	江苏	浙江	安徽	福建	江西	山东	河南	代码
5295	1443	1526	3408	15303	9543	4163	4167	4749	15670	5826	26
948	250	219	300	2740	1219	635	457	621	2687	1197	261
777	383	532	69	877	293	562	416	263	2819	945	262
99	45	46	27	418	110	154	63	100	374	234	263
957	201	190	1079	2884	2405	841	877	452	1968	769	264
426	118	82	396	2423	1231	553	558	225	1707	389	265
1558	341	326	894	4712	2971	957	941	925	4991	1781	266
39	15	24	3	27	18	106	24	1778	73	93	267
491	90	107	640	1222	1296	355	831	385	1051	418	268
873	1008	421	549	2649	1405	1621	611	1343	2335	1631	27
108	37	43	80	493	301	129	70	164	386	216	271
125	78	69	80	306	152	128	63	111	240	122	272
166	439	51	25	201	116	669	61	222	204	215	273
131	260	109	38	118	98	215	87	208	235	301	274
63	28	34	22	116	61	43	30	74	269	205	275
172	102	77	142	649	272	211	194	116	514	226	276
108	64	38	162	766	405	226	106	448	487	346	277
138	34	30	113	2739	1665	148	250	65	555	138	28
37	10	7	12	448	105	34	52	24	145	55	281
101	24	23	101	2291	1560	114	198	41	410	83	282
5349	1075	1139	6456	25702	33725	5570	7056	2078	16030	4013	29
1174	168	153	1087	4576	3954	857	1170	365	3893	780	291
4175	907	986	5369	21126	29771	4713	5886	1713	12137	3233	292
10430	3191	3226	3311	22502	14326	11192	14523	9313	24349	17327	30
647	286	283	79	866	676	682	524	518	1287	967	301
1916	762	808	720	5001	3007	3148	1393	1375	4663	3767	302
3938	1645	1668	1198	5865	4355	4804	9072	3422	11348	5307	303
155	40	29	126	736	368	239	154	174	360	185	304
416	116	95	677	3099	2606	732	412	309	1346	488	305
229	36	60	115	1285	581	224	105	151	1197	392	306
197	30	41	99	1422	1022	253	2301	2584	965	899	307
2076	78	74	118	1591	739	230	109	134	1247	3315	308
856	198	168	179	2637	972	880	453	646	1936	2007	309
2958	297	264	579	7058	4385	1409	1194	458	3447	2641	31
142	20	22	1	105	18	43	42	33	86	141	311
87	11	12	1	126	27	31	49	32	63	88	312
1731	122	97	164	3176	1660	873	614	122	1563	1526	313
814	121	119	413	3491	2645	428	427	243	1553	598	314
184	23	14	160	35	34	62	28	182	288	315	
1242	147	104	660	5290	3681	766	655	1466	1845	1943	32
325	37	21	28	530	220	119	92	334	261	430	321
54	9	4	1	49	21	15	18	24	59	75	322
74	9	6	3	128	16	20	23	240	31	118	323
169	18	16	73	744	524	88	131	91	249	329	324

2-1 续表 4

行业中类	代码	企业单位数	北京	天津	河北	山西	内蒙古
有色金属铸造	325	2252	13	35	76	33	14
有色金属压延加工	326	16805	148	470	696	168	136
金属制品业	33	261843	3927	8279	21094	2530	1442
结构性金属制品制造	331	85648	2416	3162	4961	867	909
金属工具制造	332	28051	176	575	861	202	80
集装箱及金属包装容器制造	333	7211	141	336	353	31	20
金属丝绳及其制品制造	334	14915	47	680	7687	80	119
建筑、安全用金属制品制造	335	37730	303	981	2335	282	123
金属表面处理及热处理加工	336	13162	202	549	448	70	26
搪瓷制品制造	337	2367	6	43	54	7	6
金属制日用品制造	338	21980	245	403	420	62	19
其他金属制品制造	339	50779	391	1550	3975	929	140
通用设备制造业	34	288962	2922	7217	15766	3154	896
锅炉及原动设备制造	341	11626	176	311	763	307	174
金属加工机械制造	342	48481	581	1466	2264	571	219
物料搬运设备制造	343	12640	134	336	894	122	27
泵、阀门、压缩机及类似机械制造	344	37888	448	1612	1589	414	56
轴承、齿轮和传动部件制造	345	19286	111	245	1068	71	16
烘炉、风机、衡器、包装等设备制造	346	27936	472	576	1074	133	78
文化、办公用机械制造	347	3142	55	178	48	5	6
通用零部件制造	348	99011	835	1879	6533	1207	277
其他通用设备制造业	349	28952	110	614	1533	324	43
专用设备制造业	35	196449	2367	4649	9307	1699	751
采矿、冶金、建筑专用设备制造	351	31403	280	727	2629	750	243
化工、木材、非金属加工专用设备制造	352	56237	337	1428	1173	149	67
食品、饮料、烟草及饲料生产专用设备制造	353	6077	76	80	230	20	17
印刷、制药、日化及日用品生产专用设备制造	354	10636	168	248	464	51	39
纺织、服装和皮革加工专用设备制造	355	12014	50	120	236	130	6
电子和电工机械专用设备制造	356	15268	164	431	412	96	31
农、林、牧、渔专用机械制造	357	12668	96	151	910	93	189
医疗仪器设备及器械制造	358	12386	544	377	804	104	44
环保、社会公共服务及其他专用设备制造	359	39760	652	1087	2449	306	115
汽车制造业	36	74131	757	1434	3996	270	151
汽车整车制造	361	1282	22	33	58	38	17
改装汽车制造	362	1326	44	16	66	21	24
低速载货汽车制造	363	110				1	2
电车制造	364	1017	3	16	32	17	2
汽车车身、挂车制造	365	1288	11	24	134	25	25
汽车零部件及配件制造	366	69108	677	1345	3706	168	81
铁路、船舶、航空航天和其他运输设备制造业	37	34104	236	2208	1697	134	43
铁路运输设备制造	371	3617	123	87	399	102	20
城市轨道交通设备制造	372	300	1	10	16		2
船舶及相关装置制造	373	10114	8	141	88	2	3
航空、航天器及设备制造	374	1413	70	62	40	11	8

单位：个

辽宁	吉林	黑龙江	上海	江苏	浙江	安徽	福建	江西	山东	河南	代码
91	19	13	92	505	392	83	47	40	195	83	325
529	55	44	463	3334	2508	441	344	737	1050	908	326
7572	1390	1547	11017	46515	36340	6311	9274	3055	20138	5776	33
3518	778	851	3906	15890	6030	3125	2463	1154	8080	2818	331
559	127	153	1348	7040	4998	716	817	306	2461	431	332
349	34	67	353	1481	719	231	203	68	770	253	333
222	17	30	239	2169	1071	197	124	43	547	267	334
729	199	165	909	3338	12765	628	1701	527	1499	770	335
702	23	52	837	2655	2717	245	404	73	669	151	336
43	9	8	48	173	535	45	617	29	138	62	337
299	46	60	809	2126	3708	316	1243	250	1646	273	338
1151	157	161	2568	11643	3797	808	1702	605	4328	751	339
14322	1702	2326	11380	71700	53299	6735	6088	2117	33376	9540	34
806	203	471	224	2286	728	399	201	146	1745	433	341
2095	375	375	1961	10765	5071	1495	1387	488	7288	1437	342
572	79	79	575	2706	1882	359	231	120	1354	1282	343
2257	118	111	1735	7849	12242	781	1043	196	2950	1084	344
1171	52	118	515	3616	6097	397	319	165	3013	711	345
1009	166	174	1494	6246	6340	521	519	210	2591	885	346
72	19	28	147	444	489	65	141	50	164	88	347
5546	520	785	3771	25698	19517	1901	1602	509	10303	3009	348
794	170	185	958	12090	933	817	645	233	3968	611	349
7253	1606	2024	7162	47064	24223	5541	6057	2552	19701	7870	35
2235	318	723	377	5802	1470	1074	813	479	4751	3010	351
1542	277	219	3238	13063	10147	1381	1962	345	3506	856	352
190	66	94	230	902	841	219	226	45	924	470	353
347	90	71	490	2168	1281	259	340	202	882	407	354
135	14	18	474	3761	4070	131	434	96	1110	206	355
487	82	129	547	3444	967	555	640	322	1217	400	356
466	318	405	109	1504	1121	430	349	213	2309	930	357
432	134	110	597	2690	1204	400	261	360	803	501	358
1419	307	255	1100	13730	3122	1092	1032	490	4199	1090	359
1669	1861	307	2114	11091	16659	3110	1836	1096	6937	2883	36
64	16	17	15	131	89	75	35	39	174	45	361
65	44	26	29	98	27	62	32	22	227	77	362
4	3	7	1	6	4	6	3	2	15	23	363
7	6	4		320	12	45	10	14	264	113	364
54	31	8	8	132	46	62	43	18	349	68	365
1475	1761	245	2061	10404	16481	2860	1713	1001	5908	2557	366
1299	179	158	715	7750	5081	804	1126	528	2568	1040	37
359	121	93	38	635	153	128	13	21	276	211	371
11	11	2	4	73	17	11	5	5	19	12	372
755	9	19	373	3549	1188	303	603	333	1037	47	373
90	7	28	35	215	57	46	11	45	47	55	374

2-1 续表 5

行业中类	代码	企业单位数	北京	天津	河北	山西	内蒙古
摩托车制造	375	8158	3	45	271	5	
自行车制造	376	8244	20	1782	819	2	6
非公路休闲车及零配件制造	377	951	4	46	38	2	
潜水救捞及其他未列明运输设备制造	379	1307	7	35	26	10	4
电气机械和器材制造业	38	183144	2036	2878	7071	861	434
电机制造	381	17601	117	368	393	60	69
输配电及控制设备制造	382	61893	979	1015	2549	297	159
电线、电缆、光缆及电工器材制造	383	25748	234	581	2353	130	69
电池制造	384	5902	51	131	183	34	23
家用电力器具制造	385	23353	176	171	317	38	17
非电力家用器具制造	386	6333	147	105	352	34	41
照明器具制造	387	30761	192	157	329	67	25
其他电气机械及器材制造	389	11553	140	350	595	201	31
计算机、通信和其他电子设备制造业	39	100994	1262	1948	1574	194	85
计算机制造	391	9433	205	161	133	20	12
通信设备制造	392	8815	194	178	282	26	13
广播电视设备制造	393	3372	60	46	124	6	5
雷达及配套设备制造	394	252	7	3	9		1
视听设备制造	395	5409	34	60	22	2	3
电子器件制造	396	15138	250	181	192	34	12
电子元件制造	397	40646	271	904	493	54	19
其他电子设备制造	399	17929	241	415	319	52	20
仪器仪表制造业	40	39833	1100	982	1286	207	67
通用仪器仪表制造	401	20780	615	578	887	91	37
专用仪器仪表制造	402	6526	282	175	216	38	16
钟表与计时仪器制造	403	2594	8	30	22	2	1
光学仪器及眼镜制造	404	6359	74	43	35	12	1
其他仪器仪表制造业	409	3574	121	156	126	64	12
其他制造业	41	55185	314	1092	2657	1443	376
日用杂品制造	411	13885	75	117	399	39	18
煤制品制造	412	3193	148	22	234	415	63
其他未列明制造业	419	38107	91	953	2024	989	295
废弃资源综合利用业	42	13251	81	439	690	333	199
金属废料和碎屑加工处理	421	6456	39	386	342	104	109
非金属废料和碎屑加工处理	422	6795	42	53	348	229	90
金属制品、机械和设备修理业	43	19338	526	815	898	522	288
金属制品修理	431	1050	12	48	34	20	19
通用设备修理	432	2803	130	87	160	90	41
专用设备修理	433	2497	125	80	188	116	67
铁路、船舶、航空航天等运输设备修理	434	5359	43	296	137	15	16
电气设备修理	435	1602	53	59	86	63	39
仪器仪表修理	436	397	35	20	19	7	3
其他机械和设备修理业	439	5630	128	225	274	211	103

单位：个

辽宁	吉林	黑龙江	上海	江苏	浙江	安徽	福建	江西	山东	河南	代码
14	12	1	65	877	1553	62	387	41	170	420	375
31	7	10	157	1810	1750	202	79	52	481	242	376
8	2		9	327	276	9	8	8	84	33	377
31	10	5	34	264	87	43	20	23	454	20	379
5000	813	853	5227	32923	40229	5465	6688	2872	9534	4677	38
517	79	116	487	3562	3936	334	2667	204	1127	559	381
2343	351	359	1976	12353	16501	1730	1374	923	3315	1478	382
898	140	147	970	4830	3425	1309	467	453	1398	1043	383
114	22	34	93	833	501	255	236	237	378	314	384
252	49	59	412	1872	7343	618	578	172	971	287	385
148	45	34	107	923	1118	248	117	115	675	205	386
392	63	44	687	5335	6599	656	883	570	652	450	387
336	64	60	495	3215	806	315	366	198	1018	341	389
1305	245	192	2211	19271	11653	2629	3608	2247	4002	1525	39
144	26	31	199	1227	434	234	267	259	250	193	391
181	39	32	243	1279	1027	188	364	192	301	197	392
45	4	9	48	581	491	52	98	75	117	73	393
9		5	3	40	14	22	7	2	10	7	394
37	5	3	57	432	664	126	123	95	99	52	395
264	66	29	454	2853	1356	617	778	341	493	262	396
348	41	32	742	8654	7053	994	1174	864	1736	471	397
277	64	51	465	4205	614	396	797	419	996	270	399
1758	267	292	1764	8401	7459	1148	1145	647	2237	1266	40
1207	133	187	999	4708	4162	779	355	159	1331	735	401
285	51	58	354	1477	718	218	156	94	450	246	402
39	2	2	62	52	197	7	254	24	89	16	403
67	39	10	161	1124	2253	52	303	289	77	184	404
160	42	35	188	1040	129	92	77	81	290	85	409
836	388	343	1662	9245	5465	2343	3643	2986	7548	1207	41
133	28	25	181	1577	4966	1051	1275	324	688	333	411
168	86	103	2	130	63	74	70	105	216	196	412
535	274	215	1479	7538	436	1218	2298	2557	6644	678	419
459	156	113	216	1555	1014	929	632	575	741	784	42
239	46	51	127	754	394	374	198	287	353	454	421
220	110	62	89	801	620	555	434	288	388	330	422
1382	148	290	889	2353	1605	628	732	287	2222	563	43
62	8	20	44	106	55	35	47	23	105	44	431
205	28	63	134	318	194	96	61	49	224	119	432
175	21	66	99	223	150	79	70	43	172	127	433
578	10	38	298	881	916	121	267	64	610	40	434
80	16	33	69	175	114	68	30	13	155	64	435
32	5	4	30	31	19	11	15	5	25	9	436
250	60	66	215	619	157	218	242	90	931	160	439

2-1 续表 6

行业中类	代码	企业单位数	北京	天津	河北	山西	内蒙古
电力、热力、燃气及水生产和供应业	D	**97243**	**670**	**760**	**3552**	**3437**	**2792**
电力、热力生产和供应业	44	66008	455	410	2187	2342	2013
电力生产	441	53158	70	124	1429	1809	1229
电力供应	442	5877	11	76	233	190	231
热力生产和供应	443	6973	374	210	525	343	553
燃气生产和供应业	45	9112	54	136	577	502	299
燃气生产和供应业	450	9112	54	136	577	502	299
水的生产和供应业	46	22123	161	214	788	593	480
自来水生产和供应	461	15532	66	74	420	361	318
污水处理及其再生利用	462	5317	85	104	329	147	122
其他水的处理、利用与分配	469	1274	10	36	39	85	40
建筑业	E	**754508**	**20507**	**19760**	**37803**	**20372**	**9834**
房屋建筑业	47	134121	2324	3648	6080	2631	1602
房屋建筑业	470	134121	2324	3648	6080	2631	1602
土木工程建筑业	48	131937	2351	4308	8539	3292	1901
铁路、道路、隧道和桥梁工程建筑	481	51480	668	1224	3230	1113	725
水利和内河港口工程建筑	482	9904	112	195	698	214	191
海洋工程建筑	483	421	2	73	6		
工矿工程建筑	484	4575	101	82	198	224	86
架线和管道工程建筑	485	13317	366	614	968	420	219
其他土木工程建筑	489	52240	1102	2120	3439	1321	680
建筑安装业	49	126136	3063	3828	6430	3288	1637
电气安装	491	28432	1087	715	1109	644	329
管道和设备安装	492	26529	791	805	1693	850	350
其他建筑安装业	499	71175	1185	2308	3628	1794	958
建筑装饰和其他建筑业	50	362314	12769	7976	16754	11161	4694
建筑装饰业	501	264401	11016	6503	12395	7508	3476
工程准备活动	502	25402	933	299	1769	893	299
提供施工设备服务	503	7599	172	155	274	344	161
其他未列明建筑业	509	64912	648	1019	2316	2416	758
批发和零售业	F	**4981263**	**208553**	**119343**	**215287**	**138517**	**66905**
批发业	51	2958876	106381	92603	125224	67796	31685
农、林、牧产品批发	511	127097	1531	1457	5376	1936	4692
食品、饮料及烟草制品批发	512	283664	9404	5431	11632	5082	2431
纺织、服装及家庭用品批发	513	414231	13015	6083	11838	3777	1087
文化、体育用品及器材批发	514	102040	6907	2774	3834	1347	445
医药及医疗器材批发	515	84686	5411	1455	4302	1622	607
矿产品、建材及化工产品批发	516	826228	25535	31079	46481	23696	11754
机械设备、五金产品及电子产品批发	517	709937	36933	20383	29977	18040	6326
贸易经纪与代理	518	120949	2139	4270	2337	1514	1209
其他批发业	519	290044	5506	19671	9447	10782	3134
零售业	52	2022387	102172	26740	90063	70721	35220
综合零售	521	304653	6952	2978	15186	24056	6809
食品、饮料及烟草制品专门零售	522	185960	8540	2123	6628	4520	3080
纺织、服装及日用品专门零售	523	212722	15506	2462	9217	3925	1998

单位：个

辽宁	吉林	黑龙江	上海	江苏	浙江	安徽	福建	江西	山东	河南	代码
2633	**1707**	**1766**	**197**	**4266**	**5163**	**3654**	**6865**	**4832**	**5928**	**2700**	D
1771	1239	1243	66	1886	3493	1766	5703	3719	3929	1447	44
622	529	412	40	1382	3186	1446	5423	3394	2644	984	441
125	113	223	9	262	182	238	234	276	544	296	442
1024	597	608	17	242	125	82	46	49	741	167	443
300	212	202	25	498	363	349	206	330	775	464	45
300	212	202	25	498	363	349	206	330	775	464	450
562	256	321	106	1882	1307	1539	956	783	1224	789	46
334	168	220	59	1108	581	1278	725	642	655	491	461
189	76	91	43	678	489	213	191	101	469	253	462
39	12	10	4	96	237	48	40	40	100	45	469
30257	**7854**	**8944**	**17532**	**104443**	**44305**	**34345**	**28007**	**21165**	**84503**	**32006**	E
4795	1907	2188	1981	15630	6351	5551	6222	5103	14131	7204	47
4795	1907	2188	1981	15630	6351	5551	6222	5103	14131	7204	470
5664	1559	1512	2515	18442	9381	6387	4719	3706	14573	6201	48
1991	747	606	795	6555	4484	2750	2080	1841	5963	2431	481
480	194	221	139	1313	800	389	425	277	923	479	482
8	2		4	40	69	1	35	2	137	4	483
247	41	41	48	598	277	152	167	99	371	430	484
770	191	209	334	1465	898	504	347	218	1553	704	485
2168	384	435	1195	8471	2853	2591	1665	1269	5626	2153	489
6156	1581	1630	3817	22842	6163	5431	3035	2911	16840	3887	49
2102	408	489	1073	3910	2278	1376	934	471	2179	1040	491
1383	471	382	851	5398	1556	840	471	355	3535	697	492
2671	702	759	1893	13534	2329	3215	1630	2085	11126	2150	499
13642	2807	3614	9219	47529	22410	16976	14031	9445	38959	14714	50
10586	2019	2634	7744	34291	16978	11932	9885	6486	23986	10401	501
1248	207	312	233	2699	4450	1253	788	452	1894	644	502
294	82	91	148	827	168	601	335	174	751	404	503
1514	499	577	1094	9712	814	3190	3023	2333	12328	3265	509
169063	**43467**	**53517**	**159315**	**580261**	**423697**	**162466**	**230129**	**103935**	**527220**	**205459**	F
113993	20718	32836	121920	409707	276594	84382	151479	53535	340150	98980	51
7047	3285	4932	866	11254	4726	5913	4165	2423	13776	9955	511
11775	1907	3661	7536	27179	19880	10859	22194	5248	41806	10040	512
10652	1131	2421	18874	67091	89100	8231	32967	4745	42781	8669	513
2811	489	630	5709	11021	13400	2700	6555	1120	12209	2968	514
3250	1175	1540	3728	7799	4980	3946	2341	2721	9970	3575	515
34770	5620	8476	32299	111205	66312	24990	35704	14060	93800	30769	516
26906	4443	6236	40653	110358	53066	17748	27394	6417	77123	21562	517
5934	701	1730	3142	12053	18197	2094	6929	7414	8526	3330	518
10848	1967	3210	9113	51747	6933	7901	13230	9387	40159	8112	519
55070	22749	20681	37395	170554	147103	78084	78650	50400	187070	106479	52
5752	2206	2252	4055	23826	6684	13297	6099	7618	33328	22390	521
4806	2188	1940	3728	14735	15436	7763	11748	3564	15159	9103	522
5779	1516	1582	5636	20960	23723	6788	11563	3984	17992	9134	523

2-1 续表 7

行业中类	代码	企业单位数	北京	天津	河北	山西	内蒙古
文化、体育用品及器材专门零售	524	110061	12381	2170	4642	2435	1404
医药及医疗器材专门零售	525	165082	5655	2184	8878	4539	2483
汽车、摩托车、燃料及零配件专门零售	526	242195	4947	3299	15733	7660	6097
家用电器及电子产品专门零售	527	248433	20324	2493	10345	6901	3677
五金、家具及室内装饰材料专门零售	528	266607	15887	4579	11827	7591	4996
货摊、无店铺及其他零售业	529	286674	11980	4452	7607	9094	4676
交通运输、仓储和邮政业	**G**	**433099**	**14826**	**17754**	**18108**	**11102**	**7479**
铁路运输业	53	3577	85	155	73	200	173
铁路旅客运输	531	482	8	20	3	13	12
铁路货物运输	532	1483	32	62	41	95	67
铁路运输辅助活动	533	1612	45	73	29	92	94
道路运输业	54	240597	8078	5268	13150	8112	4754
城市公共交通运输	541	12547	327	160	554	461	320
公路旅客运输	542	11082	24	136	359	260	191
道路货物运输	543	201128	6839	4663	11447	6916	3902
道路运输辅助活动	544	15840	888	309	790	475	341
水上运输业	55	13397	34	444	292	20	11
水上旅客运输	551	1443	1	15	51	12	3
水上货物运输	552	7956	19	198	81	6	3
水上运输辅助活动	553	3998	14	231	160	2	5
航空运输业	56	2144	104	146	43	51	71
航空客货运输	561	829	36	39	12	12	23
通用航空服务	562	601	31	30	16	19	18
航空运输辅助活动	563	714	37	77	15	20	30
管道运输业	57	446	8	26	12	10	9
管道运输业	570	446	8	26	12	10	9
装卸搬运和运输代理业	58	114554	4072	8299	2875	1449	1208
装卸搬运	581	21913	194	388	1203	878	504
运输代理业	582	92641	3878	7911	1672	571	704
仓储业	59	36290	1861	3134	1310	876	661
谷物、棉花等农产品仓储	591	10736	154	85	450	357	340
其他仓储业	599	25554	1707	3049	860	519	321
邮政业	60	22094	584	282	353	384	592
邮政基本服务	601	1807	13	41	14	52	112
快递服务	602	20287	571	241	339	332	480
住宿和餐饮业	**H**	**313412**	**17067**	**5466**	**8149**	**6981**	**3942**
住宿业	61	98300	4757	962	2781	2267	1644
旅游饭店	611	31667	1161	279	858	457	651
一般旅馆	612	55545	3027	494	1695	1332	810
其他住宿业	619	11088	569	189	228	478	183
餐饮业	62	215112	12310	4504	5368	4714	2298
正餐服务	621	164780	9252	2897	4450	3549	1929
快餐服务	622	14222	963	359	356	263	124
饮料及冷饮服务	623	8565	929	122	92	78	29

单位：个

辽宁	吉林	黑龙江	上海	江苏	浙江	安徽	福建	江西	山东	河南	代码
3092	910	742	2983	10499	7547	4131	4490	1759	8482	6760	524
7940	2403	3930	2126	15574	12482	5801	4605	4272	17111	6917	525
8208	4119	3538	3449	18265	14125	11097	8883	6772	21449	14537	526
6155	2972	2466	4294	20619	11839	10154	7302	4266	16787	15994	527
7427	3143	2146	6978	21089	18130	9973	8869	7053	21913	11764	528
5911	3292	2085	4146	24987	37137	9080	15091	11112	34849	9880	529
17484	**5030**	**6316**	**16460**	**49937**	**25598**	**17820**	**16587**	**14079**	**42205**	**15625**	**G**
184	102	150	13	160	33	91	99	101	517	186	53
17	19	18	3	6	5	14	11	15	84	24	531
84	33	58	4	93	19	45	36	27	195	73	532
83	50	74	6	61	9	32	52	59	238	89	533
9378	2670	3543	4054	33588	13622	12078	7539	11079	22671	9425	54
715	283	517	194	778	486	486	371	326	664	687	541
466	176	240	86	637	548	518	470	470	463	519	542
7689	1955	2487	3632	31158	11725	10354	6007	9476	20380	7288	543
508	256	299	142	1015	863	720	691	807	1164	931	544
444	23	80	310	1926	1285	1256	1260	339	1143	169	55
67	14	31	15	66	98	80	86	41	121	22	551
221	3	26	180	1226	815	999	837	231	558	111	552
156	6	23	115	634	372	177	337	67	464	36	553
92	30	70	52	112	97	37	81	25	147	75	56
28	12	24	24	50	42	15	35	5	47	24	561
22	13	18	6	28	35	10	18	5	48	29	562
42	5	28	22	34	20	12	28	15	52	22	563
19	3	7	7	31	2	9	1	12	54	22	57
19	3	7	7	31	2	9	1	12	54	22	570
4784	568	942	8968	10615	8009	2401	5631	1252	12415	2430	58
630	143	297	306	2925	1185	1071	712	571	2353	937	581
4154	425	645	8662	7690	6824	1330	4919	681	10062	1493	582
1770	1276	1039	2089	2460	1184	1120	1012	654	4079	2136	59
562	1020	746	33	497	141	539	151	313	1242	1217	591
1208	256	293	2056	1963	1043	581	861	341	2837	919	599
813	358	485	967	1045	1366	828	964	617	1179	1182	60
62	30	48	8	66	37	66	51	47	139	89	601
751	328	437	959	979	1329	762	913	570	1040	1093	602
8792	**2270**	**2836**	**13679**	**20292**	**20878**	**11017**	**11350**	**5830**	**23231**	**12523**	**H**
3261	1001	1244	3526	4889	7633	2992	4360	2384	5331	4453	61
928	357	496	564	1323	1878	1010	1569	838	1601	1584	611
2038	488	593	2688	3022	5523	1624	2350	1154	3014	2433	612
295	156	155	274	544	232	358	441	392	716	436	619
5531	1269	1592	10153	15403	13245	8025	6990	3446	17900	8070	62
4151	1024	1161	6732	11095	10639	6011	5013	2668	12916	6335	621
507	77	134	940	1142	864	752	450	152	2151	649	622
214	36	43	1017	518	794	268	380	85	288	134	623

2-1 续表 8

行业中类	代码	企 业 单位数	北京	天津	河北	山西	内蒙古
其他餐饮业	629	27545	1166	1126	470	824	216
信息传输、软件和信息技术服务业	**I**	**499749**	**35875**	**15673**	**13811**	**11328**	**4868**
电信、广播电视和卫星传输服务	63	16558	1182	261	424	555	418
电信	631	12923	955	213	304	384	363
广播电视传输服务	632	3164	160	38	111	96	47
卫星传输服务	633	471	67	10	9	75	8
互联网和相关服务	64	68702	3252	1452	2015	1916	1288
互联网接入及相关服务	641	6941	370	104	216	239	238
互联网信息服务	642	47054	2464	1058	1475	1112	711
其他互联网服务	649	14707	418	290	324	565	339
软件和信息技术服务业	65	414489	31441	13960	11372	8857	3162
软件开发	651	255612	18040	9197	7050	4202	1266
信息系统集成服务	652	33934	2451	825	1173	1079	325
信息技术咨询服务	653	68379	7077	1941	2146	1577	927
数据处理和存储服务	654	7012	531	127	138	122	114
集成电路设计	655	3420	104	99	44	36	21
其他信息技术服务业	659	46132	3238	1771	821	1841	509
金融业	**J**	**117173**	**4936**	**4833**	**4678**	**2823**	**2773**
货币金融服务	66	37077	792	1711	1351	1374	1303
中央银行服务	661	228	2	11	3	2	14
货币银行服务	662	13807	127	406	441	391	468
非货币银行服务	663	22985	663	1293	907	977	819
银行监管服务	664	57		1		4	2
资本市场服务	67	41263	2671	1424	1959	505	537
证券市场服务	671	4251	521	242	104	34	41
期货市场服务	672	518	28	16	5	6	11
证券期货监管服务	673	41	1				
资本投资服务	674	29882	2043	873	1543	348	356
其他资本市场服务	679	6571	78	293	307	117	129
保险业	68	20351	662	265	878	540	580
人身保险	681	6223	81	44	245	139	184
财产保险	682	6806	63	36	228	248	278
再保险	683	49	7	1	2		2
养老金	684	168	7	3	12	4	3
保险经纪与代理服务	685	5334	425	123	276	124	80
保险监管服务	686	30				1	1
其他保险活动	689	1741	79	58	115	24	32
其他金融业	69	18482	811	1433	490	404	353
金融信托与管理服务	691	4297	185	161	107	78	67
控股公司服务	692	1740	143	204	26	9	13
非金融机构支付服务	693	631	60	10	25	11	18
金融信息服务	694	4013	151	63	89	45	73
其他未列明金融业	699	7801	272	995	243	261	182

单位：个

辽宁	吉林	黑龙江	上海	江苏	浙江	安徽	福建	江西	山东	河南	代码
659	132	254	1464	2648	948	994	1147	541	2545	952	629
18349	**3635**	**5312**	**16375**	**61088**	**50698**	**19026**	**22433**	**11079**	**38700**	**17686**	I
1092	320	347	242	987	659	799	489	272	949	772	63
882	196	253	186	784	511	592	398	202	785	527	631
192	116	87	49	176	139	185	81	65	148	228	632
18	8	7	7	27	9	22	10	5	16	17	633
1774	609	606	1318	8247	3883	3554	4457	2056	6216	3076	64
256	73	86	224	577	208	303	425	213	458	357	641
1123	402	342	717	6302	3524	2362	2833	1227	4073	2066	642
395	134	178	377	1368	151	889	1199	616	1685	653	649
15483	2706	4359	14815	51854	46156	14673	17487	8751	31535	13838	65
10533	1603	2936	8056	31349	35917	8127	9081	4810	17021	9112	651
956	206	236	1415	4542	2343	1349	1852	698	2532	972	652
2361	550	620	3233	7254	6440	2646	2325	1615	5160	2466	653
231	42	86	336	637	339	258	477	102	877	146	654
51	22	10	281	849	203	141	121	34	195	56	655
1351	283	471	1494	7223	914	2152	3631	1492	5750	1086	659
4341	**1598**	**2322**	**2466**	**7150**	**8651**	**4915**	**4839**	**3053**	**9769**	**4459**	J
1837	880	983	705	1978	1588	1706	1136	958	2696	1570	66
17	3	5		7		7	1	19	13	33	661
468	308	392	173	628	430	540	418	479	1738	798	662
1352	567	585	532	1339	1158	1156	716	460	941	737	663
	2	1		4		3	1		4	2	664
1160	204	612	853	2468	4779	1675	1953	1135	2780	828	67
109	31	76	235	202	723	108	124	51	232	133	671
21	7	13	46	26	23	9	59	13	24	21	672
7				3		3	1		2	7	673
773	120	377	513	1736	3986	1003	1516	909	2070	578	674
250	46	146	59	501	47	552	253	162	452	89	679
825	359	526	386	1469	750	820	545	345	2749	1353	68
269	120	180	63	483	218	294	177	157	667	459	681
272	120	174	63	390	274	299	186	126	728	518	682
7		1	5	3			1	1	1	3	683
11	2	6	8	12	4	9	7	2	8	13	684
208	86	111	180	446	215	117	120	29	1062	268	685
	1	2	1			3	2	1	2	3	686
58	30	52	66	135	39	98	52	29	281	89	689
519	155	201	522	1235	1534	714	1205	615	1544	708	69
162	42	49	44	291	497	143	157	185	164	252	691
37	5	9	5	90	64	56	50	16	49	21	692
28	7	8	54	32	34	25	36	14	25	15	693
100	22	52	324	411	640	229	359	109	244	145	694
192	79	83	95	411	299	261	603	291	1062	275	699

2-1 续表 9

行业中类	代码	企业单位数	北京	天津	河北	山西	内蒙古
房地产业	K	**527149**	**18897**	**10346**	**25425**	**12690**	**7800**
房地产业	70	527149	18897	10346	25425	12690	7800
房地产开发经营	701	211367	4138	2321	11053	5629	3903
物业管理	702	166276	6514	4078	8207	5197	2632
房地产中介服务	703	107032	5420	3096	5484	1110	970
自有房地产经营活动	704	23979	1801	221	341	474	124
其他房地产业	709	18495	1024	630	340	280	171
租赁和商务服务业	L	**1641160**	**143086**	**46705**	**53908**	**34380**	**19505**
租赁业	71	118994	5865	5150	6419	3671	2572
机械设备租赁	711	115283	5441	5077	6316	3610	2525
文化及日用品出租	712	3711	424	73	103	61	47
商务服务业	72	1522166	137221	41555	47489	30709	16933
企业管理服务	721	341956	28312	9194	6946	4115	2318
法律服务	722	12839	642	422	242	230	203
咨询与调查	723	426935	50101	14431	13786	7327	4321
广告业	724	290177	18474	6122	11974	6768	3701
知识产权服务	725	11449	2014	220	270	63	64
人力资源服务	726	80184	3159	2867	3657	1534	1277
旅行社及相关服务	727	58062	2551	1007	2297	1567	1715
安全保护服务	728	12504	403	218	597	289	263
其他商务服务业	729	288060	31565	7074	7720	8816	3071
科学研究和技术服务业	M	**658760**	**106180**	**40602**	**19732**	**9995**	**5371**
研究和试验发展	73	100958	3838	1896	2987	1073	407
自然科学研究和试验发展	731	11042	209	280	380	108	48
工程和技术研究和试验发展	732	64983	1638	789	1781	649	170
农业科学研究和试验发展	733	11207	182	167	513	223	136
医学研究和试验发展	734	12516	1716	607	302	80	43
社会人文科学研究	735	1210	93	53	11	13	10
专业技术服务业	74	295499	24306	10095	9061	5920	3605
气象服务	741	1228	19	12	36	66	25
地震服务	742	459	20	7	14	11	42
海洋服务	743	645	7	88	9	79	7
测绘服务	744	9227	211	123	586	289	354
质检技术服务	745	19840	723	432	1227	573	350
环境与生态监测	746	5657	145	122	301	169	146
地质勘查	747	6123	267	181	320	211	335
工程技术	748	114089	10067	2395	3549	1737	1256
其他专业技术服务业	749	138231	12847	6735	3019	2785	1090
科技推广和应用服务业	75	262303	78036	28611	7684	3002	1359
技术推广服务	751	203828	61085	24152	6498	1682	907
科技中介服务	752	11077	1555	850	244	165	136
其他科技推广和应用服务业	759	47398	15396	3609	942	1155	316
水利、环境和公共设施管理业	N	**79747**	**3372**	**1557**	**4477**	**2407**	**1746**
水利管理业	76	6343	90	118	226	238	185
防洪除涝设施管理	761	712	4	5	20	16	14

单位：个

辽宁	吉林	黑龙江	上海	江苏	浙江	安徽	福建	江西	山东	河南	代码
20019	**5961**	**7687**	**17174**	**48315**	**32281**	**19373**	**17126**	**12191**	**40266**	**27344**	K
20019	5961	7687	17174	48315	32281	19373	17126	12191	40266	27344	70
8327	2723	3299	4959	15670	10382	7878	7317	6541	17471	14489	701
6947	2063	2728	4178	15788	7568	6828	4935	3411	13725	7771	702
3759	963	1251	5096	12679	10040	3496	3109	1469	6840	4144	703
540	67	197	2620	1924	3773	565	925	199	802	476	704
446	145	212	321	2254	518	606	840	571	1428	464	709
51531	**12072**	**16385**	**60136**	**179816**	**137848**	**62731**	**73306**	**42453**	**133531**	**54341**	L
4194	1366	1724	2449	10141	6998	5817	4761	3616	10457	5460	71
3990	1320	1677	2355	9820	6759	5693	4521	3519	10130	5351	711
204	46	47	94	321	239	124	240	97	327	109	712
47337	10706	14661	57687	169675	130850	56914	68545	38837	123074	48881	72
8073	1261	2273	14163	43652	47932	9942	21575	10464	16911	5626	721
327	211	214	439	1325	439	450	506	238	1155	570	722
15081	2564	3548	20566	42795	38864	13402	15268	7892	41483	13580	723
9015	2633	2651	9171	31369	18397	15879	13618	7739	24170	11528	724
260	48	79	445	1414	1333	454	464	127	714	286	725
3197	745	1216	2459	10016	3524	4811	2146	1816	6031	3102	726
2379	860	1061	1293	4013	4041	2160	2794	1594	4614	2034	727
452	124	168	242	1004	778	778	487	364	739	614	728
8553	2260	3451	8909	34087	15542	9038	11687	8603	27257	11541	729
19286	**4504**	**8561**	**22322**	**87131**	**48238**	**19778**	**23057**	**8490**	**50590**	**27036**	M
4514	717	2203	2166	28756	8072	2955	6221	719	10473	1278	73
548	119	197	86	3186	257	378	1056	83	1381	109	731
2848	288	1622	1433	20805	6410	1700	3819	364	6604	596	732
584	191	281	42	1710	503	451	876	128	1364	367	733
469	110	89	596	2792	860	375	410	127	993	167	734
65	9	14	9	263	42	51	60	17	131	39	735
8926	2356	3350	14088	39828	21783	13193	10622	4714	20710	10541	74
35	20	14	11	101	42	62	38	39	107	40	741
11	7	15	2	25	2	32	17	17	25	53	742
45	2	1	18	20	59	8	35	2	142	6	743
396	136	277	62	612	517	382	373	364	688	490	744
939	253	419	527	1871	1737	841	653	440	1824	611	745
203	60	82	127	728	486	272	201	110	510	215	746
222	90	124	27	211	105	212	139	179	532	285	747
3271	862	1123	4515	14691	11604	6567	4590	1526	4980	4098	748
3804	926	1295	8799	21569	7231	4817	4576	2037	11902	4743	749
5846	1431	3008	6068	18547	18383	3630	6214	3057	19407	15217	75
4150	1012	1964	4777	13279	16027	2489	4180	1725	13284	14202	751
742	96	179	192	1215	788	291	279	298	482	373	752
954	323	865	1099	4053	1568	850	1755	1034	5641	642	759
2525	**767**	**884**	**1531**	**6991**	**6561**	**3808**	**3405**	**1966**	**6667**	**4798**	N
274	110	96	86	531	327	366	253	167	454	379	76
15	6	11	24	83	54	115	40	17	50	40	761

2-1 续表 10

行业中类	代码	企业单位数	北京	天津	河北	山西	内蒙古
水资源管理	762	1415	28	20	44	58	48
天然水收集与分配	763	706	13	10	20	22	17
水文服务	764	392	4	5	14	14	11
其他水利管理业	769	3118	41	78	128	128	95
生态保护和环境治理业	77	10918	334	168	408	405	289
生态保护	771	1522	22	8	65	71	96
环境治理业	772	9396	312	160	343	334	193
公共设施管理业	78	62486	2948	1271	3843	1764	1272
市政设施管理	781	7162	154	206	329	128	164
环境卫生管理	782	6650	147	84	333	164	91
城乡市容管理	783	1634	22	33	50	25	34
绿化管理	784	30251	2254	791	1889	850	771
公园和游览景区管理	785	16789	371	157	1242	597	212
居民服务、修理和其他服务业	**O**	**337057**	**19086**	**10422**	**13067**	**14782**	**6011**
居民服务业	79	120412	8552	3639	4216	3304	2128
家庭服务	791	25594	1362	1081	1719	749	629
托儿所服务	792	606	8	18	2	8	20
洗染服务	793	4979	514	171	164	90	52
理发及美容服务	794	22690	4513	460	469	307	120
洗浴服务	795	9023	426	104	165	215	133
保健服务	796	10571	483	157	241	159	66
婚姻服务	797	9588	599	177	334	196	169
殡葬服务	798	4078	98	32	106	84	91
其他居民服务业	799	33283	549	1439	1016	1496	848
机动车、电子产品和日用产品修理业	80	115919	6071	2540	4530	2715	1497
汽车、摩托车修理与维护	801	86805	3210	1714	3593	2249	1155
计算机和办公设备维修	802	11721	1248	394	346	179	156
家用电器修理	803	12028	1209	285	432	142	79
其他日用产品修理业	809	5365	404	147	159	145	107
其他服务业	81	100726	4463	4243	4321	8763	2386
清洁服务	811	43629	3199	1122	2291	1189	576
其他未列明服务业	819	57097	1264	3121	2030	7574	1810
教育	**P**	**77510**	**5715**	**1098**	**1497**	**1377**	**1492**
教育	82	77510	5715	1098	1497	1377	1492
学前教育	821	9425	119	75	84	133	117
初等教育	822	1313	16	10	17	20	11
中等教育	823	1426	21	22	10	35	28
高等教育	824	301	19	8	3	4	7
特殊教育	825	444	6	11	5	11	12
技能培训、教育辅助及其他教育	829	64601	5534	972	1378	1174	1317
卫生和社会工作	**Q**	**37917**	**1990**	**750**	**703**	**1410**	**561**
卫生	83	32067	1868	653	510	1208	475
医院	831	13735	536	217	300	614	228
社区医疗与卫生院	832	2383	29	21	27	49	100

单位：个

辽宁	吉林	黑龙江	上海	江苏	浙江	安徽	福建	江西	山东	河南	代码
56	26	17	18	112	80	40	56	39	97	82	762
34	19	12	11	32	50	22	53	20	41	38	763
20	8	8	4	32	5	24	5	14	39	33	764
149	51	48	29	272	138	165	99	77	227	186	769
322	83	92	155	1068	862	446	550	315	938	512	77
33	8	14	5	85	39	69	56	42	216	180	771
289	75	78	150	983	823	377	494	273	722	332	772
1929	574	696	1290	5392	5372	2996	2602	1484	5275	3907	78
211	95	96	198	630	686	340	353	243	554	354	781
185	75	108	191	580	969	411	256	140	459	261	782
57	17	19	49	120	83	98	85	31	107	84	783
1019	273	297	798	2461	1983	1437	813	549	2850	2044	784
457	114	176	54	1601	1651	710	1095	521	1305	1164	785
10539	**3558**	**3239**	**12161**	**29710**	**17731**	**12265**	**12489**	**8262**	**28740**	**12393**	**O**
4448	1391	1468	6084	9090	6725	4578	4670	2889	9429	4503	79
761	248	290	447	1988	1798	895	1134	530	2052	1103	791
17	3	17	7	60	60	12	20	20	36	33	792
151	36	48	215	353	383	140	183	78	271	148	793
605	102	131	2468	1197	1232	363	664	231	1107	413	794
830	135	178	736	1098	540	448	416	111	434	532	795
242	34	45	1257	573	1066	373	564	151	615	349	796
415	83	120	361	673	816	359	310	122	730	452	797
302	55	114	134	305	320	276	179	72	218	174	798
1125	695	525	459	2843	510	1712	1200	1574	3966	1299	799
4110	1154	1077	3996	10745	7400	3986	4846	2247	9019	4309	80
3240	934	845	2482	8066	5917	3029	3715	1772	6730	3111	801
395	111	89	572	995	542	405	479	218	755	544	802
285	67	77	705	1095	761	355	470	172	970	447	803
190	42	66	237	589	180	197	182	85	564	207	809
1981	1013	694	2081	9875	3606	3701	2973	3126	10292	3581	81
871	317	413	1078	4739	3322	1966	1747	1042	3217	1907	811
1110	696	281	1003	5136	284	1735	1226	2084	7075	1674	819
2719	**697**	**802**	**775**	**7744**	**4342**	**3385**	**2665**	**1905**	**6046**	**5239**	**P**
2719	697	802	775	7744	4342	3385	2665	1905	6046	5239	82
632	67	86	62	359	188	336	337	313	896	1336	821
17	10	11	2	60	22	44	7	21	292	333	822
59	14	32	8	91	20	66	16	65	165	232	823
19	5	4	4	23	14	6	9	8	25	16	824
17	14	20	3	40	3	44	4	9	34	43	825
1975	587	649	696	7171	4095	2889	2292	1489	4634	3279	829
2367	**511**	**634**	**1011**	**2884**	**2494**	**929**	**1015**	**683**	**2882**	**2279**	**Q**
2114	402	518	962	2137	2092	707	851	550	2253	1836	83
595	231	268	265	812	624	362	290	288	925	634	831
194	36	54	1	98	59	69	43	45	208	395	832

2-1 续表 11

行业中类	代码	企业单位数	北京	天津	河北	山西	内蒙古
门诊部(所)	833	12180	1099	306	132	324	80
计划生育技术服务活动	834	115	1	2		10	
妇幼保健院(所、站)	835	178	3	3	4	9	4
专科疾病防治院(所、站)	836	541	31	7	1	27	7
疾病预防控制中心	837	164	2	5	3	7	6
其他卫生活动	839	2771	167	92	43	168	50
社会工作	84	5850	122	97	193	202	86
提供住宿社会工作	841	5040	86	85	178	191	74
不提供住宿社会工作	842	810	36	12	15	11	12
文化、体育和娱乐业	**R**	**271218**	**27850**	**6825**	**9058**	**7945**	**3038**
新闻和出版业	85	5346	1325	110	110	150	64
新闻业	851	353	27	7	5	7	6
出版业	852	4993	1298	103	105	143	58
广播、电视、电影和影视录音制作业	86	26515	3055	767	1165	695	364
广播	861	993	49	18	77	18	19
电视	862	1588	223	29	42	56	15
电影和影视节目制作	863	13728	2196	565	667	330	171
电影和影视节目发行	864	1428	300	74	32	23	14
电影放映	865	7679	144	67	322	253	124
录音制作	866	1099	143	14	25	15	21
文化艺术业	87	76361	17219	3798	2081	3089	721
文艺创作与表演	871	17873	1635	208	734	894	217
艺术表演场馆	872	975	45	12	23	33	20
图书馆与档案馆	873	639	17	7	14	9	5
文物及非物质文化遗产保护	874	1342	37	14	37	76	19
博物馆	875	497	66	17	10	15	10
烈士陵园、纪念馆	876	85	1	3	3	5	1
群众文化活动	877	8607	2406	668	199	212	65
其他文化艺术业	879	46343	13012	2869	1061	1845	384
体育	88	20852	2414	553	582	532	233
体育组织	881	3625	517	105	79	100	72
体育场馆	882	1484	51	23	42	39	16
休闲健身活动	883	12997	1505	336	415	273	103
其他体育	889	2746	341	89	46	120	42
娱乐业	89	142144	3837	1597	5120	3479	1656
室内娱乐活动	891	126411	2171	1252	4720	3157	1445
游乐园	892	2739	44	22	127	99	34
彩票活动	893	157	14	4	4		1
文化、娱乐、体育经纪代理	894	6788	1454	236	126	75	44
其他娱乐业	899	6049	154	83	143	148	132
公共管理、社会保障和社会组织	**S**	**359**	**1**	**18**	**6**	**12**	**4**
社会保障	93	359	1	18	6	12	4
社会保障	930	359	1	18	6	12	4

单位：个

辽宁	吉林	黑龙江	上海	江苏	浙江	安徽	福建	江西	山东	河南	代码
1110	81	132	575	944	1333	144	427	114	795	624	833
2	1			4	2	3	1	1	25	28	834
7	5	1	9	18	3	7	5	1	10	18	835
45	10	13	60	34	15	17	11	13	41	28	836
14	5	2	7	18	9	2	6	3	17	14	837
147	33	48	45	209	47	103	68	85	232	95	839
253	109	116	49	747	402	222	164	133	629	443	84
235	97	109	34	576	353	199	133	109	537	394	841
18	12	7	15	171	49	23	31	24	92	49	842
7821	**2096**	**3535**	**6528**	**22694**	**21557**	**12067**	**9879**	**5669**	**17721**	**8323**	**R**
181	116	91	170	271	139	184	136	111	269	319	85
3	7	6	3	24	7	8	15	14	32	56	851
178	109	85	167	247	132	176	121	97	237	263	852
582	226	259	606	2299	3883	789	937	564	1474	957	86
30	8	15	8	58	115	21	26	39	44	85	861
26	13	26	36	132	372	48	39	19	47	79	862
236	68	90	352	1237	2683	281	514	149	731	309	863
39	22	11	52	99	88	40	60	25	79	37	864
216	95	97	133	689	591	356	255	316	525	386	865
35	20	20	25	84	34	43	43	16	48	61	866
1629	320	663	1451	7350	3878	2661	3200	1523	5853	2520	87
501	106	226	229	1760	1260	1324	701	494	844	799	871
36	20	11	26	82	53	65	23	33	52	85	872
26	6	5	4	54	128	33	42	18	26	23	873
32	8	10	1	69	49	79	44	26	51	215	874
25	1	11	9	34	22	15	22	8	65	28	875
2	1	2		4	2	3	5		10	18	876
143	35	61	56	558	711	256	128	75	421	225	877
864	143	337	1126	4789	1653	886	2235	869	4384	1127	879
658	103	178	1003	1986	2242	472	1094	391	1380	481	88
126	14	23	50	373	301	69	197	54	334	69	881
51	11	15	48	124	160	34	97	30	76	33	882
387	67	108	848	1190	1630	288	638	238	711	314	883
94	11	32	57	299	151	81	162	69	259	65	889
4771	1331	2344	3298	10788	11415	7961	4512	3080	8745	4046	89
4349	1200	2121	2849	9412	10478	7301	3911	2684	7514	3353	891
91	22	52	17	195	208	111	145	86	204	153	892
8	6	2	2	4	10	9	5	12	13	3	893
193	42	103	346	478	559	189	197	113	415	269	894
130	61	66	84	699	160	351	254	185	599	268	899
21	**1**	**6**	**4**	**27**	**4**		**10**	**1**	**71**	**49**	**S**
21	1	6	4	27	4		10	1	71	49	93
21	1	6	4	27	4		10	1	71	49	930

2-1 续表 12

行业中类	代码	湖北	湖南	广东	广西	海南
总计	--	**609683**	**392705**	**1325287**	**351445**	**63702**
农、林、牧、渔业	A	**30997**	**25580**	**21872**	**45502**	**4999**
农业	01	13450	11041	11627	17663	2379
谷物种植	011	3196	2576	795	665	433
豆类、油料和薯类种植	012	337	860	384	218	88
棉、麻、糖、烟草种植	013	276	217	124	1008	58
蔬菜、食用菌及园艺作物种植	014	4536	3496	4118	3448	712
水果种植	015	1192	1507	2438	8752	570
坚果、含油果、香料和饮料作物种植	016	811	545	955	1248	119
中药材种植	017	781	608	463	1310	57
其他农业	019	2321	1232	2350	1014	342
林业	02	2554	2266	2275	6388	430
林木育种和育苗	021	2144	1538	1521	3183	206
造林和更新	022	200	286	406	2278	71
森林经营和管护	023	128	316	233	753	35
木材和竹材采运	024	45	83	48	111	10
林产品采集	025	37	43	67	63	108
畜牧业	03	8120	4995	3141	12443	935
牲畜饲养	031	5176	3332	2006	7619	563
家禽饲养	032	2242	1201	803	3706	277
狩猎和捕捉动物	033	108	51	17	6	15
其他畜牧业	039	594	411	315	1112	80
渔业	04	3264	1523	2494	6934	607
水产养殖	041	3103	1429	2381	6904	552
水产捕捞	042	161	94	113	30	55
农、林、牧、渔服务业	05	3609	5755	2335	2074	648
农业服务业	051	2851	4377	1677	1560	508
林业服务业	052	246	505	254	275	88
畜牧服务业	053	258	593	118	139	15
渔业服务业	054	254	280	286	100	37
采矿业	B	**4611**	**7076**	**4003**	**3686**	**360**
煤炭开采和洗选业	06	504	1190	35	63	2
烟煤和无烟煤开采洗选	061	406	1067	10	37	1
褐煤开采洗选	062	3	10		13	
其他煤炭采选	069	95	113	25	13	1
石油和天然气开采业	07	18	5	10	4	5
石油开采	071	8	5	8	4	3
天然气开采	072	10		2		2
黑色金属矿采选业	08	503	634	458	407	31
铁矿采选	081	462	255	417	180	27
锰矿、铬矿采选	082	11	282	7	166	1
其他黑色金属矿采选	089	30	97	34	61	3
有色金属矿采选业	09	248	870	312	531	131

单位：个

重庆	四川	贵州	云南	西藏	陕西	甘肃	青海	宁夏	新疆	代码
460825	**327339**	**247409**	**343742**	**9593**	**287034**	**125742**	**41210**	**56781**	**151379**	--
79952	**21523**	**40001**	**43522**	**146**	**22967**	**18957**	**6964**	**5758**	**7941**	A
38514	9427	17482	24249	60	8297	6817	2247	2490	2523	01
1151	802	246	327	2	1258	1523	355	675	452	011
987	435	183	308	3	348	635	378	111	56	012
1107	233	253	294		108	31	4	8	336	013
15112	4384	4879	6386	24	2907	1767	695	594	490	014
12219	1932	5762	6277	10	1871	636	61	417	674	015
2315	454	2448	3470	5	516	97	47	9	103	016
4056	741	2840	5284	10	739	1263	392	392	118	017
1567	446	871	1903	6	550	865	315	284	294	019
2789	1939	1964	3109	26	1930	1289	784	480	424	02
2223	1545	1738	2432	20	1766	1156	704	436	341	021
271	148	112	315	3	81	104	70	37	41	022
194	156	68	158	2	51	24	7	6	32	023
40	57	31	59	1	19	3	1	1	6	024
61	33	15	145		13	2	2		4	025
21938	6816	17369	13642	36	10043	9346	3548	1968	2931	03
12007	4689	12040	9663	24	7750	8120	3114	1565	2365	031
5547	1658	4099	3338	10	1743	984	312	268	360	032
218	159	63	37		37	4	5	5	5	033
4166	310	1167	604	2	513	238	117	130	201	039
13386	1364	2304	920	4	636	193	79	170	140	04
12729	1212	2259	896	4	607	189	78	158	132	041
657	152	45	24		29	4	1	12	8	042
3325	1977	882	1602	20	2061	1312	306	650	1923	05
2784	1477	692	1272	19	1774	1106	198	547	1649	051
157	228	68	200		147	75	48	42	93	052
190	198	67	76	1	106	117	58	53	167	053
194	74	55	54		34	14	2	8	14	054
2734	**4919**	**7634**	**7074**	**232**	**5072**	**2310**	**1035**	**840**	**3239**	B
890	1274	2161	1706	2	1212	277	102	504	537	06
824	1222	2086	1561	1	996	233	89	490	505	061
13	10	9	79	1	24	14		3	1	062
53	42	66	66		192	30	13	11	31	069
50	44	15	10		113	22	6	9	39	07
9	14	2	5		89	19	6	8	19	071
41	30	13	5		24	3		1	20	072
106	412	387	686	22	329	294	108	12	581	08
18	376	154	545	14	248	255	89	10	523	081
78	14	117	75	3	27	10	6		24	082
10	22	116	66	5	54	29	13	2	34	089
40	531	487	1699	85	462	322	167	5	496	09

2-1 续表 13

行业中类	代码	湖北	湖南	广东	广西	海南
常用有色金属矿采选	091	183	672	220	415	121
贵金属矿采选	092	47	86	26	61	3
稀有稀土金属矿采选	093	18	112	66	55	7
非金属矿采选业	10	2905	4166	2922	2452	164
土砂石开采	101	2071	3848	2554	2068	137
化学矿开采	102	422	45	18	90	
采盐	103	5	3	28	4	3
石棉及其他非金属矿采选	109	407	270	322	290	24
开采辅助活动	11	89	65	66	23	5
煤炭开采和洗选辅助活动	111	16	18	5	3	1
石油和天然气开采辅助活动	112	26	14	24	3	2
其他开采辅助活动	119	47	33	37	17	2
其他采矿业	12	344	146	200	206	22
其他采矿业	120	344	146	200	206	22
制造业	**C**	**88139**	**68126**	**389536**	**34662**	**3821**
农副食品加工业	13	6601	5877	6407	2731	542
谷物磨制	131	2015	1708	741	433	14
饲料加工	132	576	560	827	324	40
植物油加工	133	805	643	571	314	18
制糖业	134	19	17	157	141	21
屠宰及肉类加工	135	776	913	1279	460	111
水产品加工	136	312	173	1023	183	150
蔬菜、水果和坚果加工	137	593	624	704	259	66
其他农副食品加工	139	1505	1239	1105	617	122
食品制造业	14	2828	2260	6631	2335	216
焙烤食品制造	141	755	547	1952	962	41
糖果、巧克力及蜜饯制造	142	87	145	1331	86	35
方便食品制造	143	567	538	752	502	11
乳制品制造	144	46	47	68	36	5
罐头食品制造	145	146	170	203	90	16
调味品、发酵制品制造	146	287	156	667	144	19
其他食品制造	149	940	657	1658	515	89
酒、饮料和精制茶制造业	15	2941	2096	2302	1359	149
酒的制造	151	705	517	675	352	37
饮料制造	152	1009	805	1244	598	102
精制茶加工	153	1227	774	383	409	10
烟草制品业	16	20	99	38	7	1
烟叶复烤	161	5	76	4	2	
卷烟制造	162	5	7	11	3	1
其他烟草制品制造	169	10	16	23	2	
纺织业	17	4006	1306	10599	640	48
棉纺织及印染精加工	171	2214	518	2958	128	2
毛纺织及染整精加工	172	78	28	865	48	
麻纺织及染整精加工	173	79	107	88	22	1

单位：个

重庆	四川	贵州	云南	西藏	陕西	甘肃	青海	宁夏	新疆	代码
36	422	382	1561	80	322	185	143	3	312	091
2	72	78	84	3	96	119	20	2	117	092
2	37	27	54	2	44	18	4		67	093
1527	2481	4371	2679	113	1310	1149	591	280	1090	10
1426	2132	3823	2351	99	1050	990	492	265	822	101
25	139	351	170	8	108	8	6	3	15	102
3	20		7		8	7	24	1	14	103
73	190	197	151	6	144	144	69	11	239	109
75	103	88	82	4	1520	153	16	25	323	11
25	18	51	43	1	66	18	6	6	32	111
34	61	7			1378	121	3	17	252	112
16	24	30	39	3	76	14	7	2	39	119
46	74	125	212	6	126	93	45	5	173	12
46	74	125	212	6	126	93	45	5	173	120
60240	**60074**	**39948**	**26459**	**1182**	**41041**	**17182**	**5008**	**7367**	**19070**	**C**
4016	4799	3372	2927	234	3031	2333	567	857	2187	13
651	574	619	156	86	587	343	47	196	284	131
310	576	161	361	7	358	250	70	95	172	132
431	444	600	205	59	300	196	118	109	439	133
41	30	34	104		16	16	1	6	20	134
737	1541	491	518	44	467	300	200	134	281	135
53	40	49	31		24	7	5	5	24	136
591	702	274	690	3	553	592	14	79	627	137
1202	892	1144	862	35	726	629	112	233	340	139
1746	2798	1648	1515	58	2017	710	196	440	784	14
367	640	210	436	8	479	139	24	116	135	141
80	168	56	74		393	58	2	7	31	142
416	576	675	288	13	325	89	14	86	86	143
21	48	21	42	20	134	67	36	33	92	144
57	129	25	38	1	38	22	2	11	155	145
485	721	272	201	2	318	204	31	72	54	146
320	516	389	436	14	330	131	87	115	231	149
1296	3937	4415	2683	78	1368	581	141	248	649	15
706	2255	1973	593	32	281	268	71	156	362	151
437	749	799	648	44	560	267	63	80	263	152
153	933	1643	1442	2	527	46	7	12	24	153
14	11	8	32		8	8		3	3	16
11	2	5	14		2	2		1	2	161
2	5	2	4		5	1		1	1	162
1	4	1	14		1	5		1		169
2288	1107	592	377	71	736	231	67	358	782	17
903	416	117	56	1	376	88	9	18	413	171
82	33	14	5	39	36	47	15	284	65	172
68	36	19	27	1	7	6		2	12	173

2-1 续表 14

行业中类	代码	湖北	湖南	广东	广西	海南
丝绢纺织及印染精加工	174	49	16	197	179	
化纤织造及印染精加工	175	140	46	450	5	
针织或钩针编织物及其制品制造	176	191	196	2679	92	16
家用纺织制成品制造	177	511	279	1559	128	14
非家用纺织制成品制造	178	744	116	1803	38	15
纺织服装、服饰业	18	5376	1587	26515	971	90
机织服装制造	181	3779	935	17481	739	65
针织或钩针编织服装制造	182	263	108	4755	52	4
服饰制造	183	1334	544	4279	180	21
皮革、毛皮、羽毛及其制品和制鞋业	19	1008	1195	15923	502	7
皮革鞣制加工	191	84	83	653	36	
皮革制品制造	192	298	395	7395	222	4
毛皮鞣制及制品加工	193	213	58	226	11	1
羽毛(绒)加工及制品制造	194	24	40	162	118	2
制鞋业	195	389	619	7487	115	
木材加工和木、竹、藤、棕、草制品业	20	2186	3360	5721	4485	247
木材加工	201	929	1259	1900	2540	178
人造板制造	202	341	644	896	1190	26
木制品制造	203	748	604	2310	442	37
竹、藤、棕、草等制品制造	204	168	853	615	313	6
家具制造业	21	1696	1573	13374	780	127
木质家具制造	211	1169	1182	7187	636	87
竹、藤家具制造	212	31	68	152	14	4
金属家具制造	213	129	93	1701	39	8
塑料家具制造	214	39	19	224	7	2
其他家具制造	219	328	211	4110	84	26
造纸和纸制品业	22	1516	1696	13131	903	79
纸浆制造	221	43	20	67	25	1
造纸	222	366	614	2848	313	28
纸制品制造	223	1107	1062	10216	565	50
印刷和记录媒介复制业	23	2301	1923	14202	1054	256
印刷	231	1956	1709	13435	934	223
装订及印刷相关服务	232	332	211	705	116	31
记录媒介复制	233	13	3	62	4	2
文教、工美、体育和娱乐用品制造业	24	1245	1322	15742	947	110
文教办公用品制造	241	160	148	1211	47	6
乐器制造	242	42	24	360	4	2
工艺美术品制造	243	857	857	8640	746	96
体育用品制造	244	71	109	1349	24	4
玩具制造	245	71	157	3734	120	2
游艺器材及娱乐用品制造	246	44	27	448	6	
石油加工和炼焦业	25	187	131	540	105	20
精炼石油产品制造	251	174	104	532	99	19
炼焦	252	13	27	8	6	1

单位：个

重庆	四川	贵州	云南	西藏	陕西	甘肃	青海	宁夏	新疆	代码
101	188	20	55		28	2	2	1	22	174
31	53	14	6		12	6		2	16	175
196	78	70	28	8	63	17	10	7	90	176
788	227	295	172	19	155	40	16	25	100	177
119	76	43	28	3	59	25	15	19	64	178
2265	1141	1116	350	55	466	144	137	115	715	18
1641	938	539	151	26	315	82	68	60	384	181
108	59	120	41	15	32	13	15	7	83	182
516	144	457	158	14	119	49	54	48	248	183
1352	928	488	125	21	136	198	48	139	110	19
43	57	8	17		13	50	10	21	23	191
272	163	107	39	5	33	48	14	18	28	192
92	26	11	17	12	32	56	17	65	33	193
49	88	6	6		12	8	4	30	9	194
896	594	356	46	4	46	36	3	5	17	195
2094	1738	2389	1498	46	754	266	123	129	365	20
741	708	1330	922	22	349	96	92	34	149	201
125	268	165	152	3	80	43	7	15	97	202
847	515	617	267	20	272	98	21	59	104	203
381	247	277	157	1	53	29	3	21	15	204
2629	2080	1543	636	80	784	215	71	119	224	21
2003	1549	1143	473	76	521	149	58	82	154	211
22	26	32	14		6	1		1	1	212
190	145	87	40		120	30	5	14	38	213
34	19	17	7	1	23	2		1	8	214
380	341	264	102	3	114	33	8	21	23	219
999	1221	583	544	8	816	215	25	98	345	22
8	31	8	8		12	6			7	221
249	419	187	156	2	256	67	7	48	95	222
742	771	388	380	6	548	142	18	50	243	223
1424	2276	617	778	24	1357	916	114	234	413	23
1217	1993	525	633	24	1106	731	85	207	358	231
196	278	89	135		241	180	29	26	54	232
11	5	3	10		10	5		1	1	233
1320	707	2204	701	102	563	639	381	77	622	24
95	98	56	49		60	28	6	9	17	241
16	16	37	17	1	9	3		1	9	242
1069	484	2041	609	101	423	600	372	61	586	243
45	42	20	10		37	7	2	2	6	244
68	40	40	9		11		1	4	2	245
27	27	10	7		23	1			2	246
100	225	127	122		352	88	15	74	329	25
83	183	42	27		150	73	9	44	186	251
17	42	85	95		202	15	6	30	143	252

2-1 续表 15

行业中类	代码	湖北	湖南	广东	广西	海南
化学原料和化学制品制造业	26	4306	5511	13863	1898	195
基础化学原料制造	261	799	686	831	259	18
肥料制造	262	972	373	481	462	56
农药制造	263	152	120	120	83	10
涂料、油墨、颜料及类似产品制造	264	646	415	3808	205	12
合成材料制造	265	346	254	1874	60	11
专用化学产品制造	266	949	757	2946	391	31
炸药、火工及焰火产品制造	267	118	2662	46	192	22
日用化学产品制造	268	324	244	3757	246	35
医药制造业	27	1329	863	1524	505	157
化学药品原料药制造	271	206	117	102	33	16
化学药品制剂制造	272	142	58	184	45	71
中药饮片加工	273	203	146	259	88	10
中成药生产	274	256	149	229	170	19
兽用药品制造	275	44	60	140	50	6
生物药品制造	276	236	223	342	76	25
卫生材料及医药用品制造	277	242	110	268	43	10
化学纤维制造业	28	92	54	370	12	7
纤维素纤维原料及纤维制造	281	33	17	71	6	1
合成纤维制造	282	59	37	299	6	6
橡胶和塑料制品业	29	3449	1964	33873	1196	145
橡胶制品业	291	549	325	5141	170	36
塑料制品业	292	2900	1639	28732	1026	109
非金属矿物制品业	30	11629	12409	18537	5097	658
水泥、石灰和石膏制造	301	976	936	815	569	52
石膏、水泥制品及类似制品制造	302	3480	3186	2122	1166	175
砖瓦、石材等建筑材料制造	303	5179	6031	6684	2555	357
玻璃制造	304	241	143	678	61	14
玻璃制品制造	305	450	252	2274	85	23
玻璃纤维和玻璃纤维增强塑料制品制造	306	124	84	348	34	6
陶瓷制品制造	307	226	899	4134	257	14
耐火材料制品制造	308	288	256	258	51	3
石墨及其他非金属矿物制品制造	309	665	622	1224	319	14
黑色金属冶炼和压延加工业	31	1015	1540	2120	581	21
炼铁	311	59	145	73	27	1
炼钢	312	66	30	96	7	3
黑色金属铸造	313	438	646	430	205	5
钢压延加工	314	351	234	1472	130	12
铁合金冶炼	315	101	485	49	212	
有色金属冶炼和压延加工业	32	702	1490	3017	380	35
常用有色金属冶炼	321	178	583	303	163	7
贵金属冶炼	322	17	149	36	10	3
稀有稀土金属冶炼	323	18	100	49	23	
有色金属合金制造	324	109	249	369	38	3

单位：个

重庆	四川	贵州	云南	西藏	陕西	甘肃	青海	宁夏	新疆	代码
1766	3142	1491	1329	58	2020	846	356	522	1353	26
229	772	271	250	7	344	211	107	202	222	261
231	551	387	467	2	373	220	136	65	519	262
40	80	14	31		101	20	6	15	19	263
488	448	198	96	3	229	93	12	35	131	264
161	228	66	74		161	47	17	21	68	265
332	635	260	241	1	473	140	39	148	299	266
72	156	144	39	1	179	18	2	3	19	267
213	272	151	131	44	160	97	37	33	76	268
480	1059	470	412	40	850	506	95	74	189	27
77	140	18	25		127	17	6	16	15	271
49	125	25	35	3	107	10	1	4	8	272
89	256	118	111	6	114	313	16	19	48	273
58	171	199	126	27	159	78	49	10	54	274
32	119	9	6	1	33	8	1	3	6	275
113	169	65	63	2	214	70	14	18	33	276
62	79	36	46	1	96	10	8	4	25	277
24	64	8	13		46	12	4	8	45	28
6	19		4		19	2	1	4	32	281
18	45	8	9		27	10	3	4	13	282
2222	2515	969	1028	8	1459	675	107	304	1656	29
414	352	163	214		399	64	9	31	85	291
1808	2163	806	814	8	1060	611	98	273	1571	292
6406	10013	9950	4840	201	6876	4634	1108	1445	4027	30
357	566	615	491	26	604	350	116	136	353	301
1865	2253	4324	1221	93	2133	925	329	398	1034	302
3139	5295	4017	2619	75	3404	2802	576	565	2251	303
140	191	121	48	2	72	41	12	13	49	304
392	534	254	74		137	57	6	15	63	305
75	167	36	21	1	37	7	7	6	68	306
235	285	98	137	1	144	54	4	5	26	307
78	284	116	64	1	115	87	14	23	62	308
125	438	369	165	2	230	311	44	284	121	309
745	1012	556	624	3	567	361	147	195	344	31
18	37	41	89		30	38	3	12	78	311
22	32	16	21	1	23	16	2	13	15	312
214	390	74	121		214	85	19	32	66	313
419	373	143	234	2	224	107	31	45	150	314
72	180	282	159		76	115	92	93	35	315
580	634	437	661	3	1196	243	123	111	184	32
113	169	188	419	1	148	73	46	47	65	321
8	11	32	35	1	48	35	7	2	25	322
13	50	15	31		51	13	1	5	11	323
88	125	34	23		96	24	18	12	11	324

2-1 续表 16

行业中类	代码	湖北	湖南	广东	广西	海南
有色金属铸造	325	59	33	185	10	1
有色金属压延加工	326	321	376	2075	136	21
金属制品业	33	5456	3450	45954	1572	169
结构性金属制品制造	331	2876	1576	8999	771	87
金属工具制造	332	440	439	4185	191	12
集装箱及金属包装容器制造	333	195	93	911	47	10
金属丝绳及其制品制造	334	114	75	640	32	5
建筑、安全用金属制品制造	335	522	327	7381	161	26
金属表面处理及热处理加工	336	175	136	2246	49	4
搪瓷制品制造	337	31	37	334	15	2
金属制日用品制造	338	275	211	8472	157	9
其他金属制品制造	339	828	556	12786	149	14
通用设备制造业	34	5648	4192	18662	1309	55
锅炉及原动设备制造	341	426	218	428	92	2
金属加工机械制造	342	1468	1140	3942	243	9
物料搬运设备制造	343	281	191	782	63	7
泵、阀门、压缩机及类似机械制造	344	434	422	1331	85	14
轴承、齿轮和传动部件制造	345	206	216	494	54	3
烘炉、风机、衡器、包装等设备制造	346	497	338	3139	147	7
文化、办公用机械制造	347	67	49	840	14	1
通用零部件制造	348	1484	1103	5099	519	9
其他通用设备制造业	349	785	515	2607	92	3
专用设备制造业	35	5273	3732	23326	1361	120
采矿、冶金、建筑专用设备制造	351	961	779	644	254	22
化工、木材、非金属加工专用设备制造	352	1082	511	12157	279	19
食品、饮料、烟草及饲料生产专用设备制造	353	219	181	454	71	6
印刷、制药、日化及日用品生产专用设备制造	354	285	236	1890	64	8
纺织、服装和皮革加工专用设备制造	355	131	74	599	7	
电子和电工机械专用设备制造	356	607	380	3090	79	12
农、林、牧、渔专用机械制造	357	379	428	316	261	11
医疗仪器设备及器械制造	358	409	311	1316	101	14
环保、社会公共服务及其他专用设备制造	359	1200	832	2860	245	28
汽车制造业	36	6419	1001	2748	1116	52
汽车整车制造	361	96	42	61	26	6
改装汽车制造	362	193	29	25	11	1
低速载货汽车制造	363	8	4	2	2	
电车制造	364	28	11	32	20	
汽车车身、挂车制造	365	39	50	34	18	2
汽车零部件及配件制造	366	6055	865	2594	1039	43
铁路、船舶、航空航天和其他运输设备制造业	37	697	561	1971	254	47
铁路运输设备制造	371	141	246	46	14	
城市轨道交通设备制造	372	19	16	23	4	1
船舶及相关装置制造	373	355	175	606	137	40
航空、航天器及设备制造	374	55	24	69	4	3

单位：个

重庆	四川	贵州	云南	西藏	陕西	甘肃	青海	宁夏	新疆	代码
38	37	15	21		83	19	3	8	9	325
320	242	153	132	1	770	79	48	37	63	326
5571	3381	2240	1806	36	2362	1058	515	649	1417	33
2795	1621	1342	1110	16	1154	696	253	481	943	331
825	292	231	149	6	235	72	19	29	76	332
88	177	28	56	1	84	38	3	9	62	333
65	97	41	35	4	34	20	169	7	38	334
655	402	187	124	3	400	107	30	49	102	335
294	171	35	54		107	22	8	8	30	336
34	37	14	9		21	4	2	1	3	337
344	192	106	90	4	107	27	9	16	36	338
471	392	256	179	2	220	72	22	49	127	339
4217	4886	890	780	1	4308	509	155	289	521	34
227	312	50	34		198	82	37	41	106	341
849	1100	229	282		1063	126	36	71	85	342
138	169	44	41		86	25	3	15	43	343
203	541	47	27		222	38	2	13	24	344
228	158	77	23		83	17	5	29	8	345
381	286	92	52		353	52	13	31	60	346
52	49	11	10	1	30	7	3	5	4	347
1922	2009	292	238		2037	128	41	68	170	348
217	262	48	73		236	34	15	16	21	349
3378	3344	799	597	3	3008	577	121	255	729	35
381	915	214	169		916	172	20	81	194	351
1061	659	125	70	2	416	65	17	20	64	352
83	169	45	61		98	20	7	8	25	353
141	192	59	31		156	27	6	12	22	354
49	29	9	6		93	9	1	2	14	355
288	314	75	22		370	42	18	13	34	356
655	239	83	71		199	129	21	40	243	357
230	309	45	34	1	181	25	9	16	20	358
490	518	144	133		579	88	22	63	113	359
4353	1236	208	184	1	445	52	11	41	93	36
58	54	16	10		29	5		2	9	361
32	33	16	5		33	8	1	16	43	362
	1	4	1		1	10				363
19	12	10	4		1	6	2	3	4	364
31	30	7	4		22	3		1	9	365
4213	1106	155	160	1	359	20	8	19	28	366
3798	496	107	35		487	33	11	11	30	37
40	149	11	7		155	17	4	2	6	371
14	15	1	2		5	1				372
268	47	15	6		5	2				373
20	101	34	4		264	2		2	4	374

2-1 续表 17

行业中类	代码	湖北	湖南	广东	广西	海南
摩托车制造	375	32	35	583	9	3
自行车制造	376	44	20	519	72	
非公路休闲车及零配件制造	377	13	7	57	1	
潜水救捞及其他未列明运输设备制造	379	38	38	68	13	
电气机械和器材制造业	38	3414	2482	39790	898	88
电机制造	381	320	286	1528	94	4
输配电及控制设备制造	382	1153	836	8475	307	30
电线、电缆、光缆及电工器材制造	383	532	368	4674	158	23
电池制造	384	174	159	1717	38	2
家用电力器具制造	385	212	189	8910	73	7
非电力家用器具制造	386	214	122	913	63	8
照明器具制造	387	356	241	12099	99	9
其他电气机械及器材制造	389	453	281	1474	66	5
计算机、通信和其他电子设备制造业	39	1909	1692	38010	713	48
计算机制造	391	223	183	4356	85	14
通信设备制造	392	267	193	2771	74	8
广播电视设备制造	393	43	67	1280	19	1
雷达及配套设备制造	394	8	6	65	2	1
视听设备制造	395	47	30	3377	35	1
电子器件制造	396	435	218	5526	59	7
电子元件制造	397	430	615	14162	306	7
其他电子设备制造	399	456	380	6473	133	9
仪器仪表制造业	40	996	589	5636	175	20
通用仪器仪表制造	401	501	301	1773	84	9
专用仪器仪表制造	402	257	150	778	32	9
钟表与计时仪器制造	403	16	5	1716	17	
光学仪器及眼镜制造	404	96	62	1059	24	2
其他仪器仪表制造业	409	126	71	310	18	
其他制造业	41	2704	1272	5755	263	28
日用杂品制造	411	274	241	1611	72	6
煤制品制造	412	91	288	49	22	1
其他未列明制造业	419	2339	743	4095	169	21
废弃资源综合利用业	42	527	548	1339	252	17
金属废料和碎屑加工处理	421	253	317	715	143	5
非金属废料和碎屑加工处理	422	274	231	624	109	12
金属制品、机械和设备修理业	43	663	351	1916	261	67
金属制品修理	431	48	29	139	7	2
通用设备修理	432	104	68	279	36	2
专用设备修理	433	86	54	175	43	5
铁路、船舶、航空航天等运输设备修理	434	116	38	552	71	48
电气设备修理	435	75	27	147	30	3
仪器仪表修理	436	21	7	33	8	
其他机械和设备修理业	439	213	128	591	66	7

单位：个

重庆	四川	贵州	云南	西藏	陕西	甘肃	青海	宁夏	新疆	代码
3418	106	18	6		7	2	1	1	11	375
16	59	15	7		21	6	4	3	8	376
5	6	3	1		4					377
17	13	10	2		26	3	2	3	1	379
1838	2278	818	550	10	2142	461	135	177	502	38
247	186	45	30		170	36	6	14	40	381
556	890	216	145	6	987	226	40	75	249	382
289	439	113	136	2	358	65	16	29	99	383
73	119	49	21		63	13	19	10	6	384
182	159	98	21		112	17	15	4	22	385
65	132	85	116	1	96	49	22	16	17	386
257	187	167	24	1	117	29	12	8	54	387
169	166	45	57		239	26	5	21	15	389
1418	1387	434	107	1	1157	79	21	19	48	39
347	186	51	20		148	12	5	4	4	391
244	186	99	25		182	16	1	2	11	392
21	50	9	4		31	5	2	1	5	393
	20	1			9	1				394
30	30	16	12		7	4		2	4	395
139	254	52	13	1	221	14	7	5	5	396
422	454	112	14		250	13	2	1	8	397
215	207	94	19		309	14	4	4	11	399
754	467	141	152		686	75	15	55	46	40
399	229	32	39		347	41	8	30	24	401
96	98	35	13		170	21	4	11	18	402
13	4	9	1		4	2				403
131	76	45	84		47	5		4		404
115	60	20	15		118	6	3	10	4	409
538	504	929	600	10	398	237	106	194	99	41
145	102	74	47	2	43	16	4	7	12	411
93	136	87	66	1	105	76	36	33	14	412
300	266	768	487	7	250	145	66	154	73	419
229	351	239	265	6	201	152	46	64	99	42
126	165	101	145	1	102	47	18	24	37	421
103	186	138	120	5	99	105	28	40	62	422
380	337	160	188	24	445	128	47	63	160	43
23	38	13	10	1	24	17	5	10	2	431
64	81	17	18	2	66	17	8	9	33	432
51	27	38	23	19	70	32	9	15	49	433
70	32	13	24		46	8	2	4	5	434
31	40	16	13		56	10	8	7	22	435
10	8	1	4		21	2	2	2	8	436
131	111	62	96	2	162	42	13	16	41	439

2-1 续表 18

行业中类	代码	湖北	湖南	广东	广西	海南
电力、热力、燃气及水生产和供应业	D	**4669**	**5764**	**10135**	**2998**	**422**
电力、热力生产和供应业	44	2733	4173	7892	2213	257
电力生产	441	2209	3806	7533	1980	218
电力供应	442	427	315	273	194	36
热力生产和供应	443	97	52	86	39	3
燃气生产和供应业	45	529	322	444	166	46
燃气生产和供应业	450	529	322	444	166	46
水的生产和供应业	46	1407	1269	1799	619	119
自来水生产和供应	461	1143	1082	1224	503	79
污水处理及其再生利用	462	203	144	508	105	35
其他水的处理、利用与分配	469	61	43	67	11	5
建筑业	E	**44807**	**18051**	**43877**	**15299**	**5995**
房屋建筑业	47	8293	3874	5976	2266	603
房屋建筑业	470	8293	3874	5976	2266	603
土木工程建筑业	48	7448	3280	5628	1999	781
铁路、道路、隧道和桥梁工程建筑	481	2710	1418	1817	700	170
水利和内河港口工程建筑	482	484	344	451	202	52
海洋工程建筑	483	2	1	26	4	4
工矿工程建筑	484	259	87	149	55	14
架线和管道工程建筑	485	574	303	538	233	85
其他土木工程建筑	489	3419	1127	2647	805	456
建筑安装业	49	6844	2722	8044	1705	742
电气安装	491	1444	456	2414	398	253
管道和设备安装	492	1073	447	1597	256	105
其他建筑安装业	499	4327	1819	4033	1051	384
建筑装饰和其他建筑业	50	22222	8175	24229	9329	3869
建筑装饰业	501	14500	5470	20237	8157	3355
工程准备活动	502	1514	435	1504	419	299
提供施工设备服务	503	521	299	298	196	31
其他未列明建筑业	509	5687	1971	2190	557	184
批发和零售业	F	**203881**	**124517**	**434075**	**130844**	**17986**
批发业	51	93815	61025	284781	67570	9684
农、林、牧产品批发	511	6611	4814	6138	5327	527
食品、饮料及烟草制品批发	512	8838	7561	22110	7924	1407
纺织、服装及家庭用品批发	513	10568	5607	45544	5747	1333
文化、体育用品及器材批发	514	2771	1660	12585	1707	558
医药及医疗器材批发	515	3208	2221	6752	2224	566
矿产品、建材及化工产品批发	516	26551	18096	56149	23397	2543
机械设备、五金产品及电子产品批发	517	22542	13026	85832	14425	2106
贸易经纪与代理	518	2814	1725	21388	3773	217
其他批发业	519	9912	6315	28283	3046	427
零售业	52	110066	63492	149294	63274	8302
综合零售	521	22793	11648	10900	10405	830
食品、饮料及烟草制品专门零售	522	8735	6101	11411	6321	755
纺织、服装及日用品专门零售	523	11622	7205	16476	4586	877

单位：个

重庆	四川	贵州	云南	西藏	陕西	甘肃	青海	宁夏	新疆	代码
2401	**6074**	**2357**	**3184**	**164**	**3009**	**1827**	**685**	**632**	**2000**	D
1444	3822	1586	2205	138	1803	1448	565	489	1571	44
1318	3517	1356	1949	107	1419	1020	495	371	1137	441
110	273	210	232	28	231	162	23	26	94	442
16	32	20	24	3	153	266	47	92	340	443
270	781	210	267	4	317	166	36	64	198	45
270	781	210	267	4	317	166	36	64	198	450
687	1471	561	712	22	889	213	84	79	231	46
549	1251	455	575	21	711	168	63	46	162	461
113	177	78	104		140	31	17	27	55	462
25	43	28	33	1	38	14	4	6	14	469
15052	**17023**	**12268**	**18936**	**2214**	**22139**	**5559**	**2618**	**3050**	**5983**	E
3701	5147	2315	3508	1328	5279	1585	607	736	1555	47
3701	5147	2315	3508	1328	5279	1585	607	736	1555	470
1289	2387	1690	2985	749	4920	1175	634	712	1210	48
491	1068	850	1415	79	2029	520	273	286	451	481
81	193	104	185	12	275	142	67	104	158	482
			1							483
64	96	46	136	6	277	63	39	26	96	484
119	296	114	324	22	408	147	74	102	198	485
534	734	576	924	630	1931	303	181	194	307	489
1610	2086	1621	2574	55	2975	879	306	421	1013	49
433	653	275	436	10	794	168	101	156	297	491
374	462	164	262	10	753	228	68	71	231	492
803	971	1182	1876	35	1428	483	137	194	485	499
8452	7403	6642	9869	82	8965	1920	1071	1181	2205	50
6036	5466	5094	6943	51	6565	1367	783	945	1592	501
186	360	439	427	7	858	162	139	55	225	502
334	261	112	107	2	286	54	27	20	70	503
1896	1316	997	2392	22	1256	337	122	161	318	509
147948	**92024**	**65095**	**126816**	**2430**	**97860**	**40391**	**11147**	**20716**	**58399**	F
57642	49310	26721	57909	789	45339	21895	5337	10402	38674	51
3841	3040	936	2595	58	3551	2445	248	728	2904	511
8278	7547	3942	5777	131	6458	2491	557	1097	3481	512
5562	3459	2548	3477	38	2598	1480	305	660	2843	513
1428	973	682	1382	27	1227	734	213	220	954	514
1941	2568	780	1484	62	1637	1148	202	447	1024	515
19825	17272	9414	16949	226	13863	7010	2101	3942	12340	516
12394	10421	5057	8130	173	12587	4578	1107	2333	11661	517
1254	1044	780	2655	24	1294	326	226	296	1614	518
3119	2986	2582	15460	50	2124	1683	378	679	1853	519
90306	42714	38374	68907	1641	52521	18496	5810	10314	19725	52
12303	4957	6299	22105	197	8094	3483	861	2248	4042	521
10361	4869	4486	6492	243	5909	1749	858	1011	1598	522
12786	3499	2374	4052	112	3791	1141	431	618	1387	523

2-1 续表 19

行业中类	代码	湖北	湖南	广东	广西	海南
文化、体育用品及器材专门零售	524	4451	2565	8768	2799	636
医药及医疗器材专门零售	525	8035	5226	14342	8421	397
汽车、摩托车、燃料及零配件专门零售	526	11778	8680	16110	7695	894
家用电器及电子产品专门零售	527	12322	7465	27986	8445	1516
五金、家具及室内装饰材料专门零售	528	11828	7541	24864	8592	1856
货摊、无店铺及其他零售业	529	18502	7061	18437	6010	541
交通运输、仓储和邮政业	**G**	**21113**	**10012**	**37453**	**10208**	**1705**
铁路运输业	53	194	109	213	39	16
铁路旅客运输	531	47	16	22	6	3
铁路货物运输	532	64	38	72	19	4
铁路运输辅助活动	533	83	55	119	14	9
道路运输业	54	11974	6042	13502	5874	741
城市公共交通运输	541	843	614	684	291	96
公路旅客运输	542	1033	682	815	349	65
道路货物运输	543	9200	4221	10961	4878	545
道路运输辅助活动	544	898	525	1042	356	35
水上运输业	55	752	383	1514	556	210
水上旅客运输	551	125	84	153	64	24
水上货物运输	552	402	194	818	397	152
水上运输辅助活动	553	225	105	543	95	34
航空运输业	56	81	53	196	43	32
航空客货运输	561	31	23	119	15	14
通用航空服务	562	20	11	46	16	7
航空运输辅助活动	563	30	19	31	12	11
管道运输业	57	27	18	19	9	2
管道运输业	570	27	18	19	9	2
装卸搬运和运输代理业	58	4680	1873	18230	2378	430
装卸搬运	581	1670	692	1668	706	55
运输代理业	582	3010	1181	16562	1672	375
仓储业	59	1494	633	1895	716	138
谷物、棉花等农产品仓储	591	457	204	244	246	40
其他仓储业	599	1037	429	1651	470	98
邮政业	60	1911	901	1884	593	136
邮政基本服务	601	157	66	81	34	14
快递服务	602	1754	835	1803	559	122
住宿和餐饮业	**H**	**14534**	**11218**	**26960**	**6212**	**2099**
住宿业	61	3887	3892	9644	2497	1191
旅游饭店	611	1328	1340	3220	1019	750
一般旅馆	612	2001	1967	5737	1259	345
其他住宿业	619	558	585	687	219	96
餐饮业	62	10647	7326	17316	3715	908
正餐服务	621	8690	5648	12658	2593	666
快餐服务	622	521	361	1377	299	43
饮料及冷饮服务	623	267	389	987	176	78

单位：个

重庆	四川	贵州	云南	西藏	陕西	甘肃	青海	宁夏	新疆	代码
4141	1793	1234	2998	130	2638	1546	509	485	941	524
2921	4895	2689	3491	197	4451	1151	396	604	966	525
8224	8267	6469	7787	198	5800	2547	776	1597	3195	526
11564	6349	4524	5629	232	7971	2752	794	1236	3060	527
16390	4950	5520	6445	130	8129	2274	637	1417	2669	528
11616	3135	4779	9908	202	5738	1853	548	1098	1867	529
9197	**11481**	**5448**	**8310**	**266**	**8595**	**3406**	**1039**	**1875**	**6581**	**G**
88	156	48	64	3	128	68	22	19	88	53
21	41	2	12		15	12	2	2	9	531
37	61	19	35	2	62	31	12	6	57	532
30	54	27	17	1	51	25	8	11	22	533
5363	7388	3395	4425	158	5267	1885	644	1295	3635	54
213	615	387	276	38	457	293	73	102	236	541
251	615	406	315	32	360	221	65	57	253	542
4517	5502	2288	3424	76	3996	1169	436	1081	2916	543
382	656	314	410	12	454	202	70	55	230	544
447	225	115	94		30	9	12	10	4	55
58	72	55	54		15	4	9	3		551
305	91	36	30		9	2	1	4	1	552
84	62	24	10		6	3	2	3	3	553
62	90	32	84	15	88	36	8	11	80	56
23	45	11	38	13	21	13	3	5	27	561
14	20	9	18		47	5	3	3	36	562
25	25	12	28	2	20	18	2	3	17	563
12	23	13	9	1	46	6		3	26	57
12	23	13	9	1	46	6		3	26	570
2136	2185	762	1975	24	1174	530	190	246	1823	58
564	601	272	500	1	252	183	66	120	266	581
1572	1584	490	1475	23	922	347	124	126	1557	582
598	729	427	441	22	1172	629	86	85	564	59
57	218	93	75	20	575	416	34	35	175	591
541	511	334	366	2	597	213	52	50	389	599
491	685	656	1218	43	690	243	77	206	361	60
71	53	65	228	10	48	27	17	6	55	601
420	632	591	990	33	642	216	60	200	306	602
26190	**11141**	**11344**	**11028**	**578**	**9300**	**3974**	**1344**	**1273**	**1914**	**H**
4302	4191	3408	3883	428	3562	1710	657	487	1076	61
1812	1463	1149	1101	217	1267	578	202	192	475	611
1898	2202	1678	2182	170	1854	867	354	257	489	612
592	526	581	600	41	441	265	101	38	112	619
21888	6950	7936	7145	150	5738	2264	687	786	838	62
18052	5474	6893	5958	104	4646	1776	572	645	583	621
749	238	127	145	4	218	109	17	35	96	622
462	441	151	237	26	193	75	25	16	15	623

2-1 续表 20

行业中类	代码	湖北	湖南	广东	广西	海南
其他餐饮业	629	1169	928	2294	647	121
信息传输、软件和信息技术服务业	**I**	**25220**	**14078**	**43637**	**9182**	**1956**
电信、广播电视和卫星传输服务	63	934	882	1234	311	101
电信	631	735	604	1036	282	83
广播电视传输服务	632	168	254	166	27	17
卫星传输服务	633	31	24	32	2	1
互联网和相关服务	64	3084	2622	5129	1223	414
互联网接入及相关服务	641	336	220	671	115	38
互联网信息服务	642	1904	1908	3479	931	307
其他互联网服务	649	844	494	979	177	69
软件和信息技术服务业	65	21202	10574	37274	7648	1441
软件开发	651	13968	5465	24775	4553	868
信息系统集成服务	652	1794	1225	2932	802	255
信息技术咨询服务	653	2731	2110	5499	1769	167
数据处理和存储服务	654	233	192	885	75	32
集成电路设计	655	135	46	691	13	11
其他信息技术服务业	659	2341	1536	2492	436	108
金融业	**J**	**4628**	**3323**	**10124**	**2468**	**607**
货币金融服务	66	1514	958	2310	793	278
中央银行服务	661	20	8	2	2	1
货币银行服务	662	683	434	703	304	97
非货币银行服务	663	803	513	1603	486	180
银行监管服务	664	8	3	2	1	
资本市场服务	67	1542	1233	4881	1020	149
证券市场服务	671	123	141	426	44	14
期货市场服务	672	25	21	63	2	4
证券期货监管服务	673	1	3	5		
资本投资服务	674	984	842	3405	834	105
其他资本市场服务	679	409	226	982	140	26
保险业	68	928	613	1436	385	94
人身保险	681	346	258	381	126	25
财产保险	682	333	237	423	181	32
再保险	683	3	2	3		
养老金	684	8	3	12	2	2
保险经纪与代理服务	685	149	89	485	61	28
保险监管服务	686		2	1		
其他保险活动	689	89	22	131	15	7
其他金融业	69	644	519	1497	270	86
金融信托与管理服务	691	197	194	492	113	19
控股公司服务	692	48	54	243	12	7
非金融机构支付服务	693	22	28	55	4	3
金融信息服务	694	113	60	257	71	17
其他未列明金融业	699	264	183	450	70	40

单位：个

重庆	四川	贵州	云南	西藏	陕西	甘肃	青海	宁夏	新疆	代码
2625	797	765	805	16	681	304	73	90	144	629
15523	**10784**	**4732**	**11456**	**135**	**8533**	**2230**	**940**	**1437**	**3970**	**I**
507	533	272	517	58	771	221	92	74	283	63
432	358	240	413	54	621	165	81	63	221	631
68	164	31	96	4	129	49	10	9	54	632
7	11	1	8		21	7	1	2	8	633
2623	1485	1286	1608	17	1767	669	192	320	544	64
239	159	172	186	1	232	61	37	51	76	641
1680	1024	738	899	12	1195	497	115	214	360	642
704	302	376	523	4	340	111	40	55	108	649
12393	8766	3174	9331	60	5995	1340	656	1043	3143	65
8798	5925	1537	5647	14	3170	558	319	476	1239	651
558	710	211	1139	10	609	156	80	115	384	652
1676	1363	770	1123	19	1233	308	185	281	807	653
250	135	196	70	3	178	53	12	38	97	654
43	85	8	24	1	67	7	3	4	15	655
1068	548	452	1328	13	738	258	57	129	601	659
3447	**3401**	**2350**	**3937**	**95**	**2730**	**1701**	**382**	**1147**	**3227**	**J**
1060	1266	1005	1705	51	1080	875	224	473	917	66
4	16	6	5		13	5	2	3	4	661
503	542	328	606	48	486	338	96	113	321	662
553	704	671	1089	3	576	530	125	356	591	663
	4		5		5	2	1	1	1	664
1487	845	716	995	17	664	377	65	443	1286	67
111	82	55	131	4	53	39	7	23	32	671
15	14	6	18		8	6	1	1	6	672
1	3				2			1	1	673
969	558	561	684	13	443	185	50	344	1161	674
391	188	94	162		158	147	7	74	86	679
492	830	290	780	24	688	309	49	85	296	68
209	333	92	189	5	219	109	14	34	103	681
180	290	144	344	17	252	157	28	30	155	682
1	1		1		3	1				683
5	9	1	3		6	2	1	1	2	684
72	154	28	204	2	134	21	4	12	21	685
2	1	1	1		3	2				686
23	42	24	38		71	17	2	8	15	689
408	460	339	457	3	298	140	44	146	728	69
107	158	107	64	1	107	39	8	29	78	691
44	53	10	18		26	2	4	2	420	692
29	17	23	22		10	3	2	6	5	693
68	97	34	86	2	56	25	8	25	38	694
160	135	165	267		99	71	22	84	187	699

2-1 续表 21

行业中类	代码	湖北	湖南	广东	广西	海南
房地产业	K	**26134**	**15521**	**57452**	**15867**	**7561**
房地产业	70	26134	15521	57452	15867	7561
房地产开发经营	701	10391	8441	17835	7690	3473
物业管理	702	9018	4567	20035	3623	1336
房地产中介服务	703	4769	1820	11762	3478	2049
自有房地产经营活动	704	824	236	4769	629	172
其他房地产业	709	1132	457	3051	447	531
租赁和商务服务业	L	**81368**	**41572**	**143779**	**44331**	**9317**
租赁业	71	5055	3655	5575	3195	972
机械设备租赁	711	4878	3529	5306	3099	938
文化及日用品出租	712	177	126	269	96	34
商务服务业	72	76313	37917	138204	41136	8345
企业管理服务	721	11880	8198	42775	12910	1575
法律服务	722	624	487	1564	244	93
咨询与调查	723	21431	9881	39177	9082	1650
广告业	724	14323	6938	21331	8826	1983
知识产权服务	725	244	208	1489	244	35
人力资源服务	726	4980	2244	4791	1769	286
旅行社及相关服务	727	2834	1697	3603	1991	929
安全保护服务	728	652	429	1055	424	86
其他商务服务业	729	19345	7835	22419	5646	1708
科学研究和技术服务业	M	**23135**	**15527**	**46946**	**11878**	**2372**
研究和试验发展	73	3481	3630	9386	1002	205
自然科学研究和试验发展	731	675	520	807	94	26
工程和技术研究和试验发展	732	1688	2162	7029	520	60
农业科学研究和试验发展	733	490	625	504	241	64
医学研究和试验发展	734	557	273	962	135	48
社会人文科学研究	735	71	50	84	12	7
专业技术服务业	74	12848	7130	29229	5443	1610
气象服务	741	87	54	68	31	15
地震服务	742	23	4	17	3	2
海洋服务	743	26	9	53	12	10
测绘服务	744	364	249	348	354	74
质检技术服务	745	588	457	1560	597	134
环境与生态监测	746	244	177	352	126	12
地质勘查	747	234	159	202	114	36
工程技术	748	5532	2244	12313	2413	800
其他专业技术服务业	749	5750	3777	14316	1793	527
科技推广和应用服务业	75	6806	4767	8331	5433	557
技术推广服务	751	4607	3865	6547	4616	460
科技中介服务	752	496	344	564	270	32
其他科技推广和应用服务业	759	1703	558	1220	547	65
水利、环境和公共设施管理业	N	**3662**	**2413**	**5075**	**1773**	**448**
水利管理业	76	434	269	334	140	32
防洪除涝设施管理	761	38	24	36	25	2

单位：个

重庆	四川	贵州	云南	西藏	陕西	甘肃	青海	宁夏	新疆	代码
13540	**15680**	**9864**	**12095**	**229**	**13728**	**5259**	**1767**	**1937**	**7620**	K
13540	15680	9864	12095	229	13728	5259	1767	1937	7620	70
4595	7693	5453	5829	108	6070	2506	773	842	3568	701
3598	4754	2610	3460	69	5039	1756	704	786	2351	702
4786	2509	1039	2022	22	1489	782	183	252	1144	703
245	307	261	444	22	491	136	69	38	287	704
316	417	501	340	8	639	79	38	19	270	709
42854	**34822**	**22785**	**37373**	**1093**	**23761**	**10337**	**4228**	**5743**	**16063**	L
4598	3087	2886	2779	83	2638	1284	551	691	1285	71
4477	3020	2845	2723	80	2583	1252	535	676	1238	711
121	67	41	56	3	55	32	16	15	47	712
38256	31735	19899	34594	1010	21123	9053	3677	5052	14778	72
4276	7530	3700	8136	285	2784	841	478	673	3158	721
401	484	248	300	9	316	146	34	52	224	722
10561	6306	3336	9033	381	4259	1487	589	1137	3616	723
11799	6921	4566	5441	137	6755	3132	725	1134	2957	724
262	200	67	157	1	152	27	12	13	83	725
3648	2741	1648	1413	14	1778	783	580	806	1146	726
1343	1736	1735	2187	111	1416	786	521	273	920	727
213	450	320	404	8	365	172	70	67	269	728
5753	5367	4279	7523	64	3298	1679	668	897	2405	729
10271	**10418**	**4949**	**10283**	**270**	**9577**	**3436**	**1303**	**1430**	**6092**	M
716	1254	282	1088	43	844	214	107	108	323	73
53	85	26	171		67	23	12	9	49	731
303	647	89	299	17	349	83	60	35	126	732
191	265	109	506	7	277	52	23	41	94	733
152	246	46	96	19	133	41	7	16	49	734
17	11	12	16		18	15	5	7	5	735
6950	5410	3696	5402	196	6045	2640	929	933	3940	74
7	33	56	59	3	71	19	7	14	37	741
22	21	6	13		20	21	2	2	3	742
		1			3			2	1	743
183	421	234	391	2	325	114	51	50	207	744
277	478	373	504	28	410	215	90	110	599	745
135	126	117	107	4	140	61	50	25	104	746
119	186	133	298	26	408	94	78	36	560	747
2338	2457	1414	1795	116	2465	1186	456	377	1352	748
3869	1688	1362	2235	17	2203	930	195	317	1077	749
2605	3754	971	3793	31	2688	582	267	389	1829	75
1541	3004	672	2734	27	2170	424	196	292	1260	751
421	252	127	228	1	192	55	40	37	133	752
643	498	172	831	3	326	103	31	60	436	759
2283	**2097**	**1582**	**1785**	**35**	**2681**	**742**	**350**	**413**	**946**	N
183	192	177	165	7	217	88	31	33	141	76
11	14	5	12	1	17	3	1		9	761

2-1 续表 22

行业中类	代码	湖北	湖南	广东	广西	海南
水资源管理	762	82	44	75	36	11
天然水收集与分配	763	36	39	39	19	3
水文服务	764	30	14	15	8	3
其他水利管理业	769	248	148	169	52	13
生态保护和环境治理业	77	597	451	852	208	55
生态保护	771	123	57	49	21	8
环境治理业	772	474	394	803	187	47
公共设施管理业	78	2631	1693	3889	1425	361
市政设施管理	781	284	287	539	122	57
环境卫生管理	782	273	145	459	134	39
城乡市容管理	783	71	64	284	16	6
绿化管理	784	1158	775	1904	588	163
公园和游览景区管理	785	845	422	703	565	96
居民服务、修理和其他服务业	O	**17026**	**12151**	**23935**	**7286**	**1559**
居民服务业	79	5705	4150	8018	2414	491
家庭服务	791	1313	605	1109	767	106
托儿所服务	792	26	29	80	8	
洗染服务	793	196	167	296	121	29
理发及美容服务	794	700	917	2269	439	98
洗浴服务	795	166	303	790	40	10
保健服务	796	350	346	1652	378	57
婚姻服务	797	410	249	396	193	45
殡葬服务	798	177	137	168	81	22
其他居民服务业	799	2367	1397	1258	387	124
机动车、电子产品和日用产品修理业	80	5053	3395	10175	2948	640
汽车、摩托车修理与维护	801	3697	2281	7167	2292	425
计算机和办公设备维修	802	483	297	1202	255	114
家用电器修理	803	574	603	1335	319	63
其他日用产品修理业	809	299	214	471	82	38
其他服务业	81	6268	4606	5742	1924	428
清洁服务	811	2079	1215	3727	1045	353
其他未列明服务业	819	4189	3391	2015	879	75
教育	P	**3862**	**3203**	**6841**	**2060**	**596**
教育	82	3862	3203	6841	2060	596
学前教育	821	646	769	898	442	100
初等教育	822	62	37	151	28	9
中等教育	823	64	93	101	35	7
高等教育	824	13	20	41	5	10
特殊教育	825	21	17	24	7	4
技能培训、教育辅助及其他教育	829	3056	2267	5626	1543	466
卫生和社会工作	Q	**2145**	**1461**	**2415**	**649**	**223**
卫生	83	1821	1279	2225	543	185
医院	831	701	606	526	219	89
社区医疗与卫生院	832	142	204	185	19	22

单位：个

重庆	四川	贵州	云南	西藏	陕西	甘肃	青海	宁夏	新疆	代码
53	42	57	43	1	64	31	4	15	36	762
31	25	26	17		19	6	4	1	27	763
11	22	4	7	1	16	7	2	3	9	764
77	89	85	86	4	101	41	20	14	60	769
500	288	168	226	4	299	77	104	40	102	77
38	38	24	29	3	44	19	40	8	12	771
462	250	144	197	1	255	58	64	32	90	772
1600	1617	1237	1394	24	2165	577	215	340	703	78
135	196	176	156	4	216	76	31	25	117	781
257	266	112	172	3	170	37	31	26	72	782
47	36	40	33		64	14	8	7	30	783
661	662	413	765	9	1154	214	110	236	360	784
500	457	496	268	8	561	236	35	46	124	785
14914	**8054**	**8899**	**11755**	**175**	**7839**	**2929**	**1166**	**1516**	**3398**	**O**
7864	2787	3211	3241	53	2614	969	452	455	874	79
1442	669	906	564	7	565	242	156	126	231	791
59	17	12	9		12	3		1	9	792
585	133	141	129	1	105	34	13	9	23	793
1948	448	499	450	10	285	107	29	44	65	794
210	129	230	230	11	225	87	26	17	48	795
457	242	218	173	1	192	42	12	33	43	796
1127	322	168	200		270	81	51	66	94	797
206	130	174	139		116	66	20	34	48	798
1830	697	863	1347	23	844	307	145	125	313	799
4473	3801	3706	3803	103	3622	1363	420	579	1596	80
3222	3166	3310	3396	92	2872	1118	334	452	1219	801
506	322	172	166	6	351	107	50	55	207	802
545	246	160	111	2	283	78	19	35	104	803
200	67	64	130	3	116	60	17	37	66	809
2577	1466	1982	4711	19	1603	597	294	482	928	81
1763	943	778	1152	10	731	281	140	179	237	811
814	523	1204	3559	9	872	316	154	303	691	819
3230	**2947**	**2003**	**1542**	**42**	**1440**	**989**	**179**	**284**	**794**	**P**
3230	2947	2003	1542	42	1440	989	179	284	794	82
215	333	382	127	10	159	113	15	24	52	821
13	36	38	10	1	20	6		4	5	822
24	67	50	19		42	24	2	3	11	823
4	9	5	6		9	1	1		3	824
24	12	7	8		34	6	1		3	825
2950	2490	1521	1372	31	1176	839	160	253	720	829
1511	**2040**	**1348**	**989**	**37**	**804**	**352**	**141**	**193**	**506**	**Q**
1172	1753	1225	924	35	688	320	131	170	460	83
578	1088	915	685	23	383	182	80	139	332	831
72	54	93	27	2	50	32	20	3	30	832

2-1 续表 23

行业中类	代码	湖北	湖南	广东	广西	海南
门诊部(所)	833	720	272	1290	218	33
计划生育技术服务活动	834	14	2	3	7	
妇幼保健院(所、站)	835	9	8	13	4	3
专科疾病防治院(所、站)	836	32	12	28	16	4
疾病预防控制中心	837	8	5	12	2	4
其他卫生活动	839	195	170	168	58	30
社会工作	84	324	182	190	106	38
提供住宿社会工作	841	288	162	158	83	34
不提供住宿社会工作	842	36	20	32	23	4
文化、体育和娱乐业	**R**	**9716**	**13102**	**17159**	**6531**	**1675**
新闻和出版业	85	254	133	339	57	56
新闻业	851	22	12	21	6	1
出版业	852	232	121	318	51	55
广播、电视、电影和影视录音制作业	86	899	822	1617	491	201
广播	861	63	38	93	19	6
电视	862	54	68	79	9	11
电影和影视节目制作	863	362	241	651	199	112
电影和影视节目发行	864	39	48	94	21	9
电影放映	865	324	402	624	225	56
录音制作	866	57	25	76	18	7
文化艺术业	87	2357	1920	3509	903	235
文艺创作与表演	871	533	562	1038	232	86
艺术表演场馆	872	43	45	50	15	1
图书馆与档案馆	873	52	10	38	19	4
文物及非物质文化遗产保护	874	60	51	30	21	3
博物馆	875	19	14	16	3	5
烈士陵园、纪念馆	876	7	3	3	3	1
群众文化活动	877	251	472	496	105	15
其他文化艺术业	879	1392	763	1838	505	120
体育	88	796	622	2183	428	223
体育组织	881	166	140	306	92	58
体育场馆	882	70	47	258	49	33
休闲健身活动	883	429	339	1424	240	110
其他体育	889	131	96	195	47	22
娱乐业	89	5410	9605	9511	4652	960
室内娱乐活动	891	4700	9023	8523	4426	809
游乐园	892	135	129	238	60	14
彩票活动	893	13	2	19		5
文化、娱乐、体育经纪代理	894	216	277	443	78	83
其他娱乐业	899	346	174	288	88	49
公共管理、社会保障和社会组织	**S**	**36**	**10**	**13**	**9**	**1**
社会保障	93	36	10	13	9	1
社会保障	930	36	10	13	9	1

单位：个

重庆	四川	贵州	云南	西藏	陕西	甘肃	青海	宁夏	新疆	代码
386	447	137	126	8	165	69	20	14	55	833
1		3	1	1			2	1		834
10	5	5	4		3	2	1	2	2	835
11	29	10	11		16	4	1	2	5	836
2	3		1		6		1			837
112	127	62	69	1	65	31	6	9	36	839
339	287	123	65	2	116	32	10	23	46	84
314	253	104	57	2	101	26	8	21	39	841
25	34	19	8		15	6	2	2	7	842
9538	**12826**	**4795**	**7189**	**270**	**5940**	**4159**	**913**	**1168**	**3631**	**R**
132	129	70	68	3	184	78	15	40	42	85
9	7	10	15		15	4		1	3	851
123	122	60	53	3	169	74	15	39	39	852
578	594	326	525	14	809	334	89	181	413	86
30	21	5	11	2	29	10	5	10	21	861
20	22	9	14		35	22	5	9	29	862
297	164	111	259	6	331	111	40	52	213	863
24	12	16	17	1	84	21	4	6	37	864
151	346	168	200	5	298	149	24	43	95	865
56	29	17	24		32	21	11	61	18	866
3007	1260	529	1437	34	1199	1262	226	161	366	87
1309	445	201	386	23	413	499	54	51	109	871
56	22	12	21		45	24	1	5	16	872
33	29	8	4	1	11	8	3	1	1	873
32	56	28	44		107	45	71	12	15	874
9	15	9	7	1	18	11	4	2	6	875
	1	1			4	2				876
424	211	50	109	2	112	70	15	13	43	877
1144	481	220	866	7	489	603	78	77	176	879
606	508	238	327	1	297	84	56	58	123	88
76	97	34	69		43	11	16	9	25	881
52	44	15	20		28	4	6	2	6	882
364	312	155	172	1	199	60	29	37	75	883
114	55	34	66		27	9	5	10	17	889
5215	10335	3632	4832	218	3451	2401	527	728	2687	89
4577	9945	3396	4463	199	3124	2190	480	662	1977	891
112	112	71	63	2	82	45	8	22	36	892
5	1	1	4		4		3		3	893
280	148	46	121	5	85	35	17	15	100	894
241	129	118	181	12	156	131	19	29	571	899
	11	**7**	**9**		**18**	**2**	**1**	**2**	**5**	**S**
	11	7	9		18	2	1	2	5	93
	11	7	9		18	2	1	2	5	930

2-2 按行业(中类)、东中西部以及东北地区分组的企业法人单位数

(2016年) 单位：个

行业中类	代码	企业单位数	东部地区	中部地区	西部地区	东北地区
总计	--	**14618448**	**8470207**	**2782859**	**2585580**	**779802**
农、林、牧、渔业	A	**675005**	**177008**	**162177**	**306696**	**29124**
农业	01	305231	86818	73363	134707	10343
谷物种植	011	48086	14653	20220	9268	3945
豆类、油料和薯类种植	012	9199	1903	2702	4246	348
棉、麻、糖、烟草种植	013	5008	521	1024	3405	58
蔬菜、食用菌及园艺作物种植	014	104751	37012	22805	41739	3195
水果种植	015	63434	14616	8781	38775	1262
坚果、含油果、香料和饮料作物种植	016	20241	5774	3660	10716	91
中药材种植	017	26357	3819	4369	17343	826
其他农业	019	28155	8520	9802	9215	618
林业	02	60701	18158	17442	22409	2692
林木育种和育苗	021	46661	14601	13616	16424	2020
造林和更新	022	7851	1750	2074	3805	222
森林经营和管护	023	4114	1071	1227	1490	326
木材和竹材采运	024	1117	346	317	349	105
林产品采集	025	958	390	208	341	19
畜牧业	03	190702	35896	40129	105203	9474
牲畜饲养	031	129388	23025	27005	73319	6039
家禽饲养	032	44690	9856	9950	22423	2461
狩猎和捕捉动物	033	954	69	306	548	31
其他畜牧业	039	15670	2946	2868	8913	943
渔业	04	57175	18620	9867	26310	2378
水产养殖	041	54686	17642	9436	25343	2265
水产捕捞	042	2489	978	431	967	113
农、林、牧、渔服务业	05	61196	17516	21376	18067	4237
农业服务业	051	47828	13283	16852	14500	3193
林业服务业	052	4845	1542	1637	1480	186
畜牧服务业	053	5462	1202	2086	1519	655
渔业服务业	054	3061	1489	801	568	203
采矿业	B	**104007**	**19724**	**30224**	**44191**	**9868**
煤炭开采和洗选业	06	20777	1544	7405	9934	1894
烟煤和无烟煤开采洗选	061	18669	1362	6704	8901	1702
褐煤开采洗选	062	623	35	93	418	77
其他煤炭采选	069	1485	147	608	615	115
石油和天然气开采业	07	762	117	116	401	128
石油开采	071	468	91	40	230	107
天然气开采	072	294	26	76	171	21
黑色金属矿采选业	08	15487	5176	3664	4548	2099
铁矿采选	081	13736	5041	3121	3579	1995
锰矿、铬矿采选	082	983	41	337	530	75
其他黑色金属矿采选	089	768	94	206	439	29
有色金属矿采选业	09	11303	1524	3357	5350	1072

2-2 续表 1

单位：个

行业中类	代码	企业单位数	东部地区	中部地区	西部地区	东北地区
常用有色金属矿采选	091	7822	848	2040	4240	694
贵金属矿采选	092	2221	484	676	772	289
稀有稀土金属矿采选	093	1260	192	641	338	89
非金属矿采选业	10	48646	10468	13954	20073	4151
土砂石开采	101	41282	8816	11843	17220	3403
化学矿开采	102	1720	85	559	960	116
采盐	103	528	382	22	100	24
石棉及其他非金属矿采选	109	5116	1185	1530	1793	608
开采辅助活动	11	3921	378	621	2545	377
煤炭开采和洗选辅助活动	111	653	69	216	323	45
石油和天然气开采辅助活动	112	2480	176	131	1906	267
其他开采辅助活动	119	788	133	274	316	65
其他采矿业	12	3111	517	1107	1340	147
其他采矿业	120	3111	517	1107	1340	147
制造业	**C**	**3012112**	**2057600**	**467609**	**332314**	**154589**
农副食品加工业	13	132114	52117	33972	29916	16109
谷物磨制	131	26833	5982	10838	4444	5569
饲料加工	132	15393	6615	3407	3061	2310
植物油加工	133	11857	3492	4143	3406	816
制糖业	134	978	410	93	428	47
屠宰及肉类加工	135	22325	9277	4655	6284	2109
水产品加工	136	12092	9356	797	432	1507
蔬菜、水果和坚果加工	137	18650	9038	3116	4691	1805
其他农副食品加工	139	23986	7947	6923	7170	1946
食品制造业	14	70642	33506	16741	15408	4987
焙烤食品制造	141	18369	8621	4541	3815	1392
糖果、巧克力及蜜饯制造	142	6037	3995	929	989	124
方便食品制造	143	12261	4590	3610	3229	832
乳制品制造	144	1970	660	327	761	222
罐头食品制造	145	3765	2087	794	604	280
调味品、发酵制品制造	146	8903	3730	1853	2657	663
其他食品制造	149	19337	9823	4687	3353	1474
酒、饮料和精制茶制造业	15	51350	17794	12325	17486	3745
酒的制造	151	18389	5339	3432	7463	2155
饮料制造	152	18257	6724	5145	4822	1566
精制茶加工	153	14704	5731	3748	5201	24
烟草制品业	16	429	104	186	97	42
烟叶复烤	161	190	23	104	42	21
卷烟制造	162	109	41	30	26	12
其他烟草制品制造	169	130	40	52	29	9
纺织业	17	144411	118185	15769	7856	2601
棉纺织及印染精加工	171	53012	41474	8357	2550	631
毛纺织及染整精加工	172	8604	6894	481	1078	151
麻纺织及染整精加工	173	1577	649	547	206	175

2-2 续表 2

单位：个

行业中类	代码	企业单位数	东部地区	中部地区	西部地区	东北地区
丝绢纺织及印染精加工	174	3654	2501	318	600	235
化纤织造及印染精加工	175	12528	11785	509	152	82
针织或钩针编织物及其制品制造	176	23641	20998	1458	742	443
家用纺织制成品制造	177	23356	18778	2149	2007	422
非家用纺织制成品制造	178	18039	15106	1950	521	462
纺织服装、服饰业	18	174024	135154	25195	7922	5753
机织服装制造	181	106572	81399	15458	5148	4567
针织或钩针编织服装制造	182	23881	20423	2455	650	353
服饰制造	183	43571	33332	7282	2124	833
皮革、毛皮、羽毛及其制品和制鞋业	19	78053	64061	8439	4230	1323
皮革鞣制加工	191	3632	2437	801	292	102
皮革制品制造	192	25984	22008	2615	1011	350
毛皮鞣制及制品加工	193	6610	5096	768	435	311
羽毛(绒)加工及制品制造	194	2535	1299	807	354	75
制鞋业	195	39292	33221	3448	2138	485
木材加工和木、竹、藤、棕、草制品业	20	95761	56161	17758	14608	7234
木材加工	201	36302	17528	7856	7426	3492
人造板制造	202	18996	12341	3448	2246	961
木制品制造	203	29799	19987	3872	3416	2524
竹、藤、棕、草等制品制造	204	10664	6305	2582	1520	257
家具制造业	21	69537	46093	11483	9346	2615
木质家具制造	211	47958	30463	8463	6981	2051
竹、藤家具制造	212	1089	661	297	120	11
金属家具制造	213	7190	5367	940	725	158
塑料家具制造	214	1078	710	176	128	64
其他家具制造	219	12222	8892	1607	1392	331
造纸和纸制品业	22	69464	52818	8236	5962	2448
纸浆制造	221	531	254	141	111	25
造纸	222	16347	11181	2721	1852	593
纸制品制造	223	52586	41383	5374	3999	1830
印刷和记录媒介复制业	23	80053	53709	12657	9726	3961
印刷	231	72862	49849	11293	8239	3481
装订及印刷相关服务	232	6866	3664	1304	1435	463
记录媒介复制	233	325	196	60	52	17
文教、工美、体育和娱乐用品制造业	24	101516	79811	11103	8474	2128
文教办公用品制造	241	10226	8163	1273	478	312
乐器制造	242	2496	2023	258	120	95
工艺美术品制造	243	63851	47856	7213	7271	1511
体育用品制造	244	9789	8719	733	202	135
玩具制造	245	12633	11040	1257	296	40
游艺器材及娱乐用品制造	246	2521	2010	369	107	35
石油加工和炼焦业	25	8670	4218	1367	1687	1398
精炼石油产品制造	251	7073	3925	890	961	1297
炼焦	252	1597	293	477	726	101

2-2 续表 3

单位：个

行业中类	代码	企业单位数	东部地区	中部地区	西部地区	东北地区
化学原料和化学制品制造业	26	125351	74474	26493	16120	8264
基础化学原料制造	261	19588	10375	4400	3396	1417
肥料制造	262	15497	6468	3613	3724	1692
农药制造	263	2860	1411	827	432	190
涂料、油墨、颜料及类似产品制造	264	22428	15718	3323	2039	1348
合成材料制造	265	12621	9137	1872	986	626
专用化学产品制造	266	31922	20719	5820	3158	2225
炸药、火工及焰火产品制造	267	6006	269	4789	870	78
日用化学产品制造	268	14429	10377	1849	1515	688
医药制造业	27	25770	11342	7202	4924	2302
化学药品原料药制造	271	3313	1735	879	511	188
化学药品制剂制造	272	2740	1405	627	436	272
中药饮片加工	273	4512	1125	1504	1227	656
中成药生产	274	3925	1077	1194	1154	500
兽用药品制造	275	1792	870	507	290	125
生物药品制造	276	4837	2544	1060	882	351
卫生材料及医药用品制造	277	4651	2586	1431	424	210
化学纤维制造业	28	7082	6093	538	249	202
纤维素纤维原料及纤维制造	281	1315	992	172	97	54
合成纤维制造	282	5767	5101	366	152	148
橡胶和塑料制品业	29	176638	138295	18028	12752	7563
橡胶制品业	291	31084	24510	3116	1963	1495
塑料制品业	292	145554	113785	14912	10789	6068
非金属矿物制品业	30	261348	117609	68220	58672	16847
水泥、石灰和石膏制造	301	16390	5680	4825	4669	1216
石膏、水泥制品及类似制品制造	302	57746	21424	15933	16903	3486
砖瓦、石材等建筑材料制造	303	109830	45989	27388	29202	7251
玻璃制造	304	5012	2962	1040	786	224
玻璃制品制造	305	16923	12130	2494	1672	627
玻璃纤维和玻璃纤维增强塑料制品制造	306	6522	4694	1018	485	325
陶瓷制品制造	307	17158	10559	5057	1274	268
耐火材料制品制造	308	13496	5190	5101	977	2228
石墨及其他非金属矿物制品制造	309	18271	8981	5364	2704	1222
黑色金属冶炼和压延加工业	31	41689	24087	8347	5736	3519
炼铁	311	1709	466	612	447	184
炼钢	312	1080	482	290	198	110
黑色金属铸造	313	17402	9644	4326	1482	1950
钢压延加工	314	18077	12933	2076	2014	1054
铁合金冶炼	315	3421	562	1043	1595	221
有色金属冶炼和压延加工业	32	30976	17561	6891	5031	1493
常用有色金属冶炼	321	5759	1929	1876	1571	383
贵金属冶炼	322	834	218	300	249	67
稀有稀土金属冶炼	323	1194	272	522	311	89
有色金属合金制造	324	4132	2492	911	526	203

2-2 续表 4 单位：个

行业中类	代码	企业单位数	东部地区	中部地区	西部地区	东北地区
有色金属铸造	325	2252	1541	331	257	123
有色金属压延加工	326	16805	11109	2951	2117	628
金属制品业	33	261843	202707	26578	22049	10509
结构性金属制品制造	331	85648	55994	12416	12091	5147
金属工具制造	332	28051	22473	2534	2205	839
集装箱及金属包装容器制造	333	7211	5277	871	613	450
金属丝绳及其制品制造	334	14915	13209	776	661	269
建筑、安全用金属制品制造	335	37730	31238	3056	2343	1093
金属表面处理及热处理加工	336	13162	10731	850	804	777
搪瓷制品制造	337	2367	1950	211	146	60
金属制日用品制造	338	21980	19081	1387	1107	405
其他金属制品制造	339	50779	42754	4477	2079	1469
通用设备制造业	34	288962	220465	31386	18761	18350
锅炉及原动设备制造	341	11626	6864	1929	1353	1480
金属加工机械制造	342	48481	34734	6599	4303	2845
物料搬运设备制造	343	12640	8901	2355	654	730
泵、阀门、压缩机及类似机械制造	344	37888	30813	3331	1258	2486
轴承、齿轮和传动部件制造	345	19286	15481	1766	698	1341
烘炉、风机、衡器、包装等设备制造	346	27936	22458	2584	1545	1349
文化、办公用机械制造	347	3142	2507	324	192	119
通用零部件制造	348	99011	75246	9213	7701	6851
其他通用设备制造业	349	28952	23461	3285	1057	1149
专用设备制造业	35	196449	143976	26667	14923	10883
采矿、冶金、建筑专用设备制造	351	31403	17515	7053	3559	3276
化工、木材、非金属加工专用设备制造	352	56237	47030	4324	2845	2038
食品、饮料、烟草及饲料生产专用设备制造	353	6077	3969	1154	604	350
印刷、制药、日化及日用品生产专用设备制造	354	10636	7939	1440	749	508
纺织、服装和皮革加工专用设备制造	355	12014	10854	768	225	167
电子和电工机械专用设备制造	356	15268	10924	2360	1286	698
农、林、牧、渔专用机械制造	357	12668	6876	2473	2130	1189
医疗仪器设备及器械制造	358	12386	8610	2085	1015	676
环保、社会公共服务及其他专用设备制造	359	39760	30259	5010	2510	1981
汽车制造业	36	74131	47624	14779	7891	3837
汽车整车制造	361	1282	624	335	226	97
改装汽车制造	362	1326	565	404	222	135
低速载货汽车制造	363	110	31	44	21	14
电车制造	364	1017	689	228	83	17
汽车车身、挂车制造	365	1288	783	262	150	93
汽车零部件及配件制造	366	69108	44932	13506	7189	3481
铁路、船舶、航空航天和其他运输设备制造业	37	34104	23399	3764	5305	1636
铁路运输设备制造	371	3617	1770	849	425	573
城市轨道交通设备制造	372	300	169	63	44	24
船舶及相关装置制造	373	10114	7633	1215	483	783
航空、航天器及设备制造	374	1413	609	236	443	125

2-2 续表 5

单位：个

行业中类	代码	企业单位数	东部地区	中部地区	西部地区	东北地区
摩托车制造	375	8158	3957	595	3579	27
自行车制造	376	8244	7417	562	217	48
非公路休闲车及零配件制造	377	951	849	72	20	10
潜水救捞及其他未列明运输设备制造	379	1307	995	172	94	46
电气机械和器材制造业	38	183144	146464	19771	10243	6666
电机制造	381	17601	14189	1763	937	712
输配电及控制设备制造	382	61893	48567	6417	3856	3053
电线、电缆、光缆及电工器材制造	383	25748	18955	3835	1773	1185
电池制造	384	5902	4125	1173	434	170
家用电力器具制造	385	23353	20757	1516	720	360
非电力家用器具制造	386	6333	4465	938	703	227
照明器具制造	387	30761	26942	2340	980	499
其他电气机械及器材制造	389	11553	8464	1789	840	460
计算机、通信和其他电子设备制造业	39	100994	83587	10196	5469	1742
计算机制造	391	9433	7246	1112	874	201
通信设备制造	392	8815	6647	1063	853	252
广播电视设备制造	393	3372	2846	316	152	58
雷达及配套设备制造	394	252	159	45	34	14
视听设备制造	395	5409	4869	352	143	45
电子器件制造	396	15138	12090	1907	782	359
电子元件制造	397	40646	35196	3428	1601	421
其他电子设备制造	399	17929	14534	1973	1030	392
仪器仪表制造业	40	39833	30030	4853	2633	2317
通用仪器仪表制造	401	20780	15417	2566	1270	1527
专用仪器仪表制造	402	6526	4615	1003	514	394
钟表与计时仪器制造	403	2594	2430	70	51	43
光学仪器及眼镜制造	404	6359	5131	695	417	116
其他仪器仪表制造业	409	3574	2437	519	381	237
其他制造业	41	55185	37409	11955	4254	1567
日用杂品制造	411	13885	10895	2262	542	186
煤制品制造	412	3193	935	1169	732	357
其他未列明制造业	419	38107	25579	8524	2980	1024
废弃资源综合利用业	42	13251	6724	3696	2103	728
金属废料和碎屑加工处理	421	6456	3313	1789	1018	336
非金属废料和碎屑加工处理	422	6795	3411	1907	1085	392
金属制品、机械和设备修理业	43	19338	12023	3014	2481	1820
金属制品修理	431	1050	592	199	169	90
通用设备修理	432	2803	1589	526	392	296
专用设备修理	433	2497	1287	505	443	262
铁路、船舶、航空航天等运输设备修理	434	5359	4048	394	291	626
电气设备修理	435	1602	891	310	272	129
仪器仪表修理	436	397	227	60	69	41
其他机械和设备修理业	439	5630	3389	1020	845	376

2-2 续表 6 单位：个

行业中类	代码	企业单位数	东部地区	中部地区	西部地区	东北地区
电力、热力、燃气及水生产和供应业	D	**97243**	**37958**	**25056**	**28123**	**6106**
电力、热力生产和供应业	44	66008	26278	16180	19297	4253
电力生产	441	53158	22049	13648	15898	1563
电力供应	442	5877	1860	1742	1814	461
热力生产和供应	443	6973	2369	790	1585	2229
燃气生产和供应业	45	9112	3124	2496	2778	714
燃气生产和供应业	450	9112	3124	2496	2778	714
水的生产和供应业	46	22123	8556	6380	6048	1139
自来水生产和供应	461	15532	4991	4997	4822	722
污水处理及其再生利用	462	5317	2931	1061	969	356
其他水的处理、利用与分配	469	1274	634	322	257	61
建筑业	E	**754508**	**406732**	**170746**	**129975**	**47055**
房屋建筑业	47	134121	62946	32656	29629	8890
房屋建筑业	470	134121	62946	32656	29629	8890
土木工程建筑业	48	131937	71237	30314	21651	8735
铁路、道路、隧道和桥梁工程建筑	481	51480	26986	12263	8887	3344
水利和内河港口工程建筑	482	9904	5108	2187	1714	895
海洋工程建筑	483	421	396	10	5	10
工矿工程建筑	484	4575	2005	1251	990	329
架线和管道工程建筑	485	13317	7168	2723	2256	1170
其他土木工程建筑	489	52240	29574	11880	7799	2987
建筑安装业	49	126136	74804	25083	16882	9367
电气安装	491	28432	15952	5431	4050	2999
管道和设备安装	492	26529	16802	4262	3229	2236
其他建筑安装业	499	71175	42050	15390	9603	4132
建筑装饰和其他建筑业	50	362314	197745	82693	61813	20063
建筑装饰业	501	264401	146390	56297	46475	15239
工程准备活动	502	25402	14868	5191	3576	1767
提供施工设备服务	503	7599	3159	2343	1630	467
其他未列明建筑业	509	64912	33328	18862	10132	2590
批发和零售业	F	**4981263**	**2915866**	**938775**	**860575**	**266047**
批发业	51	2958876	1918523	459533	413273	167547
农、林、牧产品批发	511	127097	49816	31652	30365	15264
食品、饮料及烟草制品批发	512	283664	168579	47628	50114	17343
纺织、服装及家庭用品批发	513	414231	328626	41597	29804	14204
文化、体育用品及器材批发	514	102040	75552	12566	9992	3930
医药及医疗器材批发	515	84686	47304	17293	14124	5965
矿产品、建材及化工产品批发	516	826228	501107	138162	138093	48866
机械设备、五金产品及电子产品批发	517	709937	483825	99335	89192	37585
贸易经纪与代理	518	120949	79198	18891	14495	8365
其他批发业	519	290044	184516	52409	37094	16025
零售业	52	2022387	997343	479242	447302	98500
综合零售	521	304653	110838	101802	81803	10210
食品、饮料及烟草制品专门零售	522	185960	90263	39786	46977	8934
纺织、服装及日用品专门零售	523	212722	124412	42658	36775	8877

2-2 续表 7

单位：个

行业中类	代码	企业单位数	东部地区	中部地区	西部地区	东北地区
文化、体育用品及器材专门零售	524	110061	62598	22101	20618	4744
医药及医疗器材专门零售	525	165082	83354	34790	32665	14273
汽车、摩托车、燃料及零配件专门零售	526	242195	107154	60524	58652	15865
家用电器及电子产品专门零售	527	248433	123505	57102	56233	11593
五金、家具及室内装饰材料专门零售	528	266607	135992	55750	62149	12716
货摊、无店铺及其他零售业	529	286674	159227	64729	51430	11288
交通运输、仓储和邮政业	**G**	**433099**	**240633**	**89751**	**73885**	**28830**
铁路运输业	53	3577	1364	881	896	436
铁路旅客运输	531	482	165	129	134	54
铁路货物运输	532	1483	558	342	408	175
铁路运输辅助活动	533	1612	641	410	354	207
道路运输业	54	240597	122213	58710	44083	15591
城市公共交通运输	541	12547	4314	3417	3301	1515
公路旅客运输	542	11082	3603	3482	3115	882
道路货物运输	543	201128	107357	47455	34185	12131
道路运输辅助活动	544	15840	6939	4356	3482	1063
水上运输业	55	13397	8418	2919	1513	547
水上旅客运输	551	1443	630	364	337	112
水上货物运输	552	7956	4884	1943	879	250
水上运输辅助活动	553	3998	2904	612	297	185
航空运输业	56	2144	1010	322	620	192
航空客货运输	561	829	418	110	237	64
通用航空服务	562	601	265	94	189	53
航空运输辅助活动	563	714	327	118	194	75
管道运输业	57	446	162	98	157	29
管道运输业	570	446	162	98	157	29
装卸搬运和运输代理业	58	114554	79544	14085	14631	6294
装卸搬运	581	21913	10989	5819	4035	1070
运输代理业	582	92641	68555	8266	10596	5224
仓储业	59	36290	19162	6913	6130	4085
谷物、棉花等农产品仓储	591	10736	3037	3087	2284	2328
其他仓储业	599	25554	16125	3826	3846	1757
邮政业	60	22094	8760	5823	5855	1656
邮政基本服务	601	1807	464	477	726	140
快递服务	602	20287	8296	5346	5129	1516
住宿和餐饮业	**H**	**313412**	**149171**	**62103**	**88240**	**13898**
住宿业	61	98300	45074	19875	27845	5506
旅游饭店	611	31667	13203	6557	10126	1781
一般旅馆	612	55545	27895	10511	14020	3119
其他住宿业	619	11088	3976	2807	3699	606
餐饮业	62	215112	104097	42228	60395	8392
正餐服务	621	164780	76318	32901	49225	6336
快餐服务	622	14222	8645	2698	2161	718
饮料及冷饮服务	623	8565	5205	1221	1846	293

2-2 续表 8

单位：个

行业中类	代码	企业单位数	东部地区	中部地区	西部地区	东北地区
其他餐饮业	629	27545	13929	5408	7163	1045
信息传输、软件和信息技术服务业	**I**	**499749**	**300246**	**98417**	**73790**	**27296**
电信、广播电视和卫星传输服务	63	16558	6528	4214	4057	1759
电信	631	12923	5255	3044	3293	1331
广播电视传输服务	632	3164	1085	996	688	395
卫星传输服务	633	471	188	174	76	33
互联网和相关服务	64	68702	36383	16308	13022	2989
互联网接入及相关服务	641	6941	3291	1668	1567	415
互联网信息服务	642	47054	26232	10579	8376	1867
其他互联网服务	649	14707	6860	4061	3079	707
软件和信息技术服务业	65	414489	257335	77895	56711	22548
软件开发	651	255612	161354	45684	33502	15072
信息系统集成服务	652	33934	20320	7117	5099	1398
信息技术咨询服务	653	68379	41242	13145	10461	3531
数据处理和存储服务	654	7012	4379	1053	1221	359
集成电路设计	655	3420	2598	448	291	83
其他信息技术服务业	659	46132	27442	10448	6137	2105
金融业	**J**	**117173**	**58053**	**23201**	**27658**	**8261**
货币金融服务	66	37077	14545	8080	10752	3700
中央银行服务	661	228	40	89	74	25
货币银行服务	662	13807	5161	3325	4153	1168
非货币银行服务	663	22985	9332	4646	6503	2504
银行监管服务	664	57	12	20	22	3
资本市场服务	67	41263	23917	6918	8452	1976
证券市场服务	671	4251	2823	590	622	216
期货市场服务	672	518	294	95	88	41
证券期货监管服务	673	41	12	14	8	7
资本投资服务	674	29882	17790	4664	6158	1270
其他资本市场服务	679	6571	2998	1555	1576	442
保险业	68	20351	9234	4599	4808	1710
人身保险	681	6223	2384	1653	1617	569
财产保险	682	6806	2423	1761	2056	566
再保险	683	49	23	9	9	8
养老金	684	168	75	39	35	19
保险经纪与代理服务	685	5334	3360	776	793	405
保险监管服务	686	30	6	10	11	3
其他保险活动	689	1741	963	351	287	140
其他金融业	69	18482	10357	3604	3646	875
金融信托与管理服务	691	4297	2117	1049	878	253
控股公司服务	692	1740	881	204	604	51
非金融机构支付服务	693	631	334	115	139	43
金融信息服务	694	4013	2555	701	583	174
其他未列明金融业	699	7801	4470	1535	1442	354

2-2 续表 9

单位：个

行业中类	代码	企 业 单位数	东部地区	中部地区	西部地区	东北地区
房地产业	K	**527149**	**274843**	**113253**	**105386**	**33667**
房地产业	70	527149	274843	113253	105386	33667
房地产开发经营	701	211367	94619	53369	49030	14349
物业管理	702	166276	86364	36792	31382	11738
房地产中介服务	703	107032	65575	16808	18676	5973
自有房地产经营活动	704	23979	17348	2774	3053	804
其他房地产业	709	18495	10937	3510	3245	803
租赁和商务服务业	L	**1641160**	**981432**	**316845**	**262895**	**79988**
租赁业	71	118994	58787	27274	25649	7284
机械设备租赁	711	115283	56663	26580	25053	6987
文化及日用品出租	712	3711	2124	694	596	297
商务服务业	72	1522166	922645	289571	237246	72704
企业管理服务	721	341956	233035	50225	47089	11607
法律服务	722	12839	6827	2599	2661	752
咨询与调查	723	426935	278121	73513	54108	21193
广告业	724	290177	156609	63175	56094	14299
知识产权服务	725	11449	8398	1382	1282	387
人力资源服务	726	80184	38936	18487	17603	5158
旅行社及相关服务	727	58062	27142	11886	14734	4300
安全保护服务	728	12504	5609	3126	3025	744
其他商务服务业	729	288060	167968	65178	40650	14264
科学研究和技术服务业	M	**658760**	**447170**	**103961**	**75278**	**32351**
研究和试验发展	73	100958	74000	13136	6388	7434
自然科学研究和试验发展	731	11042	7668	1873	637	864
工程和技术研究和试验发展	732	64983	50368	7159	2698	4758
农业科学研究和试验发展	733	11207	5925	2284	1942	1056
医学研究和试验发展	734	12516	9286	1579	983	668
社会人文科学研究	735	1210	753	241	128	88
专业技术服务业	74	295499	181332	54346	45189	14632
气象服务	741	1228	449	348	362	69
地震服务	742	459	131	140	155	33
海洋服务	743	645	441	130	26	48
测绘服务	744	9227	3594	2138	2686	809
质检技术服务	745	19840	10688	3510	4031	1611
环境与生态监测	746	5657	2984	1187	1141	345
地质勘查	747	6123	2020	1280	2387	436
工程技术	748	114089	69504	21704	17625	5256
其他专业技术服务业	749	138231	91521	23909	16776	6025
科技推广和应用服务业	75	262303	191838	36479	23701	10285
技术推广服务	751	203828	150289	28570	17843	7126
科技中介服务	752	11077	6201	1967	1892	1017
其他科技推广和应用服务业	759	47398	35348	5942	3966	2142
水利、环境和公共设施管理业	N	**79747**	**40084**	**19054**	**16433**	**4176**
水利管理业	76	6343	2451	1853	1559	480
防洪除涝设施管理	761	712	318	250	112	32

2-2 续表 10

单位：个

行业中类	代码	企业单位数	东部地区	中部地区	西部地区	东北地区
水资源管理	762	1415	541	345	430	99
天然水收集与分配	763	706	272	177	192	65
水文服务	764	392	126	129	101	36
其他水利管理业	769	3118	1194	952	724	248
生态保护和环境治理业	77	10918	5390	2726	2305	497
生态保护	771	1522	553	542	372	55
环境治理业	772	9396	4837	2184	1933	442
公共设施管理业	78	62486	32243	14475	12569	3199
市政设施管理	781	7162	3706	1636	1418	402
环境卫生管理	782	6650	3517	1394	1371	368
城乡市容管理	783	1634	839	373	329	93
绿化管理	784	30251	15906	6813	5943	1589
公园和游览景区管理	785	16789	8275	4259	3508	747
居民服务、修理和其他服务业	**O**	**337057**	**168900**	**76879**	**73942**	**17336**
居民服务业	79	120412	60914	25129	27062	7307
家庭服务	791	25594	12796	5195	6304	1299
托儿所服务	792	606	291	128	150	37
洗染服务	793	4979	2579	819	1346	235
理发及美容服务	794	22690	14477	2931	4444	838
洗浴服务	795	9023	4719	1775	1386	1143
保健服务	796	10571	6665	1728	1857	321
婚姻服务	797	9588	4441	1788	2741	618
殡葬服务	798	4078	1582	920	1105	471
其他居民服务业	799	33283	13364	9845	7729	2345
机动车、电子产品和日用产品修理业	80	115919	59962	21705	27911	6341
汽车、摩托车修理与维护	801	86805	43019	16139	22628	5019
计算机和办公设备维修	802	11721	6647	2126	2353	595
家用电器修理	803	12028	7325	2293	1981	429
其他日用产品修理业	809	5365	2971	1147	949	298
其他服务业	81	100726	48024	30045	18969	3688
清洁服务	811	43629	24795	9398	7835	1601
其他未列明服务业	819	57097	23229	20647	11134	2087
教育	**P**	**77510**	**37319**	**18971**	**17002**	**4218**
教育	82	77510	37319	18971	17002	4218
学前教育	821	9425	3118	3533	1989	785
初等教育	822	1313	586	517	172	38
中等教育	823	1426	461	555	305	105
高等教育	824	301	156	67	50	28
特殊教育	825	444	134	145	114	51
技能培训、教育辅助及其他教育	829	64601	32864	14154	14372	3211
卫生和社会工作	**Q**	**37917**	**16367**	**8907**	**9131**	**3512**
卫生	83	32067	13736	7401	7896	3034
医院	831	13735	4584	3205	4852	1094
社区医疗与卫生院	832	2383	693	904	502	284

2-2 续表 11

单位：个

行业中类	代码	企业单位数	东部地区	中部地区	西部地区	东北地区
门诊部(所)	833	12180	6934	2198	1725	1323
计划生育技术服务活动	834	115	38	58	16	3
妇幼保健院(所、站)	835	178	71	52	42	13
专科疾病防治院(所、站)	836	541	232	129	112	68
疾病预防控制中心	837	164	83	39	21	21
其他卫生活动	839	2771	1101	816	626	228
社会工作	84	5850	2631	1506	1235	478
提供住宿社会工作	841	5040	2174	1343	1082	441
不提供住宿社会工作	842	810	457	163	153	37
文化、体育和娱乐业	**R**	**271218**	**140946**	**56822**	**59998**	**13452**
新闻和出版业	85	5346	2925	1151	882	388
新闻业	851	353	142	119	76	16
出版业	852	4993	2783	1032	806	372
广播、电视、电影和影视录音制作业	86	26515	16004	4726	4718	1067
广播	861	993	494	264	182	53
电视	862	1588	1010	324	189	65
电影和影视节目制作	863	13728	9708	1672	1954	394
电影和影视节目发行	864	1428	887	212	257	72
电影放映	865	7679	3406	2037	1828	408
录音制作	866	1099	499	217	308	75
文化艺术业	87	76361	48574	14070	11105	2612
文艺创作与表演	871	17873	8495	4606	3939	833
艺术表演场馆	872	975	367	304	237	67
图书馆与档案馆	873	639	334	145	123	37
文物及非物质文化遗产保护	874	1342	335	507	450	50
博物馆	875	497	266	99	95	37
烈士陵园、纪念馆	876	85	32	36	12	5
群众文化活动	877	8607	5658	1491	1219	239
其他文化艺术业	879	46343	33087	6882	5030	1344
体育	88	20852	13660	3294	2959	939
体育组织	881	3625	2320	598	544	163
体育场馆	882	1484	912	253	242	77
休闲健身活动	883	12997	8807	1881	1747	562
其他体育	889	2746	1621	562	426	137
娱乐业	89	142144	59783	33581	40334	8446
室内娱乐活动	891	126411	51639	30218	36884	7670
游乐园	892	2739	1214	713	647	165
彩票活动	893	157	80	39	22	16
文化、娱乐、体育经纪代理	894	6788	4337	1139	974	338
其他娱乐业	899	6049	2513	1472	1807	257
公共管理、社会保障和社会组织	**S**	**359**	**155**	**108**	**68**	**28**
社会保障	93	359	155	108	68	28
社会保障	930	359	155	108	68	28

2-3 按行业(大类)、直辖市和省会城市以及

(2016年)

行业大类	代码	企业单位数	北京	天津	石家庄	太原	呼和浩特
总计	--	**6013194**	**669663**	**362508**	**127351**	**113746**	**25842**
农、林、牧、渔业	A	**178785**	**6481**	**2758**	**3000**	**1906**	**1771**
农业	01	85634	3674	1052	1464	818	888
林业	02	14266	826	306	442	383	135
畜牧业	03	43782	1491	701	721	554	636
渔业	04	22630	239	455	24	18	20
农、林、牧、渔服务业	05	12473	251	244	349	133	92
采矿业	B	**9920**	**128**	**144**	**466**	**538**	**156**
煤炭开采和洗选业	06	2060	16	13	102	366	22
石油和天然气开采业	07	166	8	17	1	4	
黑色金属矿采选业	08	786	21	14	159	75	25
有色金属矿采选业	09	585	2	4	4	3	14
非金属矿采选业	10	5511	65	43	178	57	89
开采辅助活动	11	469	12	47	7	23	4
其他采矿业	12	343	4	6	15	10	2
制造业	C	**856250**	**34443**	**57694**	**21240**	**5294**	**1571**
农副食品加工业	13	27759	956	1303	1006	167	171
食品制造业	14	19322	1007	1208	496	231	155
酒、饮料和精制茶制造业	15	8662	390	302	205	65	54
烟草制品业	16	146	1	2	4	1	1
纺织业	17	25141	454	1252	1850	33	52
纺织服装、服饰业	18	48842	2684	1964	707	69	74
皮革、毛皮、羽毛及其制品和制鞋业	19	16512	241	439	1433	14	17
木材加工和木、竹、藤、棕、草制品业	20	17289	848	995	1127	67	14
家具制造业	21	22579	1424	1276	665	107	17
造纸和纸制品业	22	23814	926	1642	385	59	34
印刷和记录媒介复制业	23	27420	1591	1368	488	280	82
文教、工美、体育和娱乐用品制造业	24	27392	751	1911	529	46	18
石油加工和炼焦业	25	2117	199	275	67	34	3
化学原料和化学制品制造业	26	36080	1983	2881	2260	241	86
医药制造业	27	8131	594	470	369	65	49
化学纤维制造业	28	1313	31	62	84	12	1
橡胶和塑料制品业	29	55743	1641	3292	975	161	48
非金属矿物制品业	30	53518	2628	2714	1651	508	253
黑色金属冶炼和压延加工业	31	9680	330	1708	241	131	11
有色金属冶炼和压延加工业	32	7460	236	689	119	91	38

计划单列市分组的企业法人单位数

单位：个

沈阳	长春	哈尔滨	上海	南京	杭州	合肥	福州	南昌	济南	郑州	武汉	长沙	代码
139772	**59594**	**70668**	**432697**	**201410**	**349559**	**165629**	**133444**	**59036**	**126477**	**152416**	**219322**	**124076**	--
2292	**3673**	**1401**	**1696**	**1163**	**4976**	**4771**	**4995**	**2261**	**978**	**2335**	**2393**	**5384**	A
1059	1292	420	909	556	2509	1862	2579	941	482	1236	1008	3132	01
194	171	103	336	217	841	1265	396	183	115	247	386	335	02
676	1260	511	221	109	466	777	554	566	179	460	212	697	03
144	171	57	122	88	819	518	973	310	25	38	369	317	04
219	779	310	108	193	341	349	493	261	177	354	418	903	05
123	**294**	**235**	**1**	**81**	**268**	**113**	**230**	**57**	**124**	**459**	**66**	**346**	B
11	43	11		2	4	2		2	17	238	3	30	06
3	6	2	1	2		2		1	4				07
6	2	11		4	8	25	3		15	11	4	19	08
5	3	5		8	16	27	4	2	4	44	2	16	09
84	212	182		62	233	44	213	39	72	145	43	249	10
8	19	7		2	3	3	1	7	6	12	10	13	11
6	9	17		1	4	10	9	6	6	9	4	19	12
22961	**11109**	**11056**	**83334**	**21413**	**55452**	**16268**	**16972**	**9352**	**14378**	**15317**	**18664**	**14978**	C
1332	1173	1640	603	309	907	782	960	681	450	563	593	741	13
655	402	500	1004	394	763	598	662	390	436	675	464	556	14
309	352	338	198	113	458	154	336	112	151	186	138	237	15
3	11	3	2	2	4	1	2	1	3	2	7	43	16
252	51	157	2299	252	4651	380	1842	340	289	156	384	150	17
480	190	149	6119	1203	5065	758	702	1264	318	247	1092	141	18
212	39	71	1054	204	1238	272	775	79	64	35	82	93	19
564	438	657	2048	273	1080	262	479	160	233	173	311	328	20
760	229	246	3164	375	1056	573	516	179	314	242	359	322	21
462	144	139	3043	328	2483	299	524	157	269	302	415	364	22
676	456	449	2472	785	1426	749	560	363	479	673	711	723	23
454	107	174	1743	665	2417	320	1204	335	288	302	268	310	24
120	50	51	152	34	93	26	25	15	59	47	56	22	25
956	455	455	3408	922	2162	610	556	378	637	1099	749	1840	26
217	207	214	549	270	311	221	111	263	223	270	297	316	27
21	12	11	113	22	250	45	52	4	24	23	9	7	28
1388	514	424	6456	861	3681	897	948	336	511	485	846	492	29
1698	1321	971	3311	1241	2816	1544	1581	747	950	3540	1484	1520	30
334	126	95	579	261	550	166	136	64	200	139	175	157	31
258	56	62	660	223	401	74	73	176	114	377	134	184	32

2-3 续表 1

行业大类	代码	企业单位数	北京	天津	石家庄	太原	呼和浩特
金属制品业	33	83222	3927	8279	1447	507	129
通用设备制造业	34	91028	2922	7217	1745	937	76
专用设备制造业	35	63797	2367	4649	1006	536	61
汽车制造业	36	24885	757	1434	272	38	8
铁路、船舶、航空航天和其他运输设备制造业	37	13494	236	2208	53	46	5
电气机械和器材制造业	38	56843	2036	2878	923	262	57
计算机、通信和其他电子设备制造业	39	42917	1262	1948	260	89	13
仪器仪表制造业	40	16566	1100	982	119	117	6
其他制造业	41	13567	314	1092	541	235	24
废弃资源综合利用业	42	2915	81	439	122	29	5
金属制品、机械和设备修理业	43	8096	526	815	91	116	9
电力、热力、燃气及水生产和供应业	D	**13879**	**670**	**760**	**455**	**337**	**214**
电力、热力生产和供应业	44	8233	455	410	301	221	165
燃气生产和供应业	45	1761	54	136	59	61	16
水的生产和供应业	46	3885	161	214	95	55	33
建筑业	E	**304088**	**20507**	**19760**	**8345**	**8473**	**1274**
房屋建筑业	47	46484	2324	3648	1092	1063	214
土木工程建筑业	48	49572	2351	4308	1865	1079	181
建筑安装业	49	53205	3063	3828	1886	1460	241
建筑装饰和其他建筑业	50	154827	12769	7976	3502	4871	638
批发和零售业	F	**2145988**	**208553**	**119343**	**51510**	**51798**	**10089**
批发业	51	1385063	106381	92603	36099	28282	3296
零售业	52	760925	102172	26740	15411	23516	6793
交通运输、仓储和邮政业	G	**171735**	**14826**	**17754**	**3410**	**1959**	**817**
铁路运输业	53	1798	85	155	15	55	26
道路运输业	54	76254	8078	5268	2466	1311	559
水上运输业	55	4314	34	444	2	3	
航空运输业	56	1352	104	146	13	26	11
管道运输业	57	158	8	26		1	2
装卸搬运和运输代理业	58	64762	4072	8299	569	280	93
仓储业	59	16203	1861	3134	287	208	69
邮政业	60	6894	584	282	58	75	57
住宿和餐饮业	H	**143773**	**17067**	**5466**	**1172**	**2519**	**549**
住宿业	61	39182	4757	962	371	578	203
餐饮业	62	104591	12310	4504	801	1941	346
信息传输、软件和信息技术服务业	I	**306616**	**35875**	**15673**	**4357**	**5368**	**1038**
电信、广播电视和卫星传输服务	63	7125	1182	261	130	117	60

单位：个

沈阳	长春	哈尔滨	上海	南京	杭州	合肥	福州	南昌	济南	郑州	武汉	长沙	代码
1960	736	813	11017	2255	5819	1351	789	584	1298	818	1830	983	33
3785	858	1189	11380	2672	5866	1296	777	470	3108	1221	1747	1419	34
2008	706	736	7162	1931	2698	1274	690	662	1510	1748	1786	1478	35
566	1250	206	2114	548	1653	707	306	347	516	293	1046	501	36
233	134	88	715	413	551	65	163	63	121	98	247	94	37
1888	449	521	5227	1545	3633	1444	706	446	601	793	1237	734	38
431	173	138	2211	1228	1793	639	477	259	264	315	810	513	39
413	150	200	1764	753	915	311	193	91	338	218	597	314	40
206	198	185	1662	1021	327	194	579	300	426	117	427	207	41
62	61	43	216	101	201	87	69	34	29	50	93	79	42
258	61	131	889	209	184	169	179	52	155	110	270	110	43
469	**340**	**382**	**197**	**242**	**614**	**432**	**664**	**156**	**298**	**229**	**239**	**346**	D
347	216	244	66	86	383	214	480	72	165	92	95	195	44
48	62	55	25	43	63	51	29	27	62	39	34	46	45
74	62	83	106	113	168	167	155	57	71	98	110	105	46
9014	**3362**	**4154**	**17532**	**13787**	**15345**	**12816**	**6860**	**4900**	**7621**	**10239**	**18855**	**6079**	E
1008	625	717	1981	1820	1879	1309	1577	1089	1061	1338	2909	925	47
1832	676	683	2515	2556	3054	2203	1021	753	1206	1657	3239	1028	48
2197	862	814	3817	2950	2009	2129	651	884	1335	1289	3286	1027	49
3977	1199	1940	9219	6461	8403	7175	3611	2174	4019	5955	9421	3099	50
52274	**21116**	**24378**	**159315**	**67095**	**121455**	**58558**	**49993**	**19201**	**55279**	**61152**	**75827**	**39938**	F
37225	9401	14835	121920	39978	78665	29260	38850	13629	40314	34888	41085	24326	51
15049	11715	9543	37395	27117	42790	29298	11143	5572	14965	26264	34742	15612	52
4330	**2022**	**2523**	**16460**	**5235**	**5904**	**3637**	**3413**	**1371**	**2400**	**2869**	**6747**	**2610**	G
34	54	67	13	36	8	25	32	22	28	47	82	23	53
3019	1048	1541	4054	3076	3988	2447	1430	799	1655	1529	3287	1497	54
7	5	24	310	261	86	83	666	40	23	15	182	59	55
43	24	52	52	28	37	23	26	11	23	49	35	32	56
3	1	3	7	4	2			4	11	4	9	4	57
537	263	382	8968	1361	1100	662	862	262	422	632	2326	597	58
472	544	293	2089	363	299	255	232	160	150	399	549	193	59
215	83	161	967	106	384	142	165	73	88	194	277	205	60
1736	**1012**	**1285**	**13679**	**4127**	**6838**	**3892**	**2782**	**1037**	**2160**	**2446**	**4324**	**2259**	H
615	443	546	3526	894	2164	731	982	369	424	899	1092	670	61
1121	569	739	10153	3233	4674	3161	1800	668	1736	1547	3232	1589	62
8015	**2001**	**3683**	**16375**	**16576**	**30487**	**11473**	**6800**	**3543**	**7426**	**8970**	**15475**	**8619**	I
573	142	159	242	245	295	219	127	74	121	143	216	236	63

2-3 续表 2

行业大类	代码	企业单位数	北京	天津	石家庄	太原	呼和浩特
互联网和相关服务	64	30165	3252	1452	381	556	149
软件和信息技术服务业	65	269326	31441	13960	3846	4695	829
金融业	J	**49533**	**4936**	**4833**	**1315**	**709**	**375**
货币金融服务	66	12696	792	1711	189	262	164
资本市场服务	67	20742	2671	1424	698	144	65
保险业	68	6320	662	265	200	138	102
其他金融业	69	9775	811	1433	228	165	44
房地产业	K	**212903**	**18897**	**10346**	**5548**	**4281**	**1160**
房地产业	70	212903	18897	10346	5548	4281	1160
租赁和商务服务业	L	**882479**	**143086**	**46705**	**15132**	**15396**	**3931**
租赁业	71	53100	5865	5150	1198	1127	373
商务服务业	72	829379	137221	41555	13934	14269	3558
科学研究和技术服务业	M	**397271**	**106180**	**40602**	**6066**	**4752**	**1284**
研究和试验发展	73	53122	3838	1896	1521	577	92
专业技术服务业	74	167399	24306	10095	2644	2606	862
科技推广和应用服务业	75	176750	78036	28611	1901	1569	330
水利、环境和公共设施管理业	N	**26909**	**3372**	**1557**	**641**	**538**	**169**
水利管理业	76	2010	90	118	43	66	30
生态保护和环境治理业	77	4098	334	168	96	159	25
公共设施管理业	78	20801	2948	1271	502	313	114
居民服务、修理和其他服务业	O	**149206**	**19086**	**10422**	**2554**	**6981**	**790**
居民服务业	79	57875	8552	3639	1019	1010	235
机动车、电子产品和日用产品修理业	80	48447	6071	2540	684	724	208
其他服务业	81	42884	4463	4243	851	5247	347
教育	P	**32580**	**5715**	**1098**	**254**	**422**	**209**
教育	82	32580	5715	1098	254	422	209
卫生和社会工作	Q	**16046**	**1990**	**750**	**176**	**426**	**70**
卫生	83	14088	1868	653	147	379	60
社会工作	84	1958	122	97	29	47	10
文化、体育和娱乐业	R	**115142**	**27850**	**6825**	**1708**	**2043**	**375**
新闻和出版业	85	4079	1325	110	59	120	24
广播、电视、电影和影视录音制作业	86	12402	3055	767	491	219	54
文化艺术业	87	45099	17219	3798	370	905	156
体育	88	11237	2414	553	124	180	49
娱乐业	89	42325	3837	1597	664	619	92
公共管理、社会保障和社会组织	S	**91**	**1**	**18**	**2**	**6**	
社会保障	93	91	1	18	2	6	

单位：个

沈阳	长春	哈尔滨	上海	南京	杭州	合肥	福州	南昌	济南	郑州	武汉	长沙	代码
633	217	320	1318	2058	1657	1432	776	388	578	759	874	1116	64
6809	1642	3204	14815	14273	28535	9822	5897	3081	6727	8068	14385	7267	65
1068	**429**	**1061**	**2466**	**974**	**2224**	**1483**	**933**	**625**	**884**	**942**	**1532**	**1088**	J
285	255	345	705	206	282	379	158	156	220	231	408	220	66
459	36	423	853	349	1029	629	330	263	238	218	684	517	67
162	97	154	386	218	199	201	125	77	279	214	208	137	68
162	41	139	522	201	714	274	320	129	147	279	232	214	69
5397	**2226**	**3029**	**17174**	**5928**	**10000**	**5428**	**3654**	**2459**	**4156**	**7962**	**10338**	**4435**	K
5397	2226	3029	17174	5928	10000	5428	3654	2459	4156	7962	10338	4435	70
17677	**5948**	**9441**	**60136**	**32658**	**57093**	**27704**	**22151**	**9125**	**17192**	**25179**	**42274**	**21321**	L
1381	655	925	2449	1942	2446	2070	1120	689	1085	1501	1947	1404	71
16296	5293	8516	57687	30716	54647	25634	21031	8436	16107	23678	40327	19917	72
7632	**2414**	**4386**	**22322**	**18697**	**24652**	**9399**	**7412**	**1952**	**8273**	**7415**	**12663**	**9122**	M
2585	371	572	2166	5031	2399	1535	2778	175	1843	572	2371	2979	73
3050	1265	1834	14088	9995	10730	5904	2961	1232	3262	4277	7483	3809	74
1997	778	1980	6068	3671	11523	1960	1673	545	3168	2566	2809	2334	75
501	**292**	**378**	**1531**	**788**	**1413**	**1190**	**519**	**281**	**420**	**791**	**907**	**775**	N
65	44	38	86	62	58	104	39	26	37	85	97	81	76
86	36	37	155	124	180	145	140	39	53	127	147	166	77
350	212	303	1290	602	1175	941	340	216	330	579	663	528	78
2594	**2029**	**1580**	**12161**	**5201**	**5440**	**4241**	**3120**	**1381**	**2156**	**2938**	**4399**	**2863**	O
925	785	701	6084	1501	2220	1505	1242	350	756	1001	1565	1035	79
1036	612	465	3996	1728	2242	1401	1110	391	822	944	1443	682	80
633	632	414	2081	1972	978	1335	768	640	578	993	1391	1146	81
705	**318**	**370**	**775**	**1638**	**1473**	**1253**	**506**	**385**	**652**	**706**	**1355**	**819**	P
705	318	370	775	1638	1473	1253	506	385	652	706	1355	819	82
572	**198**	**250**	**1011**	**472**	**826**	**282**	**364**	**119**	**236**	**221**	**780**	**398**	Q
517	171	210	962	355	724	221	324	111	186	173	717	345	83
55	27	40	49	117	102	61	40	8	50	48	63	53	84
2411	**810**	**1075**	**6528**	**5332**	**5097**	**2689**	**2075**	**831**	**1837**	**2240**	**2479**	**2695**	R
123	96	76	170	143	96	107	66	59	74	147	145	91	85
241	87	133	606	430	754	264	221	119	171	250	295	277	86
956	119	361	1451	2910	1138	610	729	239	865	694	739	920	87
224	36	109	1003	355	691	188	252	86	163	134	332	281	88
867	472	396	3298	1494	2418	1520	807	328	564	1015	968	1126	89
1	**1**	**1**	**4**	**3**	**2**		**1**		**7**	**6**	**5**	**1**	S
1	1	1	4	3	2		1		7	6	5	1	93

2-3 续表 3

行业大类	代码	广州	南宁	海口	重庆	成都	贵阳
总计	--	**246263**	**77919**	**34012**	**460825**	**119012**	**53604**
农、林、牧、渔业	A	**1213**	**5310**	**1056**	**79952**	**4985**	**3307**
农业	01	761	1680	578	38514	3068	1883
林业	02	127	343	69	2789	493	348
畜牧业	03	95	1932	207	21938	759	818
渔业	04	132	1087	101	13386	180	125
农、林、牧、渔服务业	05	98	268	101	3325	485	133
采矿业	B	**35**	**215**	**34**	**2734**	**120**	**357**
煤炭开采和洗选业	06		2	1	890	5	59
石油和天然气开采业	07	2		1	50	13	
黑色金属矿采选业	08		20	4	106	3	7
有色金属矿采选业	09	7	13	4	40	6	54
非金属矿采选业	10	23	169	19	1527	63	215
开采辅助活动	11		1	1	75	23	12
其他采矿业	12	3	10	4	46	7	10
制造业	C	**43332**	**5667**	**1614**	**60240**	**20418**	**4656**
农副食品加工业	13	618	528	114	4016	966	221
食品制造业	14	796	475	99	1746	1021	211
酒、饮料和精制茶制造业	15	195	281	43	1296	739	162
烟草制品业	16	2	5	1	14	3	3
纺织业	17	1062	73	9	2288	275	55
纺织服装、服饰业	18	5800	106	74	2265	541	55
皮革、毛皮、羽毛及其制品和制鞋业	19	4118	62	2	1352	592	14
木材加工和木、竹、藤、棕、草制品业	20	487	483	43	2094	384	99
家具制造业	21	1131	171	78	2629	1217	122
造纸和纸制品业	22	1583	254	41	999	503	92
印刷和记录媒介复制业	23	1491	323	202	1424	760	203
文教、工美、体育和娱乐用品制造业	24	2255	119	60	1320	221	101
石油加工和炼焦业	25	71	19	4	100	56	6
化学原料和化学制品制造业	26	2698	382	62	1766	901	274
医药制造业	27	296	133	112	480	434	122
化学纤维制造业	28	38	2	6	24	28	1
橡胶和塑料制品业	29	2854	267	63	2222	1043	260
非金属矿物制品业	30	1110	626	172	6406	1853	1005
黑色金属冶炼和压延加工业	31	211	40	6	745	243	74
有色金属冶炼和压延加工业	32	215	25	13	580	186	63

单位：个

昆明	拉萨	西安	兰州	西宁	银川	乌鲁木齐	大连	宁波	厦门	青岛	深圳	代码
136920	**4702**	**113161**	**39588**	**22535**	**26460**	**59800**	**144514**	**215858**	**138978**	**278365**	**307468**	--
6256	**60**	**2844**	**3139**	**2097**	**1211**	**586**	**4474**	**2820**	**1782**	**3294**	**165**	A
3523	29	1299	931	940	525	167	1650	1691	965	1466	83	01
916	14	424	223	346	95	56	492	253	110	280	7	02
1491	11	859	1843	726	406	270	626	304	330	365	11	03
131	1	59	44	16	67	12	1020	453	252	823	34	04
195	5	203	98	69	118	81	686	119	125	360	30	05
926	**88**	**257**	**206**	**276**	**95**	**192**	**223**	**107**	**22**	**165**	**39**	B
56	1	7	28	17	15	79	4			5	9	06
6		25		1	4	3	5	1		1	3	07
152	11	12	5	14		4	10	2	1	33		08
171	38	23	2	28	2	13	11		1	7	2	09
485	36	79	165	179	64	56	178	103	20	105	15	10
17		87	2	11	10	21	7	1		8	9	11
39	2	24	4	26		16	8			6	1	12
7989	**469**	**14892**	**4186**	**2238**	**2505**	**3508**	**24176**	**83106**	**21579**	**52701**	**71478**	C
582	62	474	465	188	231	116	1623	742	350	1934	192	13
525	34	473	155	110	162	107	646	406	488	995	277	14
262	35	146	56	46	85	68	234	267	125	427	97	15
7		2	5			1	1	1	1	5	2	16
92	14	158	34	25	95	63	424	2763	556	1630	681	17
118	12	140	44	35	33	73	1829	5180	1983	4457	2871	18
44	5	34	19	20	35	14	160	682	490	1298	1209	19
212	5	212	60	28	57	43	745	662	354	960	304	20
275	27	435	107	34	81	92	347	932	578	1245	1254	21
224	8	336	47	16	39	83	425	2047	909	1485	2748	22
376	18	561	335	71	107	182	441	2039	724	1645	2187	23
177	53	215	73	112	24	37	248	3478	1039	3056	2962	24
24		52	49	7	23	49	102	96	27	60	44	25
509	31	729	276	104	134	274	1037	1395	734	1844	1252	26
167	23	365	57	73	36	59	123	135	119	199	182	27
7		26	4	3	5	8	25	207	31	77	38	28
506	4	492	248	71	124	369	1198	9212	2239	3861	6754	29
1096	93	1363	775	391	295	472	1336	1668	870	2395	1114	30
128	2	245	118	64	51	94	689	962	97	369	139	31
173		194	51	78	33	18	124	926	115	265	436	32

2-3 续表 4

行业大类	代码	广州	南宁	海口	重庆	成都	贵阳
金属制品业	33	3098	350	109	5571	1645	352
通用设备制造业	34	2382	166	30	4217	1929	357
专用设备制造业	35	2232	236	64	3378	1547	228
汽车制造业	36	886	52	47	4353	629	81
铁路、船舶、航空航天和其他运输设备制造业	37	421	42	20	3798	221	23
电气机械和器材制造业	38	2575	188	63	1838	1097	223
计算机、通信和其他电子设备制造业	39	3214	121	28	1418	687	69
仪器仪表制造业	40	609	36	13	754	309	55
其他制造业	41	265	50	12	538	200	62
废弃资源综合利用业	42	75	15	3	229	80	15
金属制品、机械和设备修理业	43	544	37	21	380	108	48
电力、热力、燃气及水生产和供应业	D	**275**	**184**	**75**	**2401**	**687**	**115**
电力、热力生产和供应业	44	108	105	33	1444	392	56
燃气生产和供应业	45	39	22	10	270	108	21
水的生产和供应业	46	128	57	32	687	187	38
建筑业	E	**8161**	**3723**	**3422**	**15052**	**6948**	**2795**
房屋建筑业	47	998	569	335	3701	1696	388
土木工程建筑业	48	1001	558	490	1289	1062	380
建筑安装业	49	2089	563	506	1610	1063	437
建筑装饰和其他建筑业	50	4073	2033	2091	8452	3127	1590
批发和零售业	F	**89970**	**32213**	**12069**	**147948**	**33428**	**21829**
批发业	51	68890	19205	7045	57642	19084	11258
零售业	52	21080	13008	5024	90306	14344	10571
交通运输、仓储和邮政业	G	**8195**	**2013**	**732**	**9197**	**4278**	**1119**
铁路运输业	53	28	8	9	88	93	21
道路运输业	54	2820	1310	283	5363	2469	613
水上运输业	55	269	54	53	447	17	10
航空运输业	56	25	15	19	62	60	9
管道运输业	57	4		1	12	4	8
装卸搬运和运输代理业	58	4377	383	256	2136	1150	214
仓储业	59	464	146	57	598	309	149
邮政业	60	208	97	54	491	176	95
住宿和餐饮业	H	**6632**	**1405**	**820**	**26190**	**4896**	**1930**
住宿业	61	2176	516	300	4302	1692	619
餐饮业	62	4456	889	520	21888	3204	1311
信息传输、软件和信息技术服务业	I	**12858**	**3045**	**1373**	**15523**	**6194**	**1807**
电信、广播电视和卫星传输服务	63	376	76	66	507	123	62

单位：个

昆明	拉萨	西安	兰州	西宁	银川	乌鲁木齐	大连	宁波	厦门	青岛	深圳	代码
712	20	1045	356	313	283	472	1960	7951	2296	5832	6315	33
440	1	1927	245	123	150	183	5161	13277	1422	6833	3500	34
340	2	1524	228	78	126	246	1631	6241	1940	4469	6279	35
116		185	23	11	12	31	313	4215	256	792	321	36
16		328	15	7	8	16	726	971	94	961	294	37
369	10	1430	147	104	114	224	929	10418	1348	1845	8541	38
53	1	840	43	15	8	20	311	3650	1215	1022	17379	39
136		583	45	12	25	28	403	1517	436	454	2570	40
178	3	150	36	48	67	19	186	577	552	1469	1100	41
52	4	54	26	18	30	13	106	230	23	112	29	42
73	2	174	44	33	32	34	693	259	168	705	407	43
362	**38**	**344**	**158**	**151**	**199**	**183**	**383**	**536**	**113**	**447**	**184**	D
191	31	205	118	121	143	154	247	293	67	250	68	44
68	2	45	17	10	27	11	56	54	9	59	23	45
103	5	94	23	20	29	18	80	189	37	138	93	46
10096	**339**	**10081**	**1847**	**1781**	**1749**	**2337**	**9739**	**7500**	**6063**	**17789**	**5743**	E
1520	193	1881	341	396	458	360	1275	1053	733	3379	629	47
1664	69	1996	347	410	411	470	1290	1318	847	3054	709	48
1557	33	1780	405	238	210	534	1873	1255	1003	3428	893	49
5355	44	4424	754	737	670	973	5301	3874	3480	7928	3512	50
56627	**1551**	**42163**	**15734**	**7684**	**11066**	**29551**	**49834**	**62734**	**56669**	**110184**	**117860**	F
36340	579	23449	10167	3952	6078	22070	39367	49861	44271	87414	87354	51
20287	972	18714	5567	3732	4988	7481	10467	12873	12398	22770	30506	52
3035	**146**	**2311**	**852**	**457**	**682**	**2020**	**5516**	**5747**	**4326**	**10928**	**11894**	G
37	3	26	41	14	10	61	60	9	22	349	112	53
1480	95	1254	377	256	429	767	1744	2266	1212	3426	3038	54
9		3	4	1	3	2	267	244	187	260	240	55
62	5	64	21	6	7	39	36	7	27	47	106	56
3		8	1		1	9	8		1	4	5	57
1040	19	537	191	116	109	919	2809	2776	2513	6009	7521	58
191	5	315	163	36	37	147	409	302	219	716	383	59
213	19	104	54	28	86	76	183	143	145	117	489	60
3198	**313**	**3599**	**1318**	**651**	**686**	**635**	**2597**	**2890**	**2865**	**3964**	**4834**	H
1032	202	1380	415	297	246	311	921	1074	987	1021	1465	61
2166	111	2219	903	354	440	324	1676	1816	1878	2943	3369	62
7757	**83**	**5526**	**1159**	**709**	**897**	**2401**	**7002**	**5867**	**7785**	**9069**	**15807**	I
171	28	231	51	35	45	95	183	71	95	159	209	63

2-3 续表 5

行业大类	代码	广州	南宁	海口	重庆	成都	贵阳
互联网和相关服务	64	1157	268	291	2623	480	258
软件和信息技术服务业	65	11325	2701	1016	12393	5591	1487
金融业	J	**1328**	**288**	**303**	**3447**	**1199**	**594**
货币金融服务	66	315	168	107	1060	384	191
资本市场服务	67	608	24	86	1487	382	222
保险业	68	246	68	60	492	237	56
其他金融业	69	159	28	50	408	196	125
房地产业	K	**13312**	**3285**	**3186**	**13540**	**6383**	**2631**
房地产业	70	13312	3285	3186	13540	6383	2631
租赁和商务服务业	L	**34986**	**13192**	**5462**	**42854**	**14839**	**6809**
租赁业	71	1242	658	447	4598	1042	570
商务服务业	72	33744	12534	5015	38256	13797	6239
科学研究和技术服务业	M	**14242**	**3910**	**1556**	**10271**	**4710**	**1791**
研究和试验发展	73	3910	353	122	716	766	138
专业技术服务业	74	7795	1568	1043	6950	2616	1268
科技推广和应用服务业	75	2537	1989	391	2605	1328	385
水利、环境和公共设施管理业	N	**824**	**224**	**195**	**2283**	**724**	**258**
水利管理业	76	42	22	14	183	52	38
生态保护和环境治理业	77	197	44	29	500	108	42
公共设施管理业	78	585	158	152	1600	564	178
居民服务、修理和其他服务业	O	**5302**	**1856**	**858**	**14914**	**3239**	**2299**
居民服务业	79	1903	441	247	7864	1157	995
机动车、电子产品和日用产品修理业	80	2270	747	396	4473	1528	813
其他服务业	81	1129	668	215	2577	554	491
教育	P	**1231**	**301**	**333**	**3230**	**1337**	**401**
教育	82	1231	301	333	3230	1337	401
卫生和社会工作	Q	**484**	**101**	**110**	**1511**	**925**	**196**
卫生	83	403	88	90	1172	827	174
社会工作	84	81	13	20	339	98	22
文化、体育和娱乐业	R	**3882**	**987**	**814**	**9538**	**3698**	**709**
新闻和出版业	85	184	25	50	132	81	40
广播、电视、电影和影视录音制作业	86	462	141	126	578	206	70
文化艺术业	87	928	186	127	3007	522	107
体育	88	839	84	120	606	281	75
娱乐业	89	1469	551	391	5215	2608	417
公共管理、社会保障和社会组织	S	**1**				**4**	**1**
社会保障	93	1				4	1

单位：个

昆明	拉萨	西安	兰州	西宁	银川	乌鲁木齐	大连	宁波	厦门	青岛	深圳	代码
557	4	765	278	125	177	301	486	301	1694	1157	1327	64
7029	51	4530	830	549	675	2005	6333	5495	5996	7753	14271	65
1620	**29**	**772**	**455**	**210**	**473**	**1317**	**1013**	**927**	**1238**	**1981**	**4462**	J
624	13	186	205	117	168	286	330	292	184	350	748	66
568	5	331	126	44	208	501	408	371	585	1113	2643	67
191	8	159	66	19	41	73	118	102	75	250	235	68
237	3	96	58	30	56	457	157	162	394	268	836	69
4471	**165**	**6891**	**1955**	**1230**	**987**	**2476**	**6091**	**4239**	**3977**	**6748**	**8918**	K
4471	165	6891	1955	1230	987	2476	6091	4239	3977	6748	8918	70
20123	**898**	**12237**	**4156**	**2828**	**3142**	**8181**	**20040**	**25046**	**19507**	**35356**	**40674**	L
1192	61	961	293	344	321	541	1374	1172	1246	2260	1451	71
18931	837	11276	3863	2484	2821	7640	18666	23874	18261	33096	39223	72
6397	**185**	**4767**	**1589**	**957**	**853**	**3278**	**6144**	**6887**	**6132**	**13599**	**14780**	M
835	36	470	139	79	68	209	1322	2030	1271	4901	2456	73
2728	130	3289	1226	706	569	2011	2844	3251	3220	5392	10390	74
2834	19	1008	224	172	216	1058	1978	1606	1641	3306	1934	75
614	**10**	**862**	**188**	**158**	**235**	**303**	**775**	**803**	**540**	**1300**	**550**	N
54	3	80	23	17	19	41	90	24	23	64	52	76
105	1	99	24	29	24	37	88	136	146	153	119	77
455	6	683	141	112	192	225	597	643	371	1083	379	78
4150	**109**	**2809**	**1087**	**508**	**752**	**1503**	**3171**	**2618**	**3191**	**5999**	**4905**	O
1236	37	913	415	213	234	395	1488	1034	1307	2002	1869	79
1216	62	1181	517	223	310	646	1017	1003	1438	1559	1949	80
1698	10	715	155	72	208	462	666	581	446	2438	1087	81
520	**24**	**451**	**367**	**78**	**172**	**264**	**728**	**417**	**930**	**1171**	**1972**	P
520	24	451	367	78	172	264	728	417	930	1171	1972	82
306	**31**	**282**	**155**	**64**	**91**	**149**	**814**	**331**	**165**	**537**	**653**	Q
287	30	259	141	59	76	129	738	279	144	443	626	83
19	1	23	14	5	15	20	76	52	21	94	27	84
2470	**164**	**2067**	**1037**	**457**	**665**	**914**	**1791**	**3282**	**2094**	**3124**	**2549**	R
54	2	130	48	11	34	33	28	13	36	79	68	85
237	8	382	115	61	138	101	140	292	242	294	375	86
782	26	522	363	77	81	192	359	988	877	1094	682	87
168	1	151	34	48	40	52	236	339	348	292	349	88
1229	127	882	477	260	372	536	1028	1650	591	1365	1075	89
3		**6**		**1**		**2**	**3**	**1**		**9**	**1**	S
3		6		1		2	3	1		9	1	93

2-4 按行业(中类)、登记注册类型

(2016年)

行业中类	代码	企业单位数	内资企业	国有企业	集体企业	股份合作企业
总计	--	**14618448**	**14378293**	**132373**	**141442**	**67654**
农、林、牧、渔业	A	**675005**	**673056**	**5103**	**3905**	**2132**
农业	01	305231	304198	1548	1355	997
谷物种植	011	48086	48013	566	213	102
豆类、油料和薯类种植	012	9199	9182	69	18	44
棉、麻、糖、烟草种植	013	5008	5001	159	40	21
蔬菜、食用菌及园艺作物种植	014	104751	104198	241	448	389
水果种植	015	63434	63216	219	357	203
坚果、含油果、香料和饮料作物种植	016	20241	20183	111	108	48
中药材种植	017	26357	26318	26	31	81
其他农业	019	28155	28087	157	140	109
林业	02	60701	60471	1747	844	245
林木育种和育苗	021	46661	46506	542	343	186
造林和更新	022	7851	7804	253	169	29
森林经营和管护	023	4114	4094	649	258	20
木材和竹材采运	024	1117	1112	201	49	3
林产品采集	025	958	955	102	25	7
畜牧业	03	190702	190367	502	450	478
牲畜饲养	031	129388	129163	358	301	313
家禽饲养	032	44690	44617	75	102	125
狩猎和捕捉动物	033	954	954	3		2
其他畜牧业	039	15670	15633	66	47	38
渔业	04	57175	56976	350	484	142
水产养殖	041	54686	54494	314	442	132
水产捕捞	042	2489	2482	36	42	10
农、林、牧、渔服务业	05	61196	61044	956	772	270
农业服务业	051	47828	47716	576	613	210
林业服务业	052	4845	4834	222	66	23
畜牧服务业	053	5462	5448	86	31	20
渔业服务业	054	3061	3046	72	62	17
采矿业	B	**104007**	**103467**	**1339**	**2715**	**752**
煤炭开采和洗选业	06	20777	20700	610	802	202
烟煤和无烟煤开采洗选	061	18669	18604	563	760	180
褐煤开采洗选	062	623	615	18	24	7
其他煤炭采选	069	1485	1481	29	18	15
石油和天然气开采业	07	762	736	52	2	8
石油开采	071	468	453	34	1	2
天然气开采	072	294	283	18	1	6
黑色金属矿采选业	08	15487	15410	107	371	102
铁矿采选	081	13736	13672	85	338	87
锰矿、铬矿采选	082	983	975	10	27	6
其他黑色金属矿采选	089	768	763	12	6	9
有色金属矿采选业	09	11303	11186	171	323	91

分组的企业法人单位数

单位：个

国有联营企业	集体联营企业	国有与集体联营	其他联营	国有独资公司	其他有限责任公司	股份有限公司	私营独资	私营合伙	代码
2181	**6489**	**1514**	**9910**	**36668**	**2495755**	**174881**	**2358211**	**291175**	--
102	**350**	**39**	**325**	**432**	**59339**	**4653**	**236705**	**14445**	A
52	136	9	136	169	28281	2014	99765	5962	01
35	18	4	20	40	3270	229	14025	738	011
	2		6	8	890	55	2247	197	012
	4		1	5	264	23	2412	101	013
8	35	1	50	57	11439	807	31398	2090	014
4	20	1	25	16	4397	327	28019	1267	015
1	10		9	10	1860	112	7514	510	016
	10	1	11	5	2641	185	8705	506	017
4	37	2	14	28	3520	276	5445	553	019
20	55	15	35	64	7156	596	16803	1548	02
5	17	4	23	35	5659	410	12700	1106	021
5	11	2	5	11	920	107	2632	246	022
7	18	6	4	14	378	42	1042	148	023
3	8	1	1	1	88	25	223	29	024
	1	2	2	3	111	12	206	19	025
11	69	7	84	48	12972	1052	82109	4056	03
7	46	5	58	40	8938	759	53961	2795	031
	17	2	21	8	2875	217	20620	950	032
			1		64	4	484	28	033
4	6		4		1095	72	7044	283	039
8	24	3	23	28	4011	360	26809	1543	04
7	23	3	21	23	3775	326	25861	1499	041
1	1		2	5	236	34	948	44	042
11	66	5	47	123	6919	631	11219	1336	05
9	47	5	36	97	5512	486	8081	993	051
1	10		6	13	669	63	865	124	052
	8		5	7	442	45	1378	127	053
1	1			6	296	37	895	92	054
41	**143**	**13**	**118**	**496**	**17144**	**1818**	**30547**	**7813**	B
15	33	2	23	227	4684	429	4091	1670	06
15	30	1	20	202	4232	391	3667	1554	061
	1	1	3	19	182	19	105	22	062
	2			6	270	19	319	94	069
	11			15	264	52	70	5	07
				9	169	37	35	1	071
	11			6	95	15	35	4	072
2	13	4	14	65	2413	264	4112	953	08
2	13	3	12	53	2137	223	3705	841	081
		1	2	8	130	20	238	63	082
				4	146	21	169	49	089
8	17	3	17	53	2493	325	2304	604	09

2-4 续表 1

行业中类	代码	企业单位数	内资企业	国有企业	集体企业	股份合作企业
常用有色金属矿采选	091	7822	7736	99	143	63
贵金属矿采选	092	2221	2200	52	164	22
稀有稀土金属矿采选	093	1260	1250	20	16	6
非金属矿采选业	10	48646	48431	270	1174	315
土砂石开采	101	41282	41126	169	845	278
化学矿开采	102	1720	1713	13	72	9
采盐	103	528	525	47	158	4
石棉及其他非金属矿采选	109	5116	5067	41	99	24
开采辅助活动	11	3921	3899	106	25	18
煤炭开采和洗选辅助活动	111	653	649	36	6	4
石油和天然气开采辅助活动	112	2480	2464	59	15	8
其他开采辅助活动	119	788	786	11	4	6
其他采矿业	12	3111	3105	23	18	16
其他采矿业	120	3111	3105	23	18	16
制造业	**C**	**3012112**	**2888445**	**11575**	**32800**	**19265**
农副食品加工业	13	132114	128628	1559	1185	583
谷物磨制	131	26833	26658	275	145	74
饲料加工	132	15393	14861	86	84	86
植物油加工	133	11857	11651	85	116	34
制糖业	134	978	939	30	3	2
屠宰及肉类加工	135	22325	21930	857	465	128
水产品加工	136	12092	11257	77	158	129
蔬菜、水果和坚果加工	137	18650	17787	47	64	45
其他农副食品加工	139	23986	23545	102	150	85
食品制造业	14	70642	67991	411	480	313
焙烤食品制造	141	18369	17778	75	103	77
糖果、巧克力及蜜饯制造	142	6037	5793	23	46	36
方便食品制造	143	12261	11867	71	67	35
乳制品制造	144	1970	1837	30	14	17
罐头食品制造	145	3765	3545	27	33	17
调味品、发酵制品制造	146	8903	8593	69	101	52
其他食品制造	149	19337	18578	116	116	79
酒、饮料和精制茶制造业	15	51350	49911	405	779	298
酒的制造	151	18389	17952	150	226	126
饮料制造	152	18257	17400	132	192	99
精制茶加工	153	14704	14559	123	361	73
烟草制品业	16	429	425	56	21	4
烟叶复烤	161	190	188	23	3	1
卷烟制造	162	109	109	27	4	
其他烟草制品制造	169	130	128	6	14	3
纺织业	17	144411	138408	397	1001	554
棉纺织及印染精加工	171	53012	50952	167	378	180
毛纺织及染整精加工	172	8604	8217	38	87	44
麻纺织及染整精加工	173	1577	1509	24	19	14

单位：个

国有联营企　　业	集体联营企　　业	国 有 与集体联营	其他联营	国有独资公　　司	其他有限责任公司	股份有限公　　司	私营独资	私营合伙	代码
5	13	3	11	26	1634	213	1729	406	091
2	3		2	18	509	67	394	105	092
1	1		4	9	350	45	181	93	093
10	65	4	60	112	5298	604	18820	4335	10
6	56	4	47	72	4067	449	16983	3954	101
2	4		8	8	352	36	379	91	102
1	1			17	104	17	37	18	103
1	4		5	15	775	102	1421	272	109
6	3		3	23	1356	75	499	110	11
3				5	137	22	112	29	111
2	3		1	17	1048	39	206	37	112
1			2	1	171	14	181	44	119
	1		1	1	636	69	651	136	12
	1		1	1	636	69	651	136	120
259	**1401**	**272**	**2025**	**3028**	**405709**	**33829**	**661727**	**70203**	**C**
27	97	18	89	189	19926	2093	35450	3151	13
4	24	6	20	67	3507	351	9573	738	131
	9		9	17	3308	342	2686	256	132
4	3		7	26	1799	209	3549	288	133
1		1		10	225	36	203	23	134
14	34	6	25	39	3395	373	5244	611	135
3	9	2	5	5	1543	172	2614	307	136
	7	2	9	6	2575	258	4587	398	137
1	11	1	14	19	3574	352	6994	530	139
5	24	11	35	70	11251	1058	17989	1487	14
1	5	1	9	4	2580	174	5535	384	141
	1	1	1	1	813	58	1781	128	142
1	6		2	14	1824	179	3755	288	143
	1	3		12	551	85	237	21	144
1	1	1	2	5	596	76	748	104	145
1	3	1	6	11	1399	127	2498	171	146
1	7	4	15	23	3488	359	3435	391	149
11	37	7	31	81	8003	910	14962	1405	15
4	9	4	11	32	2972	410	5668	401	151
6	10	2	15	26	3113	317	4642	550	152
1	18	1	5	23	1918	183	4652	454	153
1		1	2	40	99	11	33	2	16
		1	1	5	41	3	11	1	161
1				29	31	3	3	1	162
			1	6	27	5	19		169
9	53	10	42	81	13417	1063	32423	2376	17
4	22	5	14	41	5530	473	11623	975	171
1	5	1	2	11	830	84	1659	130	172
	3			2	211	26	416	37	173

2-4 续表 2

行业中类	代码	企业单位数	内资企业	国有企业	集体企业	股份合作企业
丝绢纺织及印染精加工	174	3654	3512	29	47	22
化纤织造及印染精加工	175	12528	12053	13	30	14
针织或钩针编织物及其制品制造	176	23641	22597	45	138	76
家用纺织制成品制造	177	23356	22389	46	139	62
非家用纺织制成品制造	178	18039	17179	35	163	142
纺织服装、服饰业	18	174024	163336	235	1142	586
机织服装制造	181	106572	98966	170	863	363
针织或钩针编织服装制造	182	23881	22026	26	119	118
服饰制造	183	43571	42344	39	160	105
皮革、毛皮、羽毛及其制品和制鞋业	19	78053	73323	98	516	463
皮革鞣制加工	191	3632	3352	11	34	46
皮革制品制造	192	25984	24037	20	154	78
毛皮鞣制及制品加工	193	6610	6446	10	39	10
羽毛(绒)加工及制品制造	194	2535	2411	11	18	9
制鞋业	195	39292	37077	46	271	320
木材加工和木、竹、藤、棕、草制品业	20	95761	94378	343	711	269
木材加工	201	36302	36090	218	308	86
人造板制造	202	18996	18693	49	66	42
木制品制造	203	29799	29156	58	253	107
竹、藤、棕、草等制品制造	204	10664	10439	18	84	34
家具制造业	21	69537	67195	63	363	203
木质家具制造	211	47958	46563	38	249	134
竹、藤家具制造	212	1089	1059	4	6	2
金属家具制造	213	7190	6759	13	61	34
塑料家具制造	214	1078	1031	3	12	2
其他家具制造	219	12222	11783	5	35	31
造纸和纸制品业	22	69464	67157	176	946	553
纸浆制造	221	531	511	5	15	1
造纸	222	16347	15711	77	280	116
纸制品制造	223	52586	50935	94	651	436
印刷和记录媒介复制业	23	80053	78535	1152	2594	1130
印刷	231	72862	71430	1012	2284	1010
装订及印刷相关服务	232	6866	6811	131	304	116
记录媒介复制	233	325	294	9	6	4
文教、工美、体育和娱乐用品制造业	24	101516	94582	188	819	600
文教办公用品制造	241	10226	9623	36	123	67
乐器制造	242	2496	2277	9	27	14
工艺美术品制造	243	63851	60356	113	519	417
体育用品制造	244	9789	8832	15	42	37
玩具制造	245	12633	11102	10	103	52
游艺器材及娱乐用品制造	246	2521	2392	5	5	13
石油加工和炼焦业	25	8670	8347	82	136	77
精炼石油产品制造	251	7073	6807	58	122	71
炼焦	252	1597	1540	24	14	6

单位：个

国有联营企业	集体联营企业	国有与集体联营	其他联营	国有独资公司	其他有限责任公司	股份有限公司	私营独资	私营合伙	代码
1	1		1	9	415	63	818	61	174
	2			1	525	42	2915	121	175
3	5		8	7	1918	102	5039	333	176
	6	2	12	7	2326	142	5508	369	177
	9	2	5	3	1662	131	4445	350	178
5	51	6	68	122	17601	1146	42515	2839	18
3	34	4	48	93	10900	791	26131	1918	181
	7	1	9	8	2163	110	5021	320	182
2	10	1	11	21	4538	245	11363	601	183
4	12	2	40	24	7993	526	18651	1708	19
	1		4		535	43	791	81	191
	1	1	16	5	2444	140	5438	393	192
	1		1	1	730	37	1644	75	193
2			2	2	315	33	573	68	194
2	9	1	17	16	3969	273	10205	1091	195
10	46	3	40	44	9545	726	34685	2728	20
5	15	1	16	25	3287	231	16118	1061	201
1	7	1	4	11	2097	212	6374	536	202
4	16	1	13	6	3153	214	8134	645	203
	8		7	2	1008	69	4059	486	204
	23	4	53	12	9760	475	18118	1246	21
	15	3	34	8	6236	347	13567	863	211
			2	1	193	7	269	30	212
	4	1	6	1	1028	45	1468	115	213
					164	10	237	28	214
	4		11	2	2139	66	2577	210	219
6	28	5	58	37	8403	617	16975	1993	22
	1			4	99	11	118	22	221
2	14	2	23	22	2238	232	3603	461	222
4	13	3	35	11	6066	374	13254	1510	223
19	106	10	72	95	10865	1007	20259	2219	23
15	93	9	66	88	9864	906	18244	2037	231
3	13	1	6	6	925	93	1979	176	232
1				1	76	8	36	6	233
5	42	8	66	35	12011	808	26032	2059	24
	9	3	12	1	998	76	2313	222	241
			2	3	294	22	626	38	242
5	23	3	36	27	8196	521	17270	1410	243
	3	1	5	2	1106	76	1595	148	244
	7	1	11	1	1089	89	3827	208	245
				1	328	24	401	33	246
2	5	2	6	50	1930	266	1075	106	25
1	4	2	6	33	1402	209	925	89	251
1	1			17	528	57	150	17	252

2-4 续表 3

行业中类	代码	企业单位数	内资企业			
				国有企业	集体企业	股份合作企业
化学原料和化学制品制造业	26	125351	118488	658	2014	1030
基础化学原料制造	261	19588	18515	174	459	193
肥料制造	262	15497	15163	127	138	83
农药制造	263	2860	2727	35	38	25
涂料、油墨、颜料及类似产品制造	264	22428	21024	59	338	201
合成材料制造	265	12621	11550	38	139	71
专用化学产品制造	266	31922	30134	141	567	292
炸药、火工及焰火产品制造	267	6006	5959	26	153	31
日用化学产品制造	268	14429	13416	58	182	134
医药制造业	27	25770	24109	214	170	135
化学药品原料药制造	271	3313	3070	26	38	25
化学药品制剂制造	272	2740	2389	34	14	11
中药饮片加工	273	4512	4432	16	17	23
中成药生产	274	3925	3698	58	30	19
兽用药品制造	275	1792	1724	26	19	22
生物药品制造	276	4837	4456	27	12	10
卫生材料及医药用品制造	277	4651	4340	27	40	25
化学纤维制造业	28	7082	6572	19	52	21
纤维素纤维原料及纤维制造	281	1315	1204	4	13	2
合成纤维制造	282	5767	5368	15	39	19
橡胶和塑料制品业	29	176638	168345	277	1846	1469
橡胶制品业	291	31084	29660	83	470	285
塑料制品业	292	145554	138685	194	1376	1184
非金属矿物制品业	30	261348	256638	949	4727	1666
水泥、石灰和石膏制造	301	16390	16110	219	429	119
石膏、水泥制品及类似制品制造	302	57746	57074	209	676	292
砖瓦、石材等建筑材料制造	303	109830	108602	272	2602	835
玻璃制造	304	5012	4820	20	35	22
玻璃制品制造	305	16923	16276	35	129	90
玻璃纤维和玻璃纤维增强塑料制品制造	306	6522	6292	17	85	47
陶瓷制品制造	307	17158	16418	59	143	91
耐火材料制品制造	308	13496	13225	46	386	79
石墨及其他非金属矿物制品制造	309	18271	17821	72	242	91
黑色金属冶炼和压延加工业	31	41689	40531	177	849	426
炼铁	311	1709	1678	19	47	12
炼钢	312	1080	1048	12	22	8
黑色金属铸造	313	17402	17068	54	513	226
钢压延加工	314	18077	17389	70	233	165
铁合金冶炼	315	3421	3348	22	34	15
有色金属冶炼和压延加工业	32	30976	29691	172	414	227
常用有色金属冶炼	321	5759	5590	54	83	37
贵金属冶炼	322	834	801	22	21	3
稀有稀土金属冶炼	323	1194	1147	9	16	7
有色金属合金制造	324	4132	3897	16	60	38

单位：个

国有联营企业	集体联营企业	国有与集体联营	其他联营	国有独资公司	其他有限责任公司	股份有限公司	私营独资	私营合伙	代码
17	96	23	95	271	21135	2521	21858	3212	26
1	19	4	15	102	3955	551	2611	416	261
4	12		11	37	3086	377	2616	280	262
	1	1	2	7	623	120	339	31	263
3	14	3	18	19	3455	305	4256	477	264
	5	1	11	39	2101	247	1764	214	265
6	24	11	25	43	5386	610	5051	663	266
1	10		1	14	435	107	2708	826	267
2	11	3	12	10	2094	204	2513	305	268
7	6	11	10	57	6650	1175	2267	282	27
	2	3	2	6	846	167	230	29	271
1	1	2	1	12	868	209	134	17	272
1	1	1	2	9	1257	108	519	59	273
1		4	2	15	1203	333	284	41	274
		1	2	3	448	60	154	18	275
4	1			11	1150	194	399	55	276
	1		1	1	878	104	547	63	277
	3	1	1	13	698	105	966	128	28
	1			2	193	37	210	22	281
	2	1	1	11	505	68	756	106	282
8	64	13	132	76	21671	1517	40778	4820	29
1	14	2	40	18	3751	319	6539	811	291
7	50	11	92	58	17920	1198	34239	4009	292
33	249	21	186	359	39048	3106	77789	11073	30
7	20	6	19	110	3333	407	3795	552	301
7	36	3	38	120	9694	661	17892	1762	302
11	148	8	73	50	13940	974	37708	7037	303
1	2		6	8	883	78	802	82	304
2	6		13	15	2225	193	3282	296	305
	2		5	4	924	71	1306	118	306
2	11	2	9	23	2588	247	5348	478	307
	11	1	4	8	2342	198	3480	297	308
3	13	1	19	21	3119	277	4176	451	309
1	23	8	20	83	5668	522	9856	1217	31
	2		2	3	289	39	422	91	311
	1		1	3	241	25	187	30	312
	10	2	7	10	1641	146	5712	575	313
	6	6	8	55	2660	233	3017	434	314
1	4		2	12	837	79	518	87	315
3	20	3	30	96	5739	586	5485	671	32
	4		8	30	1168	167	997	161	321
1	1		2	8	195	39	121	12	322
	3		4	9	298	51	150	26	323
1	2	1	2	10	746	80	572	84	324

2-4 续表 4

行业中类	代码	企业单位数	内资企业	国有企业	集体企业	股份合作企业
有色金属铸造	325	2252	2189	8	37	23
有色金属压延加工	326	16805	16067	63	197	119
金属制品业	33	261843	254233	462	2934	1633
结构性金属制品制造	331	85648	84122	160	930	472
金属工具制造	332	28051	27107	86	358	152
集装箱及金属包装容器制造	333	7211	6753	31	141	58
金属丝绳及其制品制造	334	14915	14584	25	164	75
建筑、安全用金属制品制造	335	37730	36552	36	295	295
金属表面处理及热处理加工	336	13162	12573	23	377	216
搪瓷制品制造	337	2367	2310	5	19	6
金属制日用品制造	338	21980	21010	18	146	111
其他金属制品制造	339	50779	49222	78	504	248
通用设备制造业	34	288962	280366	886	3138	2379
锅炉及原动设备制造	341	11626	11270	82	217	106
金属加工机械制造	342	48481	47262	186	532	324
物料搬运设备制造	343	12640	12029	64	130	87
泵、阀门、压缩机及类似机械制造	344	37888	36319	109	415	606
轴承、齿轮和传动部件制造	345	19286	18498	60	146	169
烘炉、风机、衡器、包装等设备制造	346	27936	26543	72	265	241
文化、办公用机械制造	347	3142	2740	19	22	17
通用零部件制造	348	99011	97227	222	1284	742
其他通用设备制造业	349	28952	28478	72	127	87
专用设备制造业	35	196449	188674	766	1602	1308
采矿、冶金、建筑专用设备制造	351	31403	30638	221	402	178
化工、木材、非金属加工专用设备制造	352	56237	53514	98	322	347
食品、饮料、烟草及饲料生产专用设备制造	353	6077	5878	32	70	84
印刷、制药、日化及日用品生产专用设备制造	354	10636	10130	31	104	89
纺织、服装和皮革加工专用设备制造	355	12014	11452	38	104	167
电子和电工机械专用设备制造	356	15268	14581	57	80	74
农、林、牧、渔专用机械制造	357	12668	12399	101	175	80
医疗仪器设备及器械制造	358	12386	11525	55	93	81
环保、社会公共服务及其他专用设备制造	359	39760	38557	133	252	208
汽车制造业	36	74131	69136	248	533	587
汽车整车制造	361	1282	1128	30	7	5
改装汽车制造	362	1326	1278	31	17	8
低速载货汽车制造	363	110	108	6	2	1
电车制造	364	1017	1006	2	1	1
汽车车身、挂车制造	365	1288	1251	6	15	4
汽车零部件及配件制造	366	69108	64365	173	491	568
铁路、船舶、航空航天和其他运输设备制造业	37	34104	32658	296	508	254
铁路运输设备制造	371	3617	3500	97	226	28
城市轨道交通设备制造	372	300	288	4	3	3
船舶及相关装置制造	373	10114	9673	103	134	49
航空、航天器及设备制造	374	1413	1280	44	11	7

单位：个

国有联营企业	集体联营企业	国有与集体联营	其他联营	国有独资公司	其他有限责任公司	股份有限公司	私营独资	私营合伙	代码
	2			2	285	21	670	69	325
1	8	2	14	37	3047	228	2975	319	326
16	102	13	194	134	33018	1969	57180	5575	33
5	40	1	63	61	12261	742	18288	1500	331
3	5	2	36	5	2835	167	7055	626	332
1	3	1	3	6	1166	105	1116	107	333
2	4	2	4	9	1721	72	2313	225	334
	13		27	6	4328	254	8885	1132	335
1	9	3	8	7	1384	104	3225	471	336
					351	25	393	47	337
3	8	1	19	9	2829	150	5628	389	338
1	20	3	34	31	6143	350	10277	1078	339
23	81	25	169	213	33669	2677	58430	6257	34
4	5	1	6	36	1995	211	2098	174	341
2	11	5	29	47	6518	521	9519	1028	342
1	6		7	22	2234	193	1660	153	343
1	9	3	17	32	4107	378	6294	747	344
2	4	4	5	12	1894	174	4356	602	345
5	9	2	22	20	3700	331	4441	442	346
1	2		6	2	486	58	356	38	347
4	29	10	62	33	9175	580	25871	2670	348
3	6		15	9	3560	231	3835	403	349
14	59	16	131	210	28598	2460	31498	3557	35
3	14	4	13	89	5852	484	4954	480	351
1	9	1	46	35	6605	406	10444	1319	352
1		1	2	5	857	87	1162	105	353
1	3		8	10	1617	132	1675	203	354
	4		5	5	892	96	2749	363	355
2	6	1	21	10	2682	239	1700	249	356
2	11	2	5	18	2036	183	2825	236	357
1	3	3	7	4	2100	234	1431	167	358
3	9	4	24	34	5957	599	4558	435	359
6	13	7	28	168	10785	887	11319	1383	36
1	1			27	375	76	71	13	361
			2	16	423	61	96	11	362
				1	27	6	14	3	363
	1				146	15	218	13	364
			1	5	228	15	146	17	365
5	11	7	25	119	9586	714	10774	1326	366
3	18	13	13	101	5066	433	6225	622	37
	5	2	3	34	760	92	431	40	371
1				2	80	9	22	5	372
2	5	8	3	24	1415	122	1684	180	373
	1	1	2	28	414	49	75	11	374

2-4 续表 5

行业中类	代码	企业单位数	内资企业	国有企业	集体企业	股份合作企业
摩托车制造	375	8158	7933	17	82	124
自行车制造	376	8244	7858	17	40	35
非公路休闲车及零配件制造	377	951	881	2	7	2
潜水救捞及其他未列明运输设备制造	379	1307	1245	12	5	6
电气机械和器材制造业	38	183144	173979	480	1535	1252
电机制造	381	17601	16732	73	124	152
输配电及控制设备制造	382	61893	59107	196	627	523
电线、电缆、光缆及电工器材制造	383	25748	24258	72	339	198
电池制造	384	5902	5370	23	41	31
家用电力器具制造	385	23353	22029	36	136	102
非电力家用器具制造	386	6333	6143	13	30	18
照明器具制造	387	30761	29128	22	143	171
其他电气机械及器材制造	389	11553	11212	45	95	57
计算机、通信和其他电子设备制造业	39	100994	89880	248	345	366
计算机制造	391	9433	8188	16	31	32
通信设备制造	392	8815	7920	49	42	42
广播电视设备制造	393	3372	3005	12	15	14
雷达及配套设备制造	394	252	243	6		2
视听设备制造	395	5409	4587	12	13	14
电子器件制造	396	15138	13051	50	44	60
电子元件制造	397	40646	36117	78	156	150
其他电子设备制造	399	17929	16769	25	44	52
仪器仪表制造业	40	39833	37165	202	466	462
通用仪器仪表制造	401	20780	19749	102	244	239
专用仪器仪表制造	402	6526	6141	57	84	64
钟表与计时仪器制造	403	2594	2065	12	54	19
光学仪器及眼镜制造	404	6359	5762	14	37	102
其他仪器仪表制造业	409	3574	3448	17	47	38
其他制造业	41	55185	53746	94	285	197
日用杂品制造	411	13885	13040	8	101	100
煤制品制造	412	3193	3177	19	46	19
其他未列明制造业	419	38107	37529	67	138	78
废弃资源综合利用业	42	13251	12946	59	130	55
金属废料和碎屑加工处理	421	6456	6254	25	88	24
非金属废料和碎屑加工处理	422	6795	6692	34	42	31
金属制品、机械和设备修理业	43	19338	19072	203	559	165
金属制品修理	431	1050	1015	7	31	5
通用设备修理	432	2803	2778	29	85	22
专用设备修理	433	2497	2462	42	104	18
铁路、船舶、航空航天等运输设备修理	434	5359	5257	66	164	56
电气设备修理	435	1602	1588	9	54	19
仪器仪表修理	436	397	391	7	15	5
其他机械和设备修理业	439	5630	5581	43	106	40

单位：个

国有联营企业	集体联营企业	国有与集体联营	其他联营	国有独资公司	其他有限责任公司	股份有限公司	私营独资	私营合伙	代码
	3		2	8	1107	67	2228	203	375
	4	1	3	1	987	73	1364	134	376
				1	81	6	232	17	377
		1		3	222	15	189	32	379
9	60	15	153	136	28716	2290	26310	3318	38
2	5	1	14	31	2499	229	2478	294	381
3	28	8	42	45	10002	900	6981	1203	382
3	17	1	17	15	4045	351	3853	444	383
1	3	1	2	15	1166	145	511	73	384
	2	2	26	9	3783	206	3499	506	385
			7	3	1083	96	951	91	386
	4	2	38	7	4272	246	6748	540	387
	1		7	11	1866	117	1289	167	389
3	12	4	189	96	15417	1497	10587	1595	39
	2		25	6	1569	167	681	140	391
	2		4	13	1623	179	657	119	392
		2	3	5	475	73	401	46	393
				12	64	8	16	3	394
1	1		12	6	761	66	650	86	395
1	1		17	14	2465	312	1129	186	396
1	4	2	66	33	5509	435	5334	744	397
	2		62	7	2951	257	1719	271	399
1	20	5	31	56	6208	626	4732	709	40
1	11	3	13	28	3374	391	2270	365	401
	2	2	2	10	1190	143	664	98	402
	2		10	6	311	16	325	35	403
	1		3	8	717	39	992	147	404
	4		3	4	616	37	481	64	409
7	18	1	14	33	7203	396	11299	1835	41
2	3		4	9	1173	67	3373	1152	411
2	3		2	3	424	35	1197	124	412
3	12	1	8	21	5606	294	6729	559	419
3	17	1	4	20	2508	156	2683	255	42
2	11		3	10	1289	84	1107	106	421
1	6	1	1	10	1219	72	1576	149	422
1	16	5	23	26	3108	200	3298	375	43
			1	1	176	12	212	21	431
	2	1	2	2	474	22	460	52	432
	3		1	4	421	28	474	28	433
	5	2	3	9	676	55	902	135	434
	1		4	5	323	19	254	27	435
		1	1		78	8	42	6	436
1	5	1	11	5	960	56	954	106	439

2-4 续表 6

行业中类	代码	企业单位数	内资企业	国有企业	集体企业	股份合作企业
电力、热力、燃气及水生产和供应业	D	**97243**	**95041**	**7929**	**5902**	**1202**
电力、热力生产和供应业	44	66008	64876	4402	3085	939
电力生产	441	53158	52138	2156	2786	880
电力供应	442	5877	5851	1792	182	27
热力生产和供应	443	6973	6887	454	117	32
燃气生产和供应业	45	9112	8522	251	74	73
燃气生产和供应业	450	9112	8522	251	74	73
水的生产和供应业	46	22123	21643	3276	2743	190
自来水生产和供应	461	15532	15340	2674	2580	103
污水处理及其再生利用	462	5317	5044	565	148	24
其他水的处理、利用与分配	469	1274	1259	37	15	63
建筑业	E	**754508**	**752624**	**6118**	**7339**	**1937**
房屋建筑业	47	134121	133838	1501	3501	412
房屋建筑业	470	134121	133838	1501	3501	412
土木工程建筑业	48	131937	131622	2927	1498	324
铁路、道路、隧道和桥梁工程建筑	481	51480	51331	1365	489	128
水利和内河港口工程建筑	482	9904	9882	762	211	30
海洋工程建筑	483	421	419	8	3	2
工矿工程建筑	484	4575	4547	118	70	12
架线和管道工程建筑	485	13317	13270	286	309	42
其他土木工程建筑	489	52240	52173	388	416	110
建筑安装业	49	126136	125673	725	1190	365
电气安装	491	28432	28306	203	368	83
管道和设备安装	492	26529	26416	211	345	113
其他建筑安装业	499	71175	70951	311	477	169
建筑装饰和其他建筑业	50	362314	361491	965	1150	836
建筑装饰业	501	264401	263726	343	672	650
工程准备活动	502	25402	25366	230	193	58
提供施工设备服务	503	7599	7579	31	48	19
其他未列明建筑业	509	64912	64820	361	237	109
批发和零售业	F	**4981263**	**4938465**	**29691**	**38024**	**16944**
批发业	51	2958876	2923928	18056	18501	8221
农、林、牧产品批发	511	127097	126658	3878	1780	471
食品、饮料及烟草制品批发	512	283664	280451	4379	1771	863
纺织、服装及家庭用品批发	513	414231	406136	805	1173	814
文化、体育用品及器材批发	514	102040	100380	555	389	364
医药及医疗器材批发	515	84686	83818	553	202	280
矿产品、建材及化工产品批发	516	826228	821061	4161	8461	2372
机械设备、五金产品及电子产品批发	517	709937	699769	1985	2428	2201
贸易经纪与代理	518	120949	118727	679	452	254
其他批发业	519	290044	286928	1061	1845	602
零售业	52	2022387	2014537	11635	19523	8723
综合零售	521	304653	303081	2094	8780	1051
食品、饮料及烟草制品专门零售	522	185960	185194	2766	1841	969
纺织、服装及日用品专门零售	523	212722	211105	642	1489	818

单位：个

国有联营企业	集体联营企业	国有与集体联营	其他联营	国有独资公司	其他有限责任公司	股份有限公司	私营独资	私营合伙	代码
100	**276**	**72**	**132**	**2412**	**18867**	**2197**	**15287**	**8853**	D
64	180	47	90	1561	12609	1612	10678	7896	44
51	172	39	84	964	9418	1296	9651	7758	441
9	6	6	2	401	1085	139	386	74	442
4	2	2	4	196	2106	177	641	64	443
6	7	4	6	105	2393	261	1290	245	45
6	7	4	6	105	2393	261	1290	245	450
30	89	21	36	746	3865	324	3319	712	46
25	83	18	31	555	2175	217	2682	600	461
5	6	3	5	177	1480	92	377	45	462
				14	210	15	260	67	469
54	**228**	**54**	**333**	**2532**	**158651**	**10554**	**70038**	**9150**	E
7	81	22	54	615	34609	3113	11479	1607	47
7	81	22	54	615	34609	3113	11479	1607	470
19	46	15	70	1301	29413	2146	12181	1451	48
8	14	6	28	756	12177	1003	4267	504	481
5	6	4	3	203	2354	222	1022	116	482
				4	77	3	35	2	483
	2	1	4	75	1165	91	290	39	484
4	8	2	8	122	3432	252	999	104	485
2	16	2	27	141	10208	575	5568	686	489
9	36	7	58	276	24894	1536	10831	1339	49
3	9		12	94	6195	385	1891	255	491
3	9	3	7	71	5198	310	2265	300	492
3	18	4	39	111	13501	841	6675	784	499
19	65	10	151	340	69735	3759	35547	4753	50
5	28	6	116	124	50649	2682	25620	3402	501
3	12		15	73	4688	266	2629	363	502
3	3	1	5	8	1588	110	929	139	503
8	22	3	15	135	12810	701	6369	849	509
682	**2052**	**435**	**3487**	**4985**	**831795**	**45428**	**746934**	**64015**	F
337	934	195	2092	3225	482504	25055	327616	32970	51
46	101	23	104	442	17911	1375	27741	1821	511
48	78	26	182	682	47149	2706	37572	3549	512
21	51	13	186	186	57172	2738	39977	3611	513
8	16	9	65	103	16511	842	9701	1095	514
9	15	2	70	100	17395	1089	8110	924	515
101	422	47	556	1107	143393	7502	104602	10113	516
55	136	47	672	331	116318	5587	54734	7516	517
17	27	8	113	109	20491	1293	11915	1420	518
32	88	20	144	165	46164	1923	33264	2921	519
345	1118	240	1395	1760	349291	20373	419318	31045	52
66	378	53	151	199	49220	3076	63309	4119	521
41	130	18	113	297	30719	1836	40240	2803	522
14	79	17	147	55	31655	1659	49595	2757	523

2-4 续表 7

行业中类	代码	企业单位数	内资企业	国有企业	集体企业	股份合作企业
文化、体育用品及器材专门零售	524	110061	109472	1416	1021	947
医药及医疗器材专门零售	525	165082	164877	966	811	838
汽车、摩托车、燃料及零配件专门零售	526	242195	241107	1779	1895	1079
家用电器及电子产品专门零售	527	248433	247792	398	548	1020
五金、家具及室内装饰材料专门零售	528	266607	266032	661	1615	1264
货摊、无店铺及其他零售业	529	286674	285877	913	1523	737
交通运输、仓储和邮政业	**G**	**433099**	**427906**	**10112**	**5640**	**1827**
铁路运输业	53	3577	3560	366	155	11
铁路旅客运输	531	482	481	64	7	1
铁路货物运输	532	1483	1475	118	41	5
铁路运输辅助活动	533	1612	1604	184	107	5
道路运输业	54	240597	239407	3123	2678	1087
城市公共交通运输	541	12547	12433	647	330	129
公路旅客运输	542	11082	10981	645	348	131
道路货物运输	543	201128	200372	722	1286	686
道路运输辅助活动	544	15840	15621	1109	714	141
水上运输业	55	13397	13071	325	584	73
水上旅客运输	551	1443	1412	66	96	10
水上货物运输	552	7956	7878	132	394	46
水上运输辅助活动	553	3998	3781	127	94	17
航空运输业	56	2144	2062	111	7	8
航空客货运输	561	829	790	51	4	4
通用航空服务	562	601	590	17		1
航空运输辅助活动	563	714	682	43	3	3
管道运输业	57	446	423	30	7	1
管道运输业	570	446	423	30	7	1
装卸搬运和运输代理业	58	114554	112532	817	1439	403
装卸搬运	581	21913	21780	193	1089	92
运输代理业	582	92641	90752	624	350	311
仓储业	59	36290	34804	4047	711	146
谷物、棉花等农产品仓储	591	10736	10701	3379	195	36
其他仓储业	599	25554	24103	668	516	110
邮政业	60	22094	22047	1293	59	98
邮政基本服务	601	1807	1804	1099	33	7
快递服务	602	20287	20243	194	26	91
住宿和餐饮业	**H**	**313412**	**308090**	**5965**	**4205**	**2197**
住宿业	61	98300	96746	4634	2665	945
旅游饭店	611	31667	30515	2139	612	210
一般旅馆	612	55545	55213	2119	1774	620
其他住宿业	619	11088	11018	376	279	115
餐饮业	62	215112	211344	1331	1540	1252
正餐服务	621	164780	162282	1116	1227	927
快餐服务	622	14222	13599	69	109	132
饮料及冷饮服务	623	8565	8234	16	49	69

单位：个

国有联营企业	集体联营企业	国有与集体联营	其他联营	国有独资公司	其他有限责任公司	股份有限公司	私营独资	私营合伙	代码
22	64	10	73	413	20374	1178	18310	1713	524
37	105	19	197	111	23803	1837	58196	3306	525
116	141	83	191	327	49460	3800	47180	4909	526
8	42	7	211	64	50081	2513	37496	3693	527
18	95	15	166	138	47765	2070	55948	3808	528
23	84	18	146	156	46214	2404	49044	3937	529
155	**282**	**82**	**401**	**2369**	**85337**	**6195**	**46775**	**7053**	**G**
6	3	5	3	50	926	85	295	49	53
1	1		1	8	137	12	36	4	531
3		1	1	26	434	47	119	25	532
2	2	4	1	16	355	26	140	20	533
57	155	28	173	1083	48669	3700	28208	4149	54
13	21	6	12	353	3826	488	999	199	541
11	26	6	21	185	3102	566	847	409	542
22	71	7	116	246	38216	2302	24299	3196	543
11	37	9	24	299	3525	344	2063	345	544
7	15	3	14	165	3085	323	890	279	55
	2			19	325	38	134	50	551
5	11	1	12	58	1772	197	456	148	552
2	2	2	2	88	988	88	300	81	553
1			2	104	615	73	94	16	56
			1	30	217	33	39	5	561
				15	184	14	31	4	562
1			1	59	214	26	24	7	563
1			1	8	145	21	40	2	57
1			1	8	145	21	40	2	570
31	55	16	145	300	20583	1136	10250	1745	58
3	37	8	15	44	3915	208	3347	489	581
28	18	8	130	256	16668	928	6903	1256	582
43	44	24	20	562	7082	474	4311	488	59
29	17	6	6	385	1543	156	1507	183	591
14	27	18	14	177	5539	318	2804	305	599
9	10	6	43	97	4232	383	2687	325	60
7	6	2	3	22	93	36	76	19	601
2	4	4	40	75	4139	347	2611	306	602
71	**219**	**46**	**195**	**755**	**50982**	**3747**	**84338**	**8321**	**H**
55	129	32	68	519	18546	1705	23857	3215	61
21	29	6	16	377	8364	812	4572	628	611
25	80	23	39	127	8110	732	16660	2208	612
9	20	3	13	15	2072	161	2625	379	619
16	90	14	127	236	32436	2042	60481	5106	62
14	73	9	84	198	25137	1584	48168	3939	621
1	9	1	14	16	1914	153	3403	279	622
	2		7	2	1129	63	2402	321	623

2-4 续表 8

行业中类	代码	企业单位数	内资企业	国有企业	集体企业	股份合作企业
其他餐饮业	629	27545	27229	130	155	124
信息传输、软件和信息技术服务业	**I**	**499749**	**489853**	**2572**	**711**	**1103**
电信、广播电视和卫星传输服务	63	16558	15923	1598	179	88
电信	631	12923	12306	987	74	59
广播电视传输服务	632	3164	3151	587	102	28
卫星传输服务	633	471	466	24	3	1
互联网和相关服务	64	68702	68326	205	55	146
互联网接入及相关服务	641	6941	6906	53	11	17
互联网信息服务	642	47054	46754	128	34	111
其他互联网服务	649	14707	14666	24	10	18
软件和信息技术服务业	65	414489	405604	769	477	869
软件开发	651	255612	249027	278	186	448
信息系统集成服务	652	33934	33394	114	40	77
信息技术咨询服务	653	68379	67513	216	158	252
数据处理和存储服务	654	7012	6820	19	10	12
集成电路设计	655	3420	3119	9	4	9
其他信息技术服务业	659	46132	45731	133	79	71
金融业	**J**	**117173**	**113782**	**4585**	**1151**	**2310**
货币金融服务	66	37077	35406	2688	937	1688
中央银行服务	661	228	227	85	1	2
货币银行服务	662	13807	13232	2324	884	1509
非货币银行服务	663	22985	21890	263	52	174
银行监管服务	664	57	57	16		3
资本市场服务	67	41263	40890	550	82	167
证券市场服务	671	4251	4149	123	13	28
期货市场服务	672	518	512	36	1	3
证券期货监管服务	673	41	41	2		1
资本投资服务	674	29882	29676	327	55	104
其他资本市场服务	679	6571	6512	62	13	31
保险业	68	20351	19333	1048	69	354
人身保险	681	6223	5590	426	16	148
财产保险	682	6806	6521	563	22	173
再保险	683	49	42	2		1
养老金	684	168	167	10	10	3
保险经纪与代理服务	685	5334	5272	24	14	19
保险监管服务	686	30	29	1		
其他保险活动	689	1741	1712	22	7	10
其他金融业	69	18482	18153	299	63	101
金融信托与管理服务	691	4297	4260	97	21	30
控股公司服务	692	1740	1717	30	16	14
非金融机构支付服务	693	631	627	9		6
金融信息服务	694	4013	3989	25	6	17
其他未列明金融业	699	7801	7560	138	20	34

单位：个

国有联营企业	集体联营企业	国有与集体联营	其他联营	国有独资公司	其他有限责任公司	股份有限公司	私营独资	私营合伙	代码
1	6	4	22	20	4256	242	6508	567	629
51	**57**	**39**	**291**	**794**	**99781**	**6303**	**39475**	**6089**	**I**
29	17	17	30	463	3565	1149	1540	184	63
21	14	11	24	325	2563	909	1278	139	631
7	3	6	6	132	882	223	232	36	632
1				6	120	17	30	9	633
3	5	6	46	56	12216	850	11757	1395	64
	2	1	9	6	1378	102	1096	124	641
1	2	5	33	45	8165	601	8078	1030	642
2	1		4	5	2673	147	2583	241	649
19	35	16	215	275	84000	4304	26178	4510	65
11	12	6	137	122	52078	2639	14291	2592	651
2	5	3	10	31	7196	445	1978	379	652
2	15	3	38	67	13928	623	5595	839	653
		2	3	14	1429	103	627	87	654
1			8	9	658	57	161	42	655
3	3	2	19	32	8711	437	3526	571	659
80	**48**	**28**	**99**	**874**	**25186**	**15562**	**6381**	**7269**	**J**
41	28	13	40	174	8063	6732	1829	440	66
	1			1	27	20	10	1	661
28	16	7	18	78	945	5394	190	33	662
13	11	6	22	95	7084	1309	1626	406	663
					7	9	3		664
7	8	6	29	393	9518	1073	2305	5625	67
2		1	4	41	1131	445	161	312	671
1				5	207	22	23	12	672
					8	3	2	3	673
2	8	4	20	310	6498	489	1626	4905	674
2		1	5	37	1674	114	493	393	679
27	4	6	18	120	3473	7305	997	102	68
12	1	1	4	24	628	3257	152	17	681
13	3	4	4	44	766	3639	216	21	682
					15	10			683
					9	114	1		684
		1	6	41	1613	207	472	34	685
					6	3	5	1	686
2			4	11	436	75	151	29	689
5	8	3	12	187	4132	452	1250	1102	69
2	1		3	45	957	121	334	303	691
	2		5	43	337	39	63	309	692
				7	208	17	49	15	693
1	1		2	13	864	64	280	73	694
2	4	3	2	79	1766	211	524	402	699

2-4 续表 9

行业中类	代码	企业单位数	内资企业	国有企业	集体企业	股份合作企业
房地产业	K	**527149**	**516147**	**8609**	**8001**	**2742**
房地产业	70	527149	516147	8609	8001	2742
房地产开发经营	701	211367	203992	2812	1133	504
物业管理	702	166276	164502	2232	2218	772
房地产中介服务	703	107032	106389	623	468	415
自有房地产经营活动	704	23979	23059	1876	3418	939
其他房地产业	709	18495	18205	1066	764	112
租赁和商务服务业	L	**1641160**	**1622068**	**16248**	**18604**	**6685**
租赁业	71	118994	117715	440	406	407
机械设备租赁	711	115283	114033	391	369	390
文化及日用品出租	712	3711	3682	49	37	17
商务服务业	72	1522166	1504353	15808	18198	6278
企业管理服务	721	341956	338244	7499	10441	1499
法律服务	722	12839	12817	199	113	112
咨询与调查	723	426935	416391	1482	1330	1586
广告业	724	290177	289492	1003	499	833
知识产权服务	725	11449	11336	61	28	42
人力资源服务	726	80184	80006	930	1178	301
旅行社及相关服务	727	58062	57755	1455	462	374
安全保护服务	728	12504	12468	627	300	41
其他商务服务业	729	288060	285844	2552	3847	1490
科学研究和技术服务业	M	**658760**	**649798**	**9833**	**4160**	**3275**
研究和试验发展	73	100958	98817	818	394	605
自然科学研究和试验发展	731	11042	10898	80	16	38
工程和技术研究和试验发展	732	64983	63743	458	183	227
农业科学研究和试验发展	733	11207	11107	158	88	51
医学研究和试验发展	734	12516	11870	92	94	261
社会人文科学研究	735	1210	1199	30	13	28
专业技术服务业	74	295499	291678	7390	2457	1565
气象服务	741	1228	1226	317	86	6
地震服务	742	459	458	22	4	3
海洋服务	743	645	626	26	6	2
测绘服务	744	9227	9218	488	198	56
质检技术服务	745	19840	19461	1160	513	177
环境与生态监测	746	5657	5623	127	42	36
地质勘查	747	6123	6056	551	61	35
工程技术	748	114089	112841	3746	925	564
其他专业技术服务业	749	138231	136169	953	622	686
科技推广和应用服务业	75	262303	259303	1625	1309	1105
技术推广服务	751	203828	201407	1201	1080	887
科技中介服务	752	11077	10940	222	87	65
其他科技推广和应用服务业	759	47398	46956	202	142	153
水利、环境和公共设施管理业	N	**79747**	**79025**	**3395**	**1420**	**305**
水利管理业	76	6343	6308	884	269	22
防洪除涝设施管理	761	712	710	96	31	3

单位：个

国有联营企业	集体联营企业	国有与集体联营	其他联营	国有独资公司	其他有限责任公司	股份有限公司	私营独资	私营合伙	代码
117	**234**	**77**	**345**	**4128**	**155180**	**10978**	**36883**	**5712**	K
117	234	77	345	4128	155180	10978	36883	5712	70
30	35	20	60	2749	78883	6278	7114	1121	701
42	70	21	174	809	45420	2787	13129	1734	702
7	26	5	79	84	22197	1269	13841	2273	703
28	81	26	20	239	4372	320	1446	314	704
10	22	5	12	247	4308	324	1353	270	709
189	**547**	**165**	**1112**	**8634**	**330692**	**18072**	**138313**	**53646**	L
10	20	4	75	151	23530	1216	16180	2082	71
8	18	4	72	140	22782	1180	15684	2014	711
2	2		3	11	748	36	496	68	712
179	527	161	1037	8483	307162	16856	122133	51564	72
68	186	79	221	5973	69904	4181	18078	25033	721
3	6	3	21	8	1206	97	1739	3564	722
24	61	18	233	353	84422	3643	31070	11605	723
16	29	10	217	323	58115	3054	30543	4133	724
1	2	1	9	15	2030	89	850	645	725
15	34	7	68	151	15924	886	8908	1279	726
16	24	11	61	497	13910	1365	5234	885	727
4	17	2	11	204	2966	225	981	194	728
32	168	30	196	959	58685	3316	24730	4226	729
113	**207**	**68**	**416**	**1753**	**131263**	**7082**	**47396**	**6904**	M
10	31	10	51	150	17378	986	7676	986	73
	1			10	1983	108	948	88	731
6	14	7	33	97	10680	554	4176	520	732
1	8	2	6	24	2073	148	1285	162	733
3	7		10	16	2411	155	1146	195	734
	1	1	2	3	231	21	121	21	735
73	113	43	264	1301	62570	3825	23289	3762	74
2	4	1	1	19	279	28	82	7	741
					88	4	52	12	742
			1	3	110	7	41	4	743
5	5	4	4	46	2091	175	900	152	744
22	14	9	22	180	4759	365	1464	230	745
3	3	1	7	25	1215	84	418	70	746
9	6	1	6	93	1677	129	446	74	747
22	47	17	109	787	26532	1833	7455	1439	748
10	34	10	114	148	25819	1200	12431	1774	749
30	63	15	101	302	51315	2271	16431	2156	75
22	51	12	74	225	39428	1710	12546	1635	751
3	5		8	43	2153	116	1030	162	752
5	7	3	19	34	9734	445	2855	359	759
30	**62**	**22**	**61**	**1750**	**18630**	**1415**	**7902**	**1096**	N
8	20	4	5	242	1346	117	664	91	76
1	2		1	41	123	8	67	9	761

2-4 续表 10

行业中类	代码	企业单位数	内资企业	国有企业	集体企业	股份合作企业
水资源管理	762	1415	1406	241	68	7
天然水收集与分配	763	706	700	187	59	1
水文服务	764	392	390	36	11	1
其他水利管理业	769	3118	3102	324	100	10
生态保护和环境治理业	77	10918	10700	366	90	39
生态保护	771	1522	1507	102	18	6
环境治理业	772	9396	9193	264	72	33
公共设施管理业	78	62486	62017	2145	1061	244
市政设施管理	781	7162	7069	737	185	22
环境卫生管理	782	6650	6623	321	203	20
城乡市容管理	783	1634	1629	60	26	9
绿化管理	784	30251	30186	370	239	113
公园和游览景区管理	785	16789	16510	657	408	80
居民服务、修理和其他服务业	**O**	**337057**	**335574**	**2331**	**3886**	**2408**
居民服务业	79	120412	119752	812	1454	948
家庭服务	791	25594	25554	47	111	96
托儿所服务	792	606	605	5	1	2
洗染服务	793	4979	4936	20	41	48
理发及美容服务	794	22690	22406	30	115	372
洗浴服务	795	9023	8940	51	172	109
保健服务	796	10571	10507	13	19	98
婚姻服务	797	9588	9556	39	75	39
殡葬服务	798	4078	4042	281	326	39
其他居民服务业	799	33283	33206	326	594	145
机动车、电子产品和日用产品修理业	80	115919	115483	841	1663	1127
汽车、摩托车修理与维护	801	86805	86553	718	1374	885
计算机和办公设备维修	802	11721	11616	37	63	78
家用电器修理	803	12028	11977	43	115	123
其他日用产品修理业	809	5365	5337	43	111	41
其他服务业	81	100726	100339	678	769	333
清洁服务	811	43629	43503	151	292	171
其他未列明服务业	819	57097	56836	527	477	162
教育	**P**	**77510**	**77096**	**1377**	**843**	**689**
教育	82	77510	77096	1377	843	689
学前教育	821	9425	9373	131	100	38
初等教育	822	1313	1305	134	30	8
中等教育	823	1426	1418	117	23	16
高等教育	824	301	299	34		3
特殊教育	825	444	442	10	4	1
技能培训、教育辅助及其他教育	829	64601	64259	951	686	623
卫生和社会工作	**Q**	**37917**	**37700**	**1144**	**770**	**529**
卫生	83	32067	31900	981	604	504
医院	831	13735	13650	481	164	244
社区医疗与卫生院	832	2383	2379	258	181	16

单位：个

国有联营企业	集体联营企业	国有与集体联营	其他联营	国有独资公司	其他有限责任公司	股份有限公司	私营独资	私营合伙	代码
3	9	2	1	76	309	30	130	18	762
1	5	1		36	124	22	60	17	763
1			2	7	77	14	45	8	764
2	4	1	1	82	713	43	362	39	769
9	7	3	10	137	2408	189	1058	166	77
2	2	1		19	274	21	250	32	771
7	5	2	10	118	2134	168	808	134	772
13	35	15	46	1371	14876	1109	6180	839	78
4	4	3	6	591	1861	99	511	63	781
1	3	2	3	130	1434	95	680	95	782
			5	45	285	22	152	20	783
2	13	4	25	127	7130	429	3218	409	784
6	15	6	7	478	4166	464	1619	252	785
52	**191**	**50**	**250**	**392**	**54086**	**3258**	**72413**	**7132**	**O**
24	80	23	98	140	18687	1107	28233	2823	79
1	5	1	24	7	4479	236	4216	434	791
					57	6	165	21	792
			4	3	737	38	1379	108	793
	5		21	1	2716	144	7741	607	794
	8		6	10	1095	103	3235	374	795
1	4	1	4	5	1366	81	3297	370	796
2	4		12	5	1531	58	1964	192	797
9	20	17	10	48	716	63	574	82	798
11	34	4	17	61	5990	378	5662	635	799
17	64	19	99	92	17757	1184	29299	2795	80
14	53	16	67	73	12883	887	23770	2253	801
	2		12	7	2276	144	1708	216	802
	6	2	16	6	1765	98	2726	216	803
3	3	1	4	6	833	55	1095	110	809
11	47	8	53	160	17642	967	14881	1514	81
1	13	6	28	54	8069	405	6084	725	811
10	34	2	25	106	9573	562	8797	789	819
22	**56**	**17**	**91**	**122**	**12359**	**959**	**13973**	**2550**	**P**
22	56	17	91	122	12359	959	13973	2550	82
3	9	1	13	3	673	67	3208	365	821
1		1			93	4	230	38	822
3	1	2	4		148	23	306	63	823
	2		1	3	47	8	29	10	824
				2	59	10	90	23	825
15	44	13	73	114	11339	847	10110	2051	829
13	**36**	**12**	**41**	**56**	**4554**	**447**	**10715**	**2216**	**Q**
11	32	9	35	38	3643	374	9758	2101	83
4	12	4	14	22	1910	220	3806	1096	831
3	6	5	5	1	109	20	654	84	832

2-4 续表 11

行业中类	代码	企业单位数	内资企业	国有企业	集体企业	股份合作企业
门诊部(所)	833	12180	12139	96	173	206
计划生育技术服务活动	834	115	114	25	13	
妇幼保健院(所、站)	835	178	173	14	3	3
专科疾病防治院(所、站)	836	541	540	11	8	8
疾病预防控制中心	837	164	164	35	15	1
其他卫生活动	839	2771	2741	61	47	26
社会工作	84	5850	5800	163	166	25
提供住宿社会工作	841	5040	4994	92	97	23
不提供住宿社会工作	842	810	806	71	69	2
文化、体育和娱乐业	**R**	**271218**	**269798**	**4337**	**1349**	**1351**
新闻和出版业	85	5346	5317	1277	163	39
新闻业	851	353	347	30	9	3
出版业	852	4993	4970	1247	154	36
广播、电视、电影和影视录音制作业	86	26515	26276	1804	285	122
广播	861	993	990	59	19	4
电视	862	1588	1581	188	28	7
电影和影视节目制作	863	13728	13667	138	19	68
电影和影视节目发行	864	1428	1413	144	12	11
电影放映	865	7679	7533	1259	201	27
录音制作	866	1099	1092	16	6	5
文化艺术业	87	76361	76106	824	429	440
文艺创作与表演	871	17873	17821	334	145	94
艺术表演场馆	872	975	967	114	17	3
图书馆与档案馆	873	639	638	51	31	2
文物及非物质文化遗产保护	874	1342	1337	50	27	4
博物馆	875	497	490	25	8	6
烈士陵园、纪念馆	876	85	85	14	9	
群众文化活动	877	8607	8580	108	89	76
其他文化艺术业	879	46343	46188	128	103	255
体育	88	20852	20420	162	115	164
体育组织	881	3625	3581	36	18	23
体育场馆	882	1484	1455	40	22	13
休闲健身活动	883	12997	12666	69	66	110
其他体育	889	2746	2718	17	9	18
娱乐业	89	142144	141679	270	357	586
室内娱乐活动	891	126411	126146	145	259	495
游乐园	892	2739	2675	33	29	24
彩票活动	893	157	156	20	1	1
文化、娱乐、体育经纪代理	894	6788	6752	33	17	49
其他娱乐业	899	6049	5950	39	51	17
公共管理、社会保障和社会组织	**S**	**359**	**358**	**110**	**17**	**1**
社会保障	93	359	358	110	17	1
社会保障	93	359	358	110	17	1

单位：个

国有联营企业	集体联营企业	国有与集体联营	其他联营	国有独资公司	其他有限责任公司	股份有限公司	私营独资	私营合伙	代码
2	12		13	2	914	84	4612	827	833
1				1	8	1	7		834
			2		30	1	29	5	835
					64	5	181	18	836
1				1	24		23	2	837
	2		1	11	584	43	446	69	839
2	4	3	6	18	911	73	957	115	84
	2	2	4	16	817	64	874	101	841
2	2	1	2	2	94	9	83	14	842
50	**99**	**21**	**186**	**1152**	**36161**	**2376**	**92380**	**8705**	R
9	7	3	10	345	1429	118	351	48	85
1	2		2	10	65	5	55	4	851
8	5	3	8	335	1364	113	296	44	852
19	16	4	15	252	5816	463	2497	301	86
1			1	10	241	21	89	6	861
6		1	1	41	340	59	84	7	862
	2	1	7	59	2774	202	1539	130	863
2	3		1	25	373	21	69	17	864
9	11	2	5	113	1848	143	600	110	865
1				4	240	17	116	31	866
11	24	3	45	413	14987	716	9264	1450	87
7	6	2	6	256	2946	184	3878	702	871
	1		1	30	230	23	128	18	872
			2	1	85	6	88	14	873
1			2	31	320	35	222	22	874
				8	118	6	66	9	875
	1				13	1	15	1	876
	4	1	9	23	1676	85	942	140	877
3	12		25	64	9599	376	3925	544	879
	13	4	10	66	3606	227	3222	447	88
	4		2	10	716	41	313	41	881
	1	1	1	27	299	18	212	43	882
	8	3	5	22	2090	138	2449	321	883
			2	7	501	30	248	42	889
11	39	7	106	76	10323	852	77046	6459	89
8	33	6	96	18	7223	631	74816	6149	891
2	2		3	24	618	61	353	69	892
				2	28	2	19	3	893
1	1		5	18	1401	86	819	104	894
	3	1	2	14	1053	72	1039	134	899
	1	**2**	**2**	**4**	**39**	**8**	**29**	**3**	S
	1	2	2	4	39	8	29	3	93
	1	2	2	4	39	8	29	3	93

2-4 续表 12

行业中类	代码					
		私营有限责任公司	私营股份有限公司	其他	港、澳、台商投资企业	与港、澳、台商合资经营
总计	--	**7642437**	**208874**	**808729**	**117764**	**27393**
农、林、牧、渔业	A	**171663**	**8004**	**165859**	**1223**	**281**
农业	01	81112	3628	79034	665	146
谷物种植	011	10112	359	18282	43	13
豆类、油料和薯类种植	012	2010	109	3527	10	5
棉、麻、糖、烟草种植	013	601	32	1338	5	
蔬菜、食用菌及园艺作物种植	014	33795	1364	22076	351	69
水果种植	015	12703	585	15073	157	27
坚果、含油果、香料和饮料作物种植	016	5031	224	4635	40	12
中药材种植	017	7636	461	6019	23	11
其他农业	019	9224	494	8084	36	9
林业	02	20677	1023	9643	139	34
林木育种和育苗	021	16923	768	7785	96	21
造林和更新	022	2288	156	970	22	6
森林经营和管护	023	933	65	510	16	6
木材和竹材采运	024	279	15	186	3	
林产品采集	025	254	19	192	2	1
畜牧业	03	37712	1919	48898	194	57
牲畜饲养	031	24574	1357	35651	131	43
家禽饲养	032	9559	402	9644	39	8
狩猎和捕捉动物	033	146	8	214		
其他畜牧业	039	3433	152	3389	24	6
渔业	04	14127	499	8565	138	29
水产养殖	041	13368	460	8240	135	27
水产捕捞	042	759	39	325	3	2
农、林、牧、渔服务业	05	18035	935	19719	87	15
农业服务业	051	14366	744	15941	66	13
林业服务业	052	1649	98	1025	8	1
畜牧服务业	053	1201	63	2035	4	1
渔业服务业	054	819	30	718	9	
采矿业	B	**32486**	**2170**	**5872**	**279**	**116**
煤炭开采和洗选业	06	6744	432	736	36	18
烟煤和无烟煤开采洗选	061	6044	384	561	28	15
褐煤开采洗选	062	177	11	26	5	2
其他煤炭采选	069	523	37	149	3	1
石油和天然气开采业	07	201	19	37	11	2
石油开采	071	135	12	18	7	1
天然气开采	072	66	7	19	4	1
黑色金属矿采选业	08	5925	388	677	45	23
铁矿采选	081	5263	322	588	41	20
锰矿、铬矿采选	082	404	31	35	2	1
其他黑色金属矿采选	089	258	35	54	2	2
有色金属矿采选业	09	3855	332	590	50	27

单位：个

与港、澳、台商合作经营	港、澳、台商独资	港、澳、台商投资股份有限公司	其他港、澳、台投资	外商投资企业	中外合资经营	中外合作经营	外资企业	外商投资股份有限公司	其他外商投资	代码
3624	**81671**	**2710**	**2366**	**122391**	**33752**	**2947**	**78091**	**3375**	**4226**	--
45	**792**	**75**	**30**	**726**	**234**	**36**	**346**	**47**	**63**	A
21	433	45	20	368	116	21	178	22	31	01
1	25	3	1	30	10		15	2	3	011
	5			7	2		3	2		012
	4	1		2	1	1				013
11	243	19	9	202	65	11	100	11	15	014
5	102	18	5	61	14	3	36	4	4	015
2	21	2	3	18	5		9	2	2	016
	11	1		16	9	4	3			017
2	22	1	2	32	10	2	12	1	7	019
7	85	11	2	91	20	3	52	8	8	02
5	62	7	1	59	14	1	32	6	6	021
	12	3	1	25	5	1	16	2	1	022
2	7	1		4	1		3			023
	3			2		1	1			024
	1			1					1	025
7	120	9	1	141	56	7	55	9	14	03
4	77	6	1	94	36	4	39	5	10	031
3	27	1		34	13	2	13	4	2	032
										033
	16	2		13	7	1	3		2	039
5	96	3	5	61	19	4	32	4	2	04
5	95	3	5	57	16	4	31	4	2	041
	1			4	3		1			042
5	58	7	2	65	23	1	29	4	8	05
5	42	6		46	16		19	3	8	051
	6		1	3			3			052
	3			10	3		6	1		053
	7	1	1	6	4	1	1			054
21	**123**	**9**	**10**	**261**	**113**	**37**	**86**	**15**	**10**	B
1	13		4	41	26	3	7	3	2	06
1	8		4	37	23	3	6	3	2	061
	3			3	2		1			062
	2			1	1					069
3	5	1		15	1	4	9		1	07
3	2	1		8		3	5			071
	3			7	1	1	4		1	072
3	17	2		32	15	4	10	1	2	08
2	17	2		23	9	2	9	1	2	081
1				6	3	2	1			082
				3	3					089
3	15	4	1	67	34	18	9	5	1	09

2-4 续表 13

行业中类	代码	私营有限责任公司	私营股份有限公司	其他	港、澳、台商投资企业	与港、澳、台商合资经营
常用有色金属矿采选	091	2708	242	441	44	26
贵金属矿采选	092	722	44	96	5	1
稀有稀土金属矿采选	093	425	46	53	1	
非金属矿采选业	10	13242	814	3308	123	43
土砂石开采	101	10617	649	2930	92	26
化学矿开采	102	632	43	64	3	2
采盐	103	104	4	13	1	
石棉及其他非金属矿采选	109	1889	118	301	27	15
开采辅助活动	11	1363	79	233	11	3
煤炭开采和洗选辅助活动	111	213	22	60	3	1
石油和天然气开采辅助活动	112	890	39	100	8	2
其他开采辅助活动	119	260	18	73		
其他采矿业	12	1156	106	291	3	
其他采矿业	120	1156	106	291	3	
制造业	**C**	**1499556**	**42418**	**104378**	**62364**	**15386**
农副食品加工业	13	52750	2383	9128	1310	508
谷物磨制	131	9592	461	1821	80	24
饲料加工	132	6902	353	723	197	95
植物油加工	133	4290	223	1018	62	25
制糖业	134	325	24	56	20	9
屠宰及肉类加工	135	8880	438	1421	200	68
水产品加工	136	5486	174	573	290	117
蔬菜、水果和坚果加工	137	7835	308	1646	290	109
其他农副食品加工	139	9440	402	1870	171	61
食品制造业	14	29733	1216	3908	1170	356
焙烤食品制造	141	7570	266	994	318	74
糖果、巧克力及蜜饯制造	142	2383	100	421	129	27
方便食品制造	143	4706	194	725	173	57
乳制品制造	144	738	39	89	34	8
罐头食品制造	145	1698	66	170	81	37
调味品、发酵制品制造	146	3545	187	422	108	35
其他食品制造	149	9093	364	1087	327	118
酒、饮料和精制茶制造业	15	18602	1005	3375	565	187
酒的制造	151	6633	360	946	137	56
饮料制造	152	6996	368	932	327	110
精制茶加工	153	4973	277	1497	101	21
烟草制品业	16	50	2	103	4	4
烟叶复烤	161	15	2	81	2	2
卷烟制造	162	9		1		
其他烟草制品制造	169	26		21	2	2
纺织业	17	81302	1660	4020	3739	1122
棉纺织及印染精加工	171	29270	681	1589	1357	468
毛纺织及染整精加工	172	4927	122	276	266	82
麻纺织及染整精加工	173	669	40	48	45	15

单位：个

与港、澳、台商合作经营	港、澳、台商独资	港、澳、台商投资股份有限公司	其他港、澳、台投资	外商投资企业	中外合资经营	中外合作经营	外资企业	外商投资股份有限公司	其他外商投资	代码
2	13	2	1	42	26	7	5	3	1	091
1	2	1		16	2	10	3	1		092
		1		9	6	1	1	1		093
9	65	2	4	92	31	8	44	5	4	10
7	54	2	3	64	17	6	37	3	1	101
	1			4	3		1			102
	1			2			2			103
2	9		1	22	11	2	4	2	3	109
1	6		1	11	4		6	1		11
	2			1			1			111
1	4		1	8	4		4			112
				2			1	1		119
1	2			3	2		1			12
1	2			3	2		1			120
1664	**43357**	**1297**	**660**	**61303**	**20431**	**1391**	**37427**	**1173**	**881**	**C**
44	706	37	15	2176	1032	99	972	43	30	13
5	46	4	1	95	49	1	40	2	3	131
5	89	6	2	335	141	22	162	4	6	132
	36	1		144	65	4	74		1	133
	10		1	19	11		6	1	1	134
12	109	10	1	195	99	3	80	8	5	135
9	149	10	5	545	284	42	211	5	3	136
9	167	2	3	573	268	17	270	13	5	137
4	100	4	2	270	115	10	129	10	6	139
34	720	37	23	1481	524	48	849	36	24	14
10	221	8	5	273	59	10	193	7	4	141
7	88	4	3	115	21	7	81	3	3	142
3	104	8	1	221	80	11	122	4	4	143
1	20	2	3	99	45	1	43	8	2	144
2	37	4	1	139	80	3	53	2	1	145
2	64	4	3	202	64	9	128	1		146
9	186	7	7	432	175	7	229	11	10	149
21	327	24	6	874	404	21	397	39	13	15
6	67	6	2	300	113	7	160	15	5	151
13	188	13	3	530	279	14	210	21	6	152
2	72	5	1	44	12		27	3	2	153
										16
										161
										162
										169
99	2423	69	26	2264	869	60	1275	40	20	17
38	821	26	4	703	278	17	388	14	6	171
4	174	5	1	121	65	3	53			172
1	28		1	23	12	2	9			173

2-4 续表 14

行业中类	代码					
		私营有限责任公司	私营股份有限公司	其他	港、澳、台商投资企业	与港、澳、台商合资经营
丝绢纺织及印染精加工	174	1920	60	65	81	46
化纤织造及印染精加工	175	8153	97	140	324	115
针织或钩针编织物及其制品制造	176	14160	214	549	709	154
家用纺织制成品制造	177	12589	258	923	439	119
非家用纺织制成品制造	178	9614	188	430	518	123
纺织服装、服饰业	18	88987	1805	6228	6267	1360
机织服装制造	181	53195	1227	3226	4401	931
针织或钩针编织服装制造	182	13376	198	550	1204	254
服饰制造	183	22416	380	2452	662	175
皮革、毛皮、羽毛及其制品和制鞋业	19	40028	830	2428	2966	490
皮革鞣制加工	191	1622	58	126	184	52
皮革制品制造	192	14164	279	904	1214	162
毛皮鞣制及制品加工	193	3553	86	259	84	32
羽毛(绒)加工及制品制造	194	1243	46	89	77	36
制鞋业	195	19446	361	1050	1407	208
木材加工和木、竹、藤、棕、草制品业	20	37828	1259	6141	699	191
木材加工	201	11155	457	3107	103	25
人造板制造	202	8084	326	883	181	67
木制品制造	203	14752	346	1454	299	68
竹、藤、棕、草等制品制造	204	3837	130	697	116	31
家具制造业	21	33367	815	2693	1256	220
木质家具制造	211	22634	558	1877	729	121
竹、藤家具制造	212	455	22	68	21	8
金属家具制造	213	3653	84	246	249	50
塑料家具制造	214	523	15	37	28	2
其他家具制造	219	6102	136	465	229	39
造纸和纸制品业	22	34543	864	1953	1532	371
纸浆制造	221	200	9	26	12	4
造纸	222	7842	277	522	412	135
纸制品制造	223	26501	578	1405	1108	232
印刷和记录媒介复制业	23	35350	1007	2650	997	274
印刷	231	32600	888	2314	944	257
装订及印刷相关服务	232	2627	115	316	30	10
记录媒介复制	233	123	4	20	23	7
文教、工美、体育和娱乐用品制造业	24	47166	1073	3670	4022	638
文教办公用品制造	241	5399	93	271	342	79
乐器制造	242	1132	35	75	68	22
工艺美术品制造	243	28507	708	2601	1920	333
体育用品制造	244	5467	101	234	497	76
玩具制造	245	5159	117	428	1125	114
游艺器材及娱乐用品制造	246	1502	19	61	70	14
石油加工和炼焦业	25	4148	196	266	132	58
精炼石油产品制造	251	3498	160	227	105	43
炼焦	252	650	36	39	27	15

单位：个

与港、澳、台商合作经营	港、澳、台商独资	港、澳、台商投资股份有限公司	其他港、澳、台投资	外商投资企业	中外合资经营	中外合作经营	外资企业	外商投资股份有限公司	其他外商投资	代码
3	31		1	61	34	2	23	2		174
4	195	6	4	151	71	3	74	3		175
31	505	11	8	335	133	12	181	4	5	176
10	297	10	3	528	194	15	303	11	5	177
8	372	11	4	342	82	6	244	6	4	178
164	4587	112	44	4421	1719	112	2467	65	58	18
115	3245	81	29	3205	1220	83	1808	52	42	181
35	888	17	10	651	286	15	336	7	7	182
14	454	14	5	565	213	14	323	6	9	183
87	2319	48	22	1764	492	47	1153	34	38	19
11	119	1	1	96	37	5	51	2	1	191
33	992	17	10	733	188	20	495	14	16	192
	49	1	2	80	42	1	36		1	193
3	37	1		47	27	3	15		2	194
40	1122	28	9	808	198	18	556	18	18	195
25	450	23	10	684	275	30	345	12	22	20
3	72	2	1	109	29	2	73	1	4	201
5	101	8		122	57	3	56	3	3	202
10	202	11	8	344	133	15	176	6	14	203
7	75	2	1	109	56	10	40	2	1	204
41	969	12	14	1086	317	20	710	18	21	21
26	564	9	9	666	207	12	423	10	14	211
2	11			9	2		6		1	212
4	188	2	5	182	48	5	123	5	1	213
1	25			19	4		15			214
8	181	1		210	56	3	143	3	5	219
60	1058	22	21	775	273	18	445	20	19	22
	7		1	8	2		2	2	2	221
21	239	12	5	224	115	5	97	6	1	222
39	812	10	15	543	156	13	346	12	16	223
54	638	20	11	521	184	25	292	11	9	23
48	610	19	10	488	172	21	275	11	9	231
2	17		1	25	8	2	15			232
4	11	1		8	4	2	2			233
107	3154	86	37	2912	790	74	1961	56	31	24
11	243	6	3	261	90	8	156	5	2	241
3	42	1		151	48	2	95	4	2	242
45	1496	36	10	1575	436	38	1062	23	16	243
6	399	13	3	460	94	10	339	11	6	244
41	920	29	21	406	107	15	268	12	4	245
1	54	1		59	15	1	41	1	1	246
5	64	4	1	191	103	8	75	3	2	25
2	56	3	1	161	77	7	72	3	2	251
3	8	1		30	26	1	3			252

2-4 续表 15

行业中类	代码	私营有限责任公司	私营股份有限公司	其他	港、澳、台商投资企业	与港、澳、台商合资经营
化学原料和化学制品制造业	26	59395	2571	3592	3088	952
基础化学原料制造	261	9060	475	480	419	184
肥料制造	262	7383	375	634	129	51
农药制造	263	1310	100	95	55	26
涂料、油墨、颜料及类似产品制造	264	10959	359	558	730	175
合成材料制造	265	6369	220	331	478	140
专用化学产品制造	266	15901	640	774	735	248
炸药、火工及焰火产品制造	267	1281	129	237	22	14
日用化学产品制造	268	7132	273	483	520	114
医药制造业	27	11439	699	987	686	340
化学药品原料药制造	271	1539	95	62	92	57
化学药品制剂制造	272	978	67	40	143	72
中药饮片加工	273	1898	136	385	34	13
中成药生产	274	1461	136	111	129	74
兽用药品制造	275	878	49	44	21	13
生物药品制造	276	2309	129	155	142	58
卫生材料及医药用品制造	277	2376	87	190	125	53
化学纤维制造业	28	4328	115	122	297	122
纤维素纤维原料及纤维制造	281	647	35	38	59	16
合成纤维制造	282	3681	80	84	238	106
橡胶和塑料制品业	29	88724	2149	4801	4857	892
橡胶制品业	291	16040	460	827	713	118
塑料制品业	292	72684	1689	3974	4144	774
非金属矿物制品业	30	100517	4131	12784	2364	811
水泥、石灰和石膏制造	301	6009	332	753	143	65
石膏、水泥制品及类似制品制造	302	21937	924	2823	414	161
砖瓦、石材等建筑材料制造	303	36892	1605	6447	618	190
玻璃制造	304	2654	91	136	113	45
玻璃制品制造	305	9240	244	506	322	106
玻璃纤维和玻璃纤维增强塑料制品制造	306	3428	94	191	97	28
陶瓷制品制造	307	6378	265	774	402	114
耐火材料制品制造	308	5692	200	481	79	35
石墨及其他非金属矿物制品制造	309	8287	376	673	176	67
黑色金属冶炼和压延加工业	31	19947	740	994	524	252
炼铁	311	620	48	84	16	9
炼钢	312	455	21	42	20	17
黑色金属铸造	313	7466	298	408	134	56
钢压延加工	314	9856	274	372	333	161
铁合金冶炼	315	1550	99	88	21	9
有色金属冶炼和压延加工业	32	14889	580	776	650	210
常用有色金属冶炼	321	2533	152	196	90	41
贵金属冶炼	322	312	23	41	16	7
稀有稀土金属冶炼	323	515	41	18	10	5
有色金属合金制造	324	2120	68	97	109	35

单位：个

与港、澳、台商合作经营	港、澳、台商独资	港、澳、台商投资股份有限公司	其他港、澳、台投资	外商投资企业	中外合资经营	中外合作经营	外资企业	外商投资股份有限公司	其他外商投资	代码
82	1958	71	25	3775	1447	86	2115	83	44	26
11	208	10	6	654	323	15	294	17	5	261
4	65	8	1	205	98	9	79	14	5	262
	27	1	1	78	48	1	27	2		263
21	522	10	2	674	236	14	400	16	8	264
7	311	14	6	593	206	11	357	10	9	265
20	442	18	7	1053	384	18	625	17	9	266
1	6	1		25	14	2	7	1	1	267
18	377	9	2	493	138	16	326	6	7	268
19	291	29	7	975	493	28	419	27	8	27
5	30			151	87	8	49	6	1	271
3	53	13	2	208	103	5	94	5	1	272
	18	2	1	46	28	1	15	1	1	273
5	47	2	1	98	56	3	36	3		274
	7	1		47	34	1	11	1		275
4	71	9		239	113	7	108	8	3	276
2	65	2	3	186	72	3	106	3	2	277
4	161	8	2	213	90	3	110	4	6	28
	41		2	52	25	1	24	1	1	281
4	120	8		161	65	2	86	3	5	282
120	3701	82	62	3436	914	75	2341	56	50	29
16	555	15	9	711	192	14	491	8	6	291
104	3146	67	53	2725	722	61	1850	48	44	292
143	1324	59	27	2346	968	104	1181	50	43	30
8	65	2	3	137	58	5	66	4	4	301
15	225	9	4	258	127	12	106	4	9	302
19	385	18	6	610	258	19	304	15	14	303
1	62	2	3	79	35	1	41	2		304
6	197	9	4	325	119	8	189	7	2	305
3	60	4	2	133	47	4	79	1	2	306
81	194	10	3	338	118	47	162	6	5	307
1	39	4		192	102	3	79	5	3	308
9	97	1	2	274	104	5	155	6	4	309
15	245	8	4	634	298	16	295	15	10	31
1	5	1		15	7		6	1	1	311
1	2			12	6	1	4	1		312
6	69	2	1	200	93	9	92	3	3	313
7	157	5	3	355	163	5	173	9	5	314
	12			52	29	1	20	1	1	315
23	393	15	9	635	270	20	324	12	9	32
6	37	5	1	79	43		29	4	3	321
1	7	1		17	5	6	5		1	322
1	4			37	22	4	11			323
2	67	3	2	126	49	3	71	3		324

2-4 续表 16

行业中类	代码	私营有限责任公司	私营股份有限公司	其他	港、澳、台商投资企业	与港、澳、台商合资经营
有色金属铸造	325	971	35	66	34	7
有色金属压延加工	326	8438	261	358	391	115
金属制品业	33	139971	3084	7948	4087	923
结构性金属制品制造	331	45588	1197	2814	783	192
金属工具制造	332	14659	280	838	465	110
集装箱及金属包装容器制造	333	3758	114	143	232	83
金属丝绳及其制品制造	334	9091	122	755	159	54
建筑、安全用金属制品制造	335	19971	426	884	614	146
金属表面处理及热处理加工	336	6320	139	286	316	77
搪瓷制品制造	337	1369	16	79	31	8
金属制日用品制造	338	10862	190	647	615	114
其他金属制品制造	339	28353	600	1502	872	139
通用设备制造业	34	161525	3758	7136	3356	1000
锅炉及原动设备制造	341	5715	221	399	111	48
金属加工机械制造	342	26096	757	1687	503	126
物料搬运设备制造	343	6874	201	397	238	92
泵、阀门、压缩机及类似机械制造	344	22400	519	682	503	180
轴承、齿轮和传动部件制造	345	10486	231	353	298	104
烘炉、风机、衡器、包装等设备制造	346	16125	397	471	520	171
文化、办公用机械制造	347	1595	49	89	208	40
通用零部件制造	348	53425	1014	2106	797	198
其他通用设备制造业	349	18809	369	952	178	41
专用设备制造业	35	110048	3066	5341	3286	763
采矿、冶金、建筑专用设备制造	351	16380	631	933	256	90
化工、木材、非金属加工专用设备制造	352	32062	637	1182	1337	225
食品、饮料、烟草及饲料生产专用设备制造	353	3149	97	226	73	13
印刷、制药、日化及日用品生产专用设备制造	354	5745	197	315	245	76
纺织、服装和皮革加工专用设备制造	355	6723	120	186	296	74
电子和电工机械专用设备制造	356	8724	258	478	295	53
农、林、牧、渔专用机械制造	357	5939	238	548	80	18
医疗仪器设备及器械制造	358	6786	216	344	294	90
环保、社会公共服务及其他专用设备制造	359	24540	672	1129	410	124
汽车制造业	36	40842	1000	1330	1401	515
汽车整车制造	361	465	23	34	32	18
改装汽车制造	362	543	29	41	15	11
低速载货汽车制造	363	43	2	3		
电车制造	364	558	10	41	5	2
汽车车身、挂车制造	365	756	25	33	13	5
汽车零部件及配件制造	366	38477	911	1178	1336	479
铁路、船舶、航空航天和其他运输设备制造业	37	17929	480	697	565	185
铁路运输设备制造	371	1632	70	80	34	18
城市轨道交通设备制造	372	151	3	5	2	2
船舶及相关装置制造	373	5527	172	245	136	52
航空、航天器及设备制造	374	582	27	28	35	11

单位：个

与港、澳、台商合作经营	港、澳、台商独资	港、澳、台商投资股份有限公司	其他港、澳、台投资	外商投资企业	中外合资经营	中外合作经营	外资企业	外商投资股份有限公司	其他外商投资	代码
	27			29	12	1	13	1	2	325
13	251	6	6	347	139	6	195	4	3	326
144	2887	83	50	3523	1125	89	2192	70	47	33
24	538	19	10	743	276	27	409	17	14	331
25	310	18	2	479	140	14	306	12	7	332
9	136	3	1	226	102	4	115	5		333
6	97	2		172	67	2	96	5	2	334
18	426	14	10	564	164	9	376	9	6	335
12	220	4	3	273	61	7	201	2	2	336
1	22			26	11		14		1	337
29	449	10	13	355	113	12	219	7	4	338
20	689	13	11	685	191	14	456	13	11	339
57	2195	65	39	5240	1618	90	3383	85	64	34
4	52	6	1	245	120		116	8	1	341
14	347	11	5	716	213	12	471	9	11	342
3	137	5	1	373	136	10	216	7	4	343
8	304	7	4	1066	327	11	697	20	11	344
5	178	4	7	490	159	12	310	4	5	345
9	324	12	4	873	264	18	559	18	14	346
3	160	3	2	194	44	2	141	2	5	347
9	566	15	9	987	289	20	660	9	9	348
2	127	2	6	296	66	5	213	8	4	349
58	2355	75	35	4489	1290	68	2981	76	74	35
5	154	6	1	509	203	8	281	8	9	351
20	1055	22	15	1386	296	17	1033	19	21	352
4	54	1	1	126	39	4	81	2		353
6	156	3	4	261	76	6	168	6	5	354
7	203	10	2	266	72	6	179	5	4	355
4	223	11	4	392	82	3	288	9	10	356
2	56	4		189	59	2	119	3	6	357
7	193	3	1	567	208	12	328	9	10	358
3	261	15	7	793	255	10	504	15	9	359
29	819	26	12	3594	1289	46	2143	56	60	36
	12	1	1	122	97	1	21	2	1	361
	3	1		33	21		9	2	1	362
				2	1	1				363
	3			6	3		3			364
2	6			24	13		11			365
27	795	24	11	3407	1154	44	2099	52	58	366
9	359	6	6	881	368	21	473	15	4	37
	16			83	55	1	26		1	371
				10	6		3		1	372
3	77	2	2	305	132	8	161	4		373
	24			98	53	2	41	2		374

2-4 续表 17

行业中类	代码	私营有限责任公司	私营股份有限公司	其他	港、澳、台商投资企业	与港、澳、台商合资经营
摩托车制造	375	3872	113	107	104	43
自行车制造	376	4952	69	178	187	46
非公路休闲车及零配件制造	377	503	11	19	42	8
潜水救捞及其他未列明运输设备制造	379	710	15	35	25	5
电气机械和器材制造业	38	103567	2514	3624	4758	1183
电机制造	381	10149	239	442	381	120
输配电及控制设备制造	382	36579	921	1049	1363	334
电线、电缆、光缆及电工器材制造	383	13952	386	565	815	161
电池制造	384	3146	115	97	274	90
家用电力器具制造	385	12972	230	520	714	190
非电力家用器具制造	386	3550	117	184	92	22
照明器具制造	387	16194	334	407	977	228
其他电气机械及器材制造	389	7025	172	360	142	38
计算机、通信和其他电子设备制造业	39	55851	1540	2130	5469	1010
计算机制造	391	5151	169	199	651	87
通信设备制造	392	4879	138	173	437	87
广播电视设备制造	393	1855	44	60	226	47
雷达及配套设备制造	394	123	5	4	5	1
视听设备制造	395	2765	67	133	476	84
电子器件制造	396	8183	297	292	892	217
电子元件制造	397	22295	530	780	2250	414
其他电子设备制造	399	10600	290	489	532	73
仪器仪表制造业	40	22166	654	827	1259	250
通用仪器仪表制造	401	11966	393	349	345	116
专用仪器仪表制造	402	3556	125	144	126	34
钟表与计时仪器制造	403	1164	32	79	448	34
光学仪器及眼镜制造	404	3517	50	135	298	55
其他仪器仪表制造业	409	1963	54	120	42	11
其他制造业	41	28437	751	3176	810	111
日用杂品制造	411	6491	152	405	545	56
煤制品制造	412	1030	56	217	8	4
其他未列明制造业	419	20916	543	2554	257	51
废弃资源综合利用业	42	6173	247	635	136	57
金属废料和碎屑加工处理	421	3072	124	309	81	36
非金属废料和碎屑加工处理	422	3101	123	326	55	21
金属制品、机械和设备修理业	43	9954	224	915	112	31
金属制品修理	431	484	15	50	20	4
通用设备修理	432	1479	32	116	10	1
专用设备修理	433	1174	30	135	14	2
铁路、船舶、航空航天等运输设备修理	434	2973	58	153	36	21
电气设备修理	435	791	14	68	8	2
仪器仪表修理	436	199	6	23	3	
其他机械和设备修理业	439	2854	69	370	21	1

单位：个

与港、澳、台商合作经营	港、澳、台商独资	港、澳、台商投资股份有限公司	其他港、澳、台投资	外商投资企业	中外合资经营	中外合作经营	外资企业	外商投资股份有限公司	其他外商投资	代码
3	55	1	2	121	52	5	62	1	1	375
2	135	2	2	199	53	4	135	7		376
	34			28	5		21	1	1	377
1	18	1		37	12	1	24			379
88	3334	102	51	4407	1448	75	2725	100	59	38
9	244	8		488	169	14	294	10	1	381
20	950	38	21	1423	480	23	877	27	16	382
21	612	13	8	675	190	11	443	18	13	383
2	177	5		258	110	8	132	6	2	384
17	484	15	8	610	192	9	383	17	9	385
1	64	3	2	98	33	1	56	6	2	386
16	705	19	9	656	218	8	403	13	14	387
2	98	1	3	199	56	1	137	3	2	389
88	4187	125	59	5645	1117	62	4287	102	77	39
6	534	17	7	594	78	4	495	9	8	391
3	336	7	4	458	113	7	322	11	5	392
	172	6	1	141	35	1	101	3	1	393
	3	1		4	1	1	1		1	394
9	373	8	2	346	94	4	239	3	6	395
17	623	22	13	1195	298	14	855	14	14	396
41	1721	52	22	2279	376	26	1797	48	32	397
12	425	12	10	628	122	5	477	14	10	399
15	942	29	23	1409	425	24	913	29	18	40
3	211	10	5	686	225	8	432	15	6	401
	86	4	2	259	74	4	172	5	4	402
7	387	8	12	81	16	4	57		4	403
5	228	7	3	299	91	6	194	7	1	404
	30		1	84	19	2	58	2	3	409
18	654	15	12	629	143	12	443	14	17	41
13	460	10	6	300	83	6	203	4	4	411
	4			8	3		4		1	412
5	190	5	6	321	57	6	236	10	12	419
5	70	4		169	78	2	88		1	42
3	40	2		121	56	1	63		1	421
2	30	2		48	22	1	25			422
6	67	1	7	154	68	8	73	2	3	43
1	15			15	7		8			431
2	6		1	15	3		10		2	432
	12			21	7	2	12			433
3	6		6	66	41	5	20			434
	5	1		6	2		3	1		435
	3			3			3			436
	20			28	8	1	17	1	1	439

2-4 续表 18

行业中类	代码	私营有限责任公司	私营股份有限公司	其他	港、澳、台商投资企业	与港、澳、台商合资经营
电力、热力、燃气及水生产和供应业	D	**24488**	**1744**	**5580**	**1228**	**580**
电力、热力生产和供应业	44	16691	1328	3694	683	301
电力生产	441	12642	1150	3091	615	270
电力供应	442	1338	57	347	18	7
热力生产和供应	443	2711	121	256	50	24
燃气生产和供应业	45	3135	196	476	322	186
燃气生产和供应业	450	3135	196	476	322	186
水的生产和供应业	46	4662	220	1410	223	93
自来水生产和供应	461	2333	150	1114	98	47
污水处理及其再生利用	462	1857	49	211	118	43
其他水的处理、利用与分配	469	472	21	85	7	3
建筑业	E	**441628**	**13501**	**30507**	**1031**	**469**
房屋建筑业	47	68888	2967	4982	149	73
房屋建筑业	470	68888	2967	4982	149	73
土木工程建筑业	48	72529	2194	5508	162	67
铁路、道路、隧道和桥梁工程建筑	481	27595	952	2039	82	30
水利和内河港口工程建筑	482	4377	158	409	12	7
海洋工程建筑	483	255	3	27	1	
工矿工程建筑	484	2455	87	138	8	2
架线和管道工程建筑	485	7078	209	415	24	15
其他土木工程建筑	489	30769	785	2480	35	13
建筑安装业	49	77188	2165	5054	231	96
电气安装	491	17549	486	773	66	28
管道和设备安装	492	16188	507	886	54	26
其他建筑安装业	499	43451	1172	3395	111	42
建筑装饰和其他建筑业	50	223023	6175	14963	489	233
建筑装饰业	501	165097	4423	9909	423	207
工程准备活动	502	15576	477	783	20	5
提供施工设备服务	503	4103	181	411	8	4
其他未列明建筑业	509	38247	1094	3860	38	17
批发和零售业	F	**2832573**	**66680**	**254740**	**18283**	**2541**
批发业	51	1824924	38123	141175	14405	1793
农、林、牧产品批发	511	48736	1671	20558	208	40
食品、饮料及烟草制品批发	512	153972	3743	23731	1534	226
纺织、服装及家庭用品批发	513	284218	4032	11139	3608	396
文化、体育用品及器材批发	514	66257	1232	3233	820	89
医药及医疗器材批发	515	50015	1433	3621	344	66
矿产品、建材及化工产品批发	516	491330	11722	35172	2152	360
机械设备、五金产品及电子产品批发	517	476852	9300	21607	3774	405
贸易经纪与代理	518	72661	1670	7618	783	61
其他批发业	519	180883	3320	14496	1182	150
零售业	52	1007649	28557	113565	3878	748
综合零售	521	143571	4251	22763	756	129
食品、饮料及烟草制品专门零售	522	87536	2693	13192	405	63
纺织、服装及日用品专门零售	523	109568	2431	10179	879	132

单位：个

与港、澳、台商合作经营	港、澳、台商独资	港、澳、台商投资股份有限公司	其他港、澳、台投资	外商投资企业	中外合资经营	中外合作经营	外资企业	外商投资股份有限公司	其他外商投资	代码
61	**547**	**31**	**9**	**974**	**483**	**72**	**332**	**55**	**32**	D
31	329	16	6	449	237	43	121	33	15	44
27	298	14	6	405	213	38	110	29	15	441
2	8	1		8	1	1	4	2		442
2	23	1		36	23	4	7	2		443
11	112	11	2	268	148	8	90	14	8	45
11	112	11	2	268	148	8	90	14	8	450
19	106	4	1	257	98	21	121	8	9	46
14	35	2		94	44	16	31	2	1	461
5	67	2	1	155	50	4	87	6	8	462
	4			8	4	1	3			469
65	**397**	**29**	**71**	**853**	**338**	**40**	**371**	**25**	**79**	E
10	47	4	15	134	40	9	57	6	22	47
10	47	4	15	134	40	9	57	6	22	470
20	63	4	8	153	63	14	61	5	10	48
15	30	2	5	67	24	9	31	1	2	481
1	4			10	6		3		1	482
	1			1			1			483
1	5			20	8	4	8			484
1	5	1	2	23	12	1	7	2	1	485
2	18	1	1	32	13		11	2	6	489
13	103	3	16	232	88	6	122	5	11	49
2	28	1	7	60	22	1	34		3	491
4	21	1	2	59	27	1	29	1	1	492
7	54	1	7	113	39	4	59	4	7	499
22	184	18	32	334	147	11	131	9	36	50
16	159	17	24	252	110	6	105	7	24	501
3	7	1	4	16	7		2	2	5	502
1	2		1	12	6	1	4		1	503
2	16		3	54	24	4	20		6	509
243	**14357**	**474**	**668**	**24515**	**3791**	**284**	**18193**	**719**	**1528**	F
142	11662	306	502	20543	2891	197	16000	526	929	51
4	153	3	8	231	54	7	151	6	13	511
33	1190	42	43	1679	332	22	1221	39	65	512
26	2952	80	154	4487	566	45	3482	136	258	513
7	689	12	23	840	114	10	663	23	30	514
3	255	15	5	524	98	6	390	13	17	515
30	1641	53	68	3015	478	28	2320	68	121	516
27	3197	56	89	6394	811	35	5215	103	230	517
5	599	21	97	1439	180	26	1009	88	136	518
7	986	24	15	1934	258	18	1549	50	59	519
101	2695	168	166	3972	900	87	2193	193	599	52
10	561	24	32	816	160	23	431	39	163	521
10	294	14	24	361	79	12	219	20	31	522
15	681	28	23	738	128	11	498	32	69	523

2-4 续表 19

行业中类	代码	私营有限责任公司	私营股份有限公司	其他	港、澳、台商投资企业	与港、澳、台商合资经营
文化、体育用品及器材专门零售	524	57732	1632	4567	275	46
医药及医疗器材专门零售	525	60331	2082	12238	100	26
汽车、摩托车、燃料及零配件专门零售	526	114631	4151	11365	515	159
家用电器及电子产品专门零售	527	137854	3840	10017	317	57
五金、家具及室内装饰材料专门零售	528	136487	3647	12335	280	40
货摊、无店铺及其他零售业	529	159939	3830	16909	351	96
交通运输、仓储和邮政业	**G**	**235785**	**7068**	**18825**	**2909**	**769**
铁路运输业	53	1333	51	222	9	3
铁路旅客运输	531	159	7	43	1	
铁路货物运输	532	557	20	78	4	2
铁路运输辅助活动	533	617	24	101	4	1
道路运输业	54	131435	4299	10563	694	157
城市公共交通运输	541	4614	328	468	69	21
公路旅客运输	542	3903	298	483	79	24
道路货物运输	543	117155	3429	8619	430	93
道路运输辅助活动	544	5763	244	993	116	19
水上运输业	55	6594	240	474	171	109
水上旅客运输	551	566	41	65	20	15
水上货物运输	552	4247	150	249	44	18
水上运输辅助活动	553	1781	49	160	107	76
航空运输业	56	916	33	82	32	16
航空客货运输	561	372	12	22	16	7
通用航空服务	562	282	12	30	4	2
航空运输辅助活动	563	262	9	30	12	7
管道运输业	57	138	4	25	9	7
管道运输业	570	138	4	25	9	7
装卸搬运和运输代理业	58	69787	1609	4216	1199	269
装卸搬运	581	10804	314	1222	64	34
运输代理业	582	58983	1295	2994	1135	235
仓储业	59	14558	432	1862	772	203
谷物、棉花等农产品仓储	591	2270	117	872	25	6
其他仓储业	599	12288	315	990	747	197
邮政业	60	11024	400	1381	23	5
邮政基本服务	601	196	11	194	2	1
快递服务	602	10828	389	1187	21	4
住宿和餐饮业	**H**	**126531**	**4676**	**15842**	**2625**	**672**
住宿业	61	34453	1641	4282	894	337
旅游饭店	611	11018	611	1100	693	279
一般旅馆	612	19438	828	2430	165	46
其他住宿业	619	3997	202	752	36	12
餐饮业	62	92078	3035	11560	1731	335
正餐服务	621	68893	2381	8532	1191	259
快餐服务	622	6454	189	856	236	22
饮料及冷饮服务	623	3690	102	382	144	20

单位：个

与港、澳、台商合作经营	港、澳、台商独资	港、澳、台商投资股份有限公司	其他港、澳、台投资	外商投资企业	中外合资经营	中外合作经营	外资企业	外商投资股份有限公司	其他外商投资	代码
7	194	18	10	314	31	5	177	11	90	524
12	29	25	8	105	27	2	42	7	27	525
22	294	23	17	573	241	11	211	38	72	526
6	226	17	11	324	66	5	198	15	40	527
9	206	7	18	295	61	7	176	11	40	528
10	210	12	23	446	107	11	241	20	67	529
342	**1622**	**89**	**87**	**2284**	**759**	**217**	**1152**	**61**	**95**	**G**
1	5			8	3		4		1	53
1										531
	2			4	2		2			532
	3			4	1		2		1	533
274	189	27	47	496	159	165	128	17	27	54
18	22	4	4	45	18	14	8	2	3	541
43	3	3	6	22	8	5	3	1	5	542
164	122	17	34	326	116	76	107	8	19	543
49	42	3	3	103	17	70	10	6		544
11	43	7	1	155	112	6	33	2	2	55
3	2			11	7		3		1	551
4	18	3	1	34	23	1	9	1		552
4	23	4		110	82	5	21	1	1	553
	11	4	1	50	17	1	22	5	5	56
	6	2	1	23	7		11	3	2	561
	1	1		7	3		2	1	1	562
	4	1		20	7	1	9	1	2	563
	1		1	14	9		5			57
	1		1	14	9		5			570
33	835	33	29	823	244	29	489	24	37	58
3	24		3	69	41	5	17	1	5	581
30	811	33	26	754	203	24	472	23	32	582
22	524	15	8	714	203	16	466	11	18	59
	17	1	1	10	4		6			591
22	507	14	7	704	199	16	460	11	18	599
1	14	3		24	12		5	2	5	60
	1			1	1					601
1	13	3		23	11		5	2	5	602
142	**1659**	**86**	**66**	**2697**	**665**	**117**	**1610**	**155**	**150**	**H**
75	425	37	20	660	233	66	291	36	34	61
58	310	32	14	459	175	53	194	18	19	611
15	96	5	3	167	48	10	83	15	11	612
2	19		3	34	10	3	14	3	4	619
67	1234	49	46	2037	432	51	1319	119	116	62
48	832	29	23	1307	306	39	824	67	71	621
7	189	8	10	387	61	4	273	30	19	622
6	104	6	8	187	36	4	123	13	11	623

2-4 续表 20

行业中类	代码	私营有限责任公司	私营股份有限公司	其他	港、澳、台商投资企业	与港、澳、台商合资经营
其他餐饮业	629	13041	363	1790	160	34
信息传输、软件和信息技术服务业	**I**	**307197**	**6845**	**18545**	**4208**	**574**
电信、广播电视和卫星传输服务	63	5815	216	1033	343	55
电信	631	4867	175	860	334	55
广播电视传输服务	632	719	32	156	6	
卫星传输服务	633	229	9	17	3	
互联网和相关服务	64	36522	1150	3914	177	28
互联网接入及相关服务	641	3620	105	382	18	6
互联网信息服务	642	25137	842	2542	141	16
其他互联网服务	649	7765	203	990	18	6
软件和信息技术服务业	65	264860	5479	13598	3688	491
软件开发	651	165846	3200	7181	2728	335
信息系统集成服务	652	21607	496	1011	220	45
信息技术咨询服务	653	42279	975	2523	388	54
数据处理和存储服务	654	4118	116	280	82	14
集成电路设计	655	1988	76	97	98	22
其他信息技术服务业	659	29022	616	2506	172	21
金融业	**J**	**42363**	**2485**	**5361**	**1458**	**681**
货币金融服务	66	10069	973	1691	933	435
中央银行服务	661	56	4	19		
货币银行服务	662	965	202	639	152	5
非货币银行服务	663	9040	764	1025	781	430
银行监管服务	664	8	3	8		
资本市场服务	67	18699	740	1688	183	67
证券市场服务	671	1596	80	212	34	19
期货市场服务	672	177	3	22	6	4
证券期货监管服务	673	15	1	6		
资本投资服务	674	13699	528	1101	109	31
其他资本市场服务	679	3212	128	347	34	13
保险业	68	4317	399	1094	102	56
人身保险	681	519	108	277	40	27
财产保险	682	579	152	322	24	6
再保险	683	10		4	1	
养老金	684	13	3	4		
保险经纪与代理服务	685	2378	89	374	27	18
保险监管服务	686	10	1	2		
其他保险活动	689	808	46	111	10	5
其他金融业	69	9278	373	888	240	123
金融信托与管理服务	691	2056	101	189	16	5
控股公司服务	692	771	23	65	15	2
非金融机构支付服务	693	283	12	21	2	
金融信息服务	694	2411	74	158	15	2
其他未列明金融业	699	3757	163	455	192	114

单位：个

与港、澳、台商合作经营	港、澳、台商独资	港、澳、台商投资股份有限公司	其他港、澳、台投资	外商投资企业	中外合资经营	中外合作经营	外资企业	外商投资股份有限公司	其他外商投资	代码
6	109	6	5	156	29	4	99	9	15	629
50	**3316**	**162**	**106**	**5688**	**1140**	**51**	**4127**	**204**	**166**	**I**
3	189	76	20	292	29	1	151	77	34	63
3	181	75	20	283	26	1	148	74	34	631
	6			7	2		3	2		632
	2	1		2	1			1		633
4	136	3	6	199	45	4	126	11	13	64
	11	1		17	2		10	2	3	641
4	113	2	6	159	39	4	102	8	6	642
	12			23	4		14	1	4	649
43	2991	83	80	5197	1066	46	3850	116	119	65
27	2270	46	50	3857	781	30	2894	80	72	651
4	154	8	9	320	73	7	233	2	5	652
7	300	16	11	478	85	3	351	18	21	653
	61	2	5	110	19	2	86	2	1	654
1	71	3	1	203	46	1	141	10	5	655
4	135	8	4	229	62	3	145	4	15	659
17	**703**	**33**	**24**	**1933**	**825**	**28**	**755**	**267**	**58**	**J**
6	468	16	8	738	215	8	427	70	18	66
				1				1		661
2	135	8	2	423	71	1	290	51	10	662
4	333	8	6	314	144	7	137	18	8	663
										664
4	93	7	12	190	80	10	73	13	14	67
	9	5	1	68	52	2	8	4	2	671
	1		1							672
										673
3	67	2	6	97	24	6	51	7	9	674
1	16		4	25	4	2	14	2	3	679
5	35	5	1	916	503	9	201	179	24	68
1	10	1	1	593	387	5	97	90	14	681
1	14	3		261	84	1	89	80	7	682
	1			6			4		2	683
				1	1					684
3	5	1		35	21	2	4	7	1	685
				1			1			686
	5			19	10	1	6	2		689
2	107	5	3	89	27	1	54	5	2	69
1	7	2	1	21	7		13	1		691
1	10		2	8	2		6			692
	2			2		1	1			693
	12	1		9			7	1	1	694
	76	2		49	18		27	3	1	699

2-4 续表 21

行业中类	代码	私营有限责任公司	私营股份有限公司	其他	港、澳、台商投资企业	与港、澳、台商合资经营
房地产业	K	**256350**	**10273**	**16518**	**7346**	**2313**
房地产业	70	256350	10273	16518	7346	2313
房地产开发经营	701	94227	5129	3897	5072	1752
物业管理	702	84998	2960	7136	1131	276
房地产中介服务	703	59587	1663	3852	393	65
自有房地产经营活动	704	8986	208	786	578	178
其他房地产业	709	8552	313	847	172	42
租赁和商务服务业	L	**931854**	**23134**	**74173**	**9053**	**1677**
租赁业	71	65122	1868	6204	879	497
机械设备租赁	711	63122	1820	6039	864	492
文化及日用品出租	712	2000	48	165	15	5
商务服务业	72	866732	21266	67969	8174	1180
企业管理服务	721	174023	4225	16834	1790	351
法律服务	722	3451	117	2178	7	1
咨询与调查	723	259606	5250	15708	4646	461
广告业	724	174742	4537	11438	325	45
知识产权服务	725	7077	158	328	61	4
人力资源服务	726	44698	1366	4261	110	22
旅行社及相关服务	727	29254	1299	2908	177	43
安全保护服务	728	6186	212	498	16	5
其他商务服务业	729	167695	4102	13816	1042	248
科学研究和技术服务业	M	**391992**	**8853**	**36483**	**3618**	**683**
研究和试验发展	73	64270	1358	4094	759	180
自然科学研究和试验发展	731	6956	135	535	66	18
工程和技术研究和试验发展	732	43818	779	2191	459	90
农业科学研究和试验发展	733	6068	223	810	47	11
医学研究和试验发展	734	6820	196	464	182	61
社会人文科学研究	735	608	25	94	5	
专业技术服务业	74	169370	4379	11277	1623	280
气象服务	741	308	10	76		
地震服务	742	225	12	36		
海洋服务	743	394	10	22	7	3
测绘服务	744	4427	192	475	1	
质检技术服务	745	9371	326	849	120	28
环境与生态监测	746	3233	106	253	16	1
地质勘查	747	2551	114	303	23	7
工程技术	748	64183	1844	3338	517	81
其他专业技术服务业	749	84678	1765	5925	939	160
科技推广和应用服务业	75	158352	3116	21112	1236	223
技术推广服务	751	121717	2375	18444	980	178
科技中介服务	752	6315	160	571	52	7
其他科技推广和应用服务业	759	30320	581	2097	204	38
水利、环境和公共设施管理业	N	**37290**	**1339**	**4308**	**407**	**121**
水利管理业	76	2023	90	523	13	5
防洪除涝设施管理	761	270	2	56	2	2

单位：个

与港、澳、台商合作经营	港、澳、台商独资	港、澳、台商投资股份有限公司	其他港、澳、台投资	外商投资企业	中外合资经营	中外合作经营	外资企业	外商投资股份有限公司	其他外商投资	代码
568	**4210**	**144**	**111**	**3656**	**1251**	**264**	**1859**	**137**	**145**	K
568	4210	144	111	3656	1251	264	1859	137	145	70
426	2748	97	49	2303	876	191	1101	82	53	701
56	742	27	30	643	167	29	363	28	56	702
19	285	7	17	250	53	5	160	10	22	703
41	342	6	11	342	109	20	190	11	12	704
26	93	7	4	118	46	19	45	6	2	709
155	**6779**	**146**	**296**	**10039**	**1474**	**152**	**7472**	**281**	**660**	L
7	356	10	9	400	117	7	224	14	38	71
6	347	10	9	386	112	6	216	14	38	711
1	9			14	5	1	8			712
148	6423	136	287	9639	1357	145	7248	267	622	72
46	1237	41	115	1922	311	33	1294	86	198	721
1	3	1	1	15	1		9	1	4	722
44	3994	61	86	5898	662	68	4780	124	264	723
16	226	8	30	360	73	10	218	4	55	724
1	52	2	2	52	11	2	37	1	1	725
1	79		8	68	24	5	26	6	7	726
12	111	7	4	130	31	3	66	14	16	727
1	7	1	2	20	14		5		1	728
26	714	15	39	1174	230	24	813	31	76	729
65	**2654**	**72**	**144**	**5344**	**1647**	**106**	**3305**	**130**	**156**	M
13	539	21	6	1382	507	23	794	30	28	73
1	45	2		78	30	3	44		1	731
8	341	15	5	781	253	10	488	14	16	732
2	32	2		53	20	5	22	2	4	733
2	116	2	1	464	202	5	237	13	7	734
	5			6	2		3	1		735
28	1191	29	95	2198	554	52	1468	52	72	74
				2			1		1	741
				1			1			742
	4			12	9		3			743
			1	8			5		3	744
1	86	2	3	259	89	8	149	9	4	745
1	11	1	2	18	5	1	10	2		746
2	12	2		44	9	15	17	2	1	747
12	360	9	55	731	156	9	528	13	25	748
12	718	15	34	1123	286	19	754	26	38	749
24	924	22	43	1764	586	31	1043	48	56	75
21	725	17	39	1441	496	27	838	40	40	751
1	39	2	3	85	15	1	62	1	6	752
2	160	3	1	238	75	3	143	7	10	759
34	**228**	**12**	**12**	**315**	**115**	**27**	**134**	**16**	**23**	N
	8			22	10		9		3	76
										761

2-4 续表 22

行业中类	代码	私营有限责任公司	私营股份有限公司	其他	港、澳、台商投资企业	与港、澳、台商合资经营
水资源管理	762	358	18	136	4	
天然水收集与分配	763	114	9	64	2	2
水文服务	764	143	5	40	2	1
其他水利管理业	769	1138	56	227	3	
生态保护和环境治理业	77	5381	194	643	100	37
生态保护	771	544	27	209	5	1
环境治理业	772	4837	167	434	95	36
公共设施管理业	78	29886	1055	3142	294	79
市政设施管理	781	2532	91	360	57	9
环境卫生管理	782	3189	84	363	16	7
城乡市容管理	783	875	27	103	2	
绿化管理	784	16122	516	1469	33	11
公园和游览景区管理	785	7168	337	847	186	52
居民服务、修理和其他服务业	**O**	**164242**	**5009**	**19874**	**652**	**149**
居民服务业	79	55997	1737	7589	296	66
家庭服务	791	14098	378	1421	20	3
托儿所服务	792	237	5	106		
洗染服务	793	2274	68	216	22	7
理发及美容服务	794	9391	250	1013	98	13
洗浴服务	795	3106	165	506	45	15
保健服务	796	4526	167	555	35	8
婚姻服务	797	5004	134	497	14	
殡葬服务	798	1512	65	280	26	9
其他居民服务业	799	15849	505	2995	36	11
机动车、电子产品和日用产品修理业	80	52969	1722	5835	196	53
汽车、摩托车修理与维护	801	37888	1302	4370	111	38
计算机和办公设备维修	802	6354	182	537	43	10
家用电器修理	803	6088	169	604	27	3
其他日用产品修理业	809	2639	69	324	15	2
其他服务业	81	55276	1550	6450	160	30
清洁服务	811	24701	652	2151	65	13
其他未列明服务业	819	30575	898	4299	95	17
教育	**P**	**33387**	**1198**	**9453**	**169**	**38**
教育	82	33387	1198	9453	169	38
学前教育	821	1894	62	2806	22	6
初等教育	822	231	12	523	3	
中等教育	823	301	23	388	2	
高等教育	824	96	6	60	2	
特殊教育	825	161	7	75	1	1
技能培训、教育辅助及其他教育	829	30704	1088	5601	139	31
卫生和社会工作	**Q**	**11616**	**487**	**5064**	**106**	**46**
卫生	83	9238	410	4162	67	31
医院	831	4104	248	1321	37	20
社区医疗与卫生院	832	289	14	734	1	

单位：个

与港、澳、台商合作经营	港、澳、台商独资	港、澳、台商投资股份有限公司	其他港、澳、台投资	外商投资企业	中外合资经营	中外合作经营	外资企业	外商投资股份有限公司	其他外商投资	代码
	4			5	3		2			762
				4	2		1		1	763
	1									764
	3			13	5		6		2	769
5	54	1	3	118	47	6	53	5	7	77
2	2			10	3	3	3		1	771
3	52	1	3	108	44	3	50	5	6	772
29	166	11	9	175	58	21	72	11	13	78
18	29		1	36	7	15	10	2	2	781
1	8			11	2	2	6		1	782
	2			3	1		2			783
1	17	2	2	32	11	1	13	2	5	784
9	110	9	6	93	37	3	41	7	5	785
38	**418**	**20**	**27**	**831**	**193**	**33**	**493**	**38**	**74**	**O**
21	187	11	11	364	81	10	221	23	29	79
1	12	1	3	20	4		11	2	3	791
				1			1			792
2	12	1		21	9	2	7	2	1	793
	81	2	2	186	25	2	136	12	11	794
5	22	3		38	18	1	17	1	1	795
4	22	1		29	10		15	1	3	796
	14			18	3		12	1	2	797
9	6	2		10	3	3	2	1	1	798
	18	1	6	41	9	2	20	3	7	799
14	117	6	6	240	72	14	132	7	15	80
10	59	2	2	141	58	11	56	4	12	801
1	27	4	1	62	9	1	47	3	2	802
2	20		2	24	5	1	17		1	803
1	11		1	13		1	12			809
3	114	3	10	227	40	9	140	8	30	81
	46	1	5	61	12	2	41	3	3	811
3	68	2	5	166	28	7	99	5	27	819
19	**99**	**5**	**8**	**245**	**57**	**13**	**122**	**13**	**40**	**P**
19	99	5	8	245	57	13	122	13	40	82
5	10	1		30	5		9	1	15	821
	2		1	5			2		3	822
	1		1	6		1	5			823
1		1								824
				1			1			825
13	86	3	6	203	52	12	105	12	22	829
11	**46**		**3**	**111**	**48**	**23**	**25**	**5**	**10**	**Q**
11	22		3	100	45	22	21	4	8	83
9	8			48	25	12	7	2	2	831
			1	3	1		2			832

2-4 续表 23

行业中类	代码	私营有限责任公司	私营股份有限公司	其他	港、澳、台商投资企业	与港、澳、台商合资经营
门诊部(所)	833	3354	98	1746	18	7
计划生育技术服务活动	834	24		34		
妇幼保健院(所、站)	835	63	3	20	1	
专科疾病防治院(所、站)	836	190	4	51	1	1
疾病预防控制中心	837	45	2	15		
其他卫生活动	839	1169	41	241	9	3
社会工作	84	2378	77	902	39	15
提供住宿社会工作	841	2101	72	729	36	13
不提供住宿社会工作	842	277	5	173	3	2
文化、体育和娱乐业	R	**101370**	**2989**	**17272**	**805**	**297**
新闻和出版业	85	1229	60	229	15	5
新闻业	851	130	3	28	2	
出版业	852	1099	57	201	13	5
广播、电视、电影和影视录音制作业	86	13230	517	935	166	66
广播	861	432	16	91	1	
电视	862	735	27	57	3	1
电影和影视节目制作	863	8046	285	397	30	15
电影和影视节目发行	864	660	26	49	11	1
电影放映	865	2770	144	291	116	48
录音制作	866	587	19	50	5	1
文化艺术业	87	42532	975	3993	135	27
文艺创作与表演	871	7923	211	1127	31	4
艺术表演场馆	872	332	11	59	5	3
图书馆与档案馆	873	312	9	37		
文物及非物质文化遗产保护	874	441	22	160	4	2
博物馆	875	181	9	54	2	1
烈士陵园、纪念馆	876	18	2	11		
群众文化活动	877	4878	111	438	12	2
其他文化艺术业	879	28447	600	2107	81	15
体育	88	10979	328	1077	221	65
体育组织	881	2059	68	250	24	6
体育场馆	882	686	20	72	19	4
休闲健身活动	883	6606	191	588	167	51
其他体育	889	1628	49	167	11	4
娱乐业	89	33400	1109	11038	268	134
室内娱乐活动	891	25162	869	10236	150	96
游乐园	892	1287	55	115	37	13
彩票活动	893	54	3	23	1	1
文化、娱乐、体育经纪代理	894	3871	90	257	23	3
其他娱乐业	899	3026	92	407	57	21
公共管理、社会保障和社会组织	S	**66**	**1**	**75**		
社会保障	93	66	1	75		
社会保障	93	66	1	75		

单位：个

与港、澳、台商合作经营	港、澳、台商独资	港、澳、台商投资股份有限公司	其他港、澳、台投资	外商投资企业	中外合资经营	中外合作经营	外资企业	外商投资股份有限公司	其他外商投资	代码
2	7		2	23	7	7	4		5	833
				1	1					834
	1			4	2		1	1		835
										836
										837
	6			21	9	3	7	1	1	839
	24			11	3	1	4	1	2	84
	23			10	3	1	3	1	2	841
	1			1			1			842
84	**364**	**26**	**34**	**615**	**188**	**56**	**282**	**33**	**56**	**R**
3	5	1	1	14	4	2	5		3	85
1	1			4			1		3	851
2	4	1	1	10	4	2	4			852
6	77	8	9	73	28	1	29	7	8	86
			1	2	1		1			861
	2			4	2			1	1	862
2	12	1		31	6	1	16	4	4	863
	9	1		4	2		1		1	864
4	50	6	8	30	15		11	2	2	865
	4			2	2					866
5	92	4	7	120	27	3	69	6	15	87
2	23	1	1	21	9		8	1	3	871
1	1			3	2				1	872
				1			1			873
	1		1	1		1				874
	1			5	1	1	3			875
										876
	8	1	1	15	1	1	10	2	1	877
2	58	2	4	74	14		47	3	10	879
47	99	5	5	211	53	28	106	13	11	88
3	15			20	6	1	11	1	1	881
5	9		1	10	2	1	4	2	1	882
39	69	4	4	164	37	25	85	10	7	883
	6	1		17	8	1	6		2	889
23	91	8	12	197	76	22	73	7	19	89
14	28	4	8	115	47	16	30	5	17	891
3	18	1	2	27	8	2	16	1		892
										893
1	17		2	13	7		4		2	894
5	28	3		42	14	4	23	1		899
				1				**1**		**S**
				1				1		93
				1				1		93

2-5 按地区、登记注册类型

(2016年)

地　区	企　业单位数	内资企业	国有企业	集体企业	股份合作企　业	国有联营企　业	集体联营企　业
全　国	**14618448**	**14378293**	**132373**	**141442**	**67654**	**2181**	**6489**
北　京	669663	653585	6034	10721	13537	57	274
天　津	362508	353620	3432	4339	916	60	239
河　北	611099	608689	4274	5140	2325	38	172
山　西	336910	336396	5023	4038	387	70	101
内蒙古	183081	182594	2461	920	637	31	72
辽　宁	488742	480365	6960	10958	2460	54	226
吉　林	132492	131435	3006	1720	641	35	112
黑龙江	158568	157619	4510	2562	1461	66	123
上　海	432697	397808	2770	5914	1909	80	204
江　苏	1717140	1683283	6990	10342	3115	135	371
浙　江	1307844	1285556	3177	9705	8413	29	124
安　徽	518794	516282	5401	3684	2041	85	174
福　建	636091	620163	6018	6239	2359	140	346
江　西	344148	342028	4763	2319	2095	91	334
山　东	1344176	1331190	7508	7789	2602	93	296
河　南	580619	578927	6368	5044	2206	179	440
湖　北	609683	605376	6428	4900	1195	103	239
湖　南	392705	390888	3903	3787	1075	71	250
广　东	1325287	1266826	10220	16973	8386	212	674
广　西	351445	349750	3688	3614	736	32	142
海　南	63702	62970	1481	688	454	27	59
重　庆	460825	459032	2363	2054	1582	46	153
四　川	327339	325084	4182	4046	2213	59	286
贵　州	247409	246881	3765	2123	1061	90	232
云　南	343742	342514	4318	3211	1204	81	241
西　藏	9593	9530	698	397	75	20	66
陕　西	287034	285826	5320	4677	977	85	301
甘　肃	125742	125492	2380	2028	814	33	93
青　海	41210	41049	982	460	206	11	27
宁　夏	56781	56617	382	109	164	22	25
新　疆	151379	150918	3568	941	408	46	93

分组的企业法人单位数

单位：个

国有与集体联营	其他联营	国有独资公司	其他有限责任公司	股份有限公司	私营独资	私营合伙	私营有限责任公司
1514	**9910**	**36668**	**2495755**	**174881**	**2358211**	**291175**	**7642437**
88	150	1641	156429	5952	26418	7686	414224
33	628	751	73949	3000	23781	4833	216413
24	133	1187	134694	8912	103577	12985	288794
21	29	838	31337	2441	32472	5388	238233
13	73	756	50394	3278	22305	2401	77509
49	291	1074	91453	7518	85625	3528	236565
9	63	604	34208	3330	23108	1374	49429
25	157	511	44835	4150	24472	2153	56616
199	132	1466	32832	2224	39146	6901	298619
121	953	2035	139374	13429	263576	21111	1142170
38	121	3449	62076	5143	205066	38320	941912
50	668	1414	90525	7311	79653	12520	270083
73	220	1590	134563	7534	61982	17556	338427
47	164	856	87912	9380	59090	17660	115267
73	165	1466	168682	14093	232725	13647	740735
73	673	1121	221158	10650	105400	8993	133799
52	134	1599	113542	5317	83909	10626	343116
51	162	1756	62280	7741	79227	18328	162929
157	3865	2429	295485	17161	181103	28094	623937
15	73	1124	41837	5078	81587	7352	182081
13	42	210	27099	1405	3764	1533	21106
26	172	1272	51221	4473	190323	11638	156909
82	202	1623	81809	7069	68780	10448	117156
45	151	1510	41139	2717	91005	7361	80090
34	147	1136	60005	5227	85180	6735	132674
7	10	83	1345	279	2501	454	2368
34	170	1030	99098	4426	49708	4662	85007
18	70	445	25439	2694	23639	2486	40428
8	18	211	5211	611	6399	1104	17770
15	8	380	7544	685	7534	745	32721
21	66	1101	28280	1653	15156	2553	85350

2-5 续表

地区	私营股份有限公司	其他	港、澳、台商投资企业	与港、澳、台商合资经营	与港、澳、台商合作经营	港、澳、台商独资
全国	**208874**	**808729**	**117764**	**27393**	**3624**	**81671**
北京	8140	2234	6382	1288	196	4758
天津	2929	18317	3024	1207	49	1656
河北	11684	34750	868	405	54	365
山西	5716	10302	213	111	5	82
内蒙古	4606	17138	203	91	6	88
辽宁	7609	25995	2236	984	85	1079
吉林	2581	11215	287	118	13	129
黑龙江	2136	13842	368	146	19	167
上海	3401	2011	13398	2168	381	10655
江苏	26472	53089	13720	4085	194	9007
浙江	4555	3428	10663	4536	173	5543
安徽	9889	32784	1081	409	24	584
福建	8865	34251	10499	2114	174	7792
江西	9977	32073	1343	321	29	917
山东	15875	125441	3360	1418	104	1693
河南	7002	75821	860	344	40	398
湖北	5151	29065	1730	569	45	1020
湖南	10169	39159	1052	483	49	452
广东	14311	63819	41719	4978	1815	32733
广西	7323	15068	912	307	62	500
海南	1287	3802	408	105	17	246
重庆	8455	28345	833	244	13	507
四川	7231	19898	940	306	26	538
贵州	3064	12528	271	112	7	131
云南	7667	34654	545	204	14	253
西藏	115	1112	24	4	3	11
陕西	6135	24196	417	160	14	200
甘肃	2365	22560	107	47	2	50
青海	1175	6856	73	31	6	25
宁夏	1069	5214	65	23	2	29
新疆	1920	9762	163	75	3	63

单位：个

港、澳、台商投资股份有限公司	其他港、澳、台投资	外商投资企业	中外合资经营	中外合作经营	外资企业	外商投资股份有限公司	其他外商投资
2710	**2366**	**122391**	**33752**	**2947**	**78091**	**3375**	**4226**
95	45	9696	2307	212	6856	178	143
66	46	5864	1652	129	3745	164	174
22	22	1542	728	66	630	60	58
9	6	301	165	20	84	17	15
9	9	284	132	13	100	18	21
65	23	6141	2395	207	3239	168	132
12	15	770	304	28	386	24	28
18	18	581	220	23	272	44	22
154	40	21491	3105	397	17699	149	141
311	123	20137	5789	285	13295	464	304
171	240	11625	4908	197	5854	294	372
44	20	1431	564	24	684	64	95
275	144	5429	1381	91	3519	253	185
52	24	777	278	23	361	54	61
78	67	9626	3051	202	5968	207	198
40	38	832	428	42	262	54	46
64	32	2577	679	35	966	156	741
45	23	765	337	34	307	44	43
917	1276	16742	3204	710	11184	590	1054
29	14	783	263	42	343	73	62
29	11	324	116	20	157	15	16
41	28	960	340	20	509	44	47
43	27	1315	529	37	631	62	56
11	10	257	92	15	109	24	17
45	29	683	172	18	331	54	108
5	1	39	18	2	11	5	3
27	16	791	313	20	370	52	36
4	4	143	70	9	45	11	8
8	3	88	37	7	29	13	2
5	6	99	58	2	28	4	7
16	6	298	117	17	117	16	31

2-6 按行业(中类)、开业(成立)

行业中类	代码	企业单位数	1949年及以前	1950-1977年	1978-1991年
总计	--	**14618448**	**2826**	**46242**	**145174**
农、林、牧、渔业	A	**675005**	**94**	**2159**	**2405**
农业	01	305231	41	703	592
谷物种植	011	48086	24	289	134
豆类、油料和薯类种植	012	9199	5	33	14
棉、麻、糖、烟草种植	013	5008		108	32
蔬菜、食用菌及园艺作物种植	014	104751	3	53	133
水果种植	015	63434	4	100	124
坚果、含油果、香料和饮料作物种植	016	20241	5	64	86
中药材种植	017	26357		7	11
其他农业	019	28155		49	58
林业	02	60701	18	833	621
林木育种和育苗	021	46661	5	157	171
造林和更新	022	7851		125	92
森林经营和管护	023	4114	7	348	267
木材和竹材采运	024	1117	6	113	76
林产品采集	025	958		90	15
畜牧业	03	190702	19	221	382
牲畜饲养	031	129388	13	155	231
家禽饲养	032	44690	2	13	102
狩猎和捕捉动物	033	954			1
其他畜牧业	039	15670	4	53	48
渔业	04	57175	2	125	316
水产养殖	041	54686	2	112	288
水产捕捞	042	2489		13	28
农、林、牧、渔服务业	05	61196	14	277	494
农业服务业	051	47828	10	165	323
林业服务业	052	4845	1	59	84
畜牧服务业	053	5462	2	31	40
渔业服务业	054	3061	1	22	47
采矿业	B	**104007**	**48**	**822**	**2629**
煤炭开采和洗选业	06	20777	21	441	1064
烟煤和无烟煤开采洗选	061	18669	21	415	1006
褐煤开采洗选	062	623		17	21
其他煤炭采选	069	1485		9	37
石油和天然气开采业	07	762	1	3	13
石油开采	071	468	1	3	7
天然气开采	072	294			6
黑色金属矿采选业	08	15487	9	50	209
铁矿采选	081	13736	9	41	178
锰矿、铬矿采选	082	983		6	22
其他黑色金属矿采选	089	768		3	9
有色金属矿采选业	09	11303	5	78	331

时间分组的企业法人单位数

单位：个

1992-1995年	1996年	1997年	1998年	1999年	2000年	2001年	2002年	2003年	代码
192835	**63440**	**71109**	**113398**	**116730**	**176361**	**215376**	**249522**	**316617**	--
1989	**693**	**771**	**2151**	**1477**	**2920**	**3198**	**3224**	**4330**	A
626	210	255	651	514	930	1059	1069	1366	01
98	32	23	71	79	121	112	97	125	011
11	3	5	13	5	14	22	24	30	012
13	3	5	13	7	19	15	21	18	013
240	69	118	308	222	387	509	564	669	014
151	51	59	122	100	214	208	173	252	015
54	15	20	58	50	61	59	65	94	016
10	6	10	20	18	40	52	53	83	017
49	31	15	46	33	74	82	72	95	019
276	91	94	250	184	458	413	475	616	02
125	43	52	159	116	306	303	371	466	021
43	14	9	25	23	85	39	56	79	022
79	24	27	52	27	54	57	31	51	023
17	5	6	9	13	9	9	9	16	024
12	5		5	5	4	5	8	4	025
414	175	203	618	410	839	960	882	1269	03
263	125	147	362	254	587	678	611	908	031
119	34	45	152	119	184	212	194	253	032
		1		1	2	4	1	2	033
32	16	10	104	36	66	66	76	106	039
319	99	113	252	176	304	322	331	408	04
293	91	106	240	162	280	304	310	393	041
26	8	7	12	14	24	18	21	15	042
354	118	106	380	193	389	444	467	671	05
244	91	62	258	122	258	329	341	486	051
39	11	16	39	19	41	48	38	67	052
37	8	15	43	25	55	42	58	71	053
34	8	13	40	27	35	25	30	47	054
2124	**851**	**804**	**1400**	**1158**	**1990**	**2492**	**2613**	**4148**	B
747	311	299	418	346	501	645	666	1174	06
715	300	280	401	326	482	613	623	1114	061
9	4	12	9	12	10	18	19	27	062
23	7	7	8	8	9	14	24	33	069
18	7	11	13	19	19	15	23	16	07
14	3	9	7	16	19	11	18	11	071
4	4	2	6	3		4	5	5	072
217	95	67	158	140	285	372	381	766	08
195	79	57	140	121	258	335	343	683	081
13	10	8	13	15	17	26	25	61	082
9	6	2	5	4	10	11	13	22	089
276	113	117	165	171	258	300	342	470	09

2-6 续表 1

行业中类	代码	企业单位数			
			1949年及以前	1950-1977年	1978-1991年
常用有色金属矿采选	091	7822	3	50	173
贵金属矿采选	092	2221	1	18	135
稀有稀土金属矿采选	093	1260	1	10	23
非金属矿采选业	10	48646	11	235	969
土砂石开采	101	41282	5	134	687
化学矿开采	102	1720		24	64
采盐	103	528	5	47	107
石棉及其他非金属矿采选	109	5116	1	30	111
开采辅助活动	11	3921	1	11	25
煤炭开采和洗选辅助活动	111	653	1	4	14
石油和天然气开采辅助活动	112	2480		5	11
其他开采辅助活动	119	788		2	
其他采矿业	12	3111		4	18
其他采矿业	120	3111		4	18
制造业	**C**	**3012112**	**647**	**11139**	**54944**
农副食品加工业	13	132114	33	795	2380
谷物磨制	131	26833	14	159	483
饲料加工	132	15393	1	9	225
植物油加工	133	11857	7	69	227
制糖业	134	978		36	58
屠宰及肉类加工	135	22325	7	400	614
水产品加工	136	12092		41	317
蔬菜、水果和坚果加工	137	18650		19	190
其他农副食品加工	139	23986	4	62	266
食品制造业	14	70642	18	317	1273
焙烤食品制造	141	18369	3	84	270
糖果、巧克力及蜜饯制造	142	6037	1	23	163
方便食品制造	143	12261	2	31	176
乳制品制造	144	1970	1	23	59
罐头食品制造	145	3765	2	15	96
调味品、发酵制品制造	146	8903	4	98	266
其他食品制造	149	19337	5	43	243
酒、饮料和精制茶制造业	15	51350	44	379	1295
酒的制造	151	18389	38	213	775
饮料制造	152	18257	1	20	193
精制茶加工	153	14704	5	146	327
烟草制品业	16	429	13	17	37
烟叶复烤	161	190		1	8
卷烟制造	162	109	13	11	16
其他烟草制品制造	169	130		5	13
纺织业	17	144411	30	411	2133
棉纺织及印染精加工	171	53012	13	197	877
毛纺织及染整精加工	172	8604	2	21	215
麻纺织及染整精加工	173	1577		12	50

单位：个

1992-1995年	1996年	1997年	1998年	1999年	2000年	2001年	2002年	2003年	代码
163	71	63	114	98	170	203	231	323	091
96	35	44	34	53	62	70	67	97	092
17	7	10	17	20	26	27	44	50	093
806	301	295	600	448	864	1050	1116	1612	10
627	239	220	473	350	715	861	937	1365	101
35	23	21	32	24	49	39	50	54	102
54	10	5	12	10	13	15	12	22	103
90	29	49	83	64	87	135	117	171	109
39	16	13	31	22	42	77	52	76	11
9		4	6	4	8	13	7	9	111
28	14	7	19	16	28	49	38	57	112
2	2	2	6	2	6	15	7	10	119
21	8	2	15	12	21	33	33	34	12
21	8	2	15	12	21	33	33	34	120
75063	**24297**	**26341**	**41566**	**41576**	**62387**	**77321**	**89874**	**110155**	C
2988	1160	1252	2329	2167	3261	3742	4068	5016	13
688	247	225	609	473	806	917	956	1238	131
361	171	235	327	366	419	444	473	586	132
239	70	85	169	169	298	342	334	497	133
34	10	10	10	6	20	46	30	42	134
495	221	255	419	358	518	582	726	779	135
472	162	152	255	260	377	451	458	504	136
373	152	146	296	286	432	516	554	686	137
326	127	144	244	249	391	444	537	684	139
1881	675	699	1184	1064	1573	1830	1752	2116	14
414	165	146	283	212	338	367	340	455	141
296	92	108	161	134	161	205	199	217	142
225	85	74	155	155	220	260	258	318	143
59	26	30	53	52	79	93	97	121	144
151	34	54	82	79	131	143	145	171	145
291	123	122	201	177	267	309	286	327	146
445	150	165	249	255	377	453	427	507	149
1392	554	640	1044	1022	1408	1418	1582	1770	15
668	280	346	524	510	650	597	611	725	151
406	158	194	310	354	457	527	616	662	152
318	116	100	210	158	301	294	355	383	153
21	3	6	10	12	7	12	4	18	16
4	1	1	4	7	5	5	2	8	161
8	1	1	5	1		1	1	7	162
9	1	4	1	4	2	6	1	3	169
2972	1006	1253	1935	2025	3752	4099	5827	6925	17
1104	377	506	782	790	1496	1657	2590	2819	171
296	91	101	148	165	246	280	328	372	172
38	11	23	24	24	61	50	61	109	173

2-6 续表 2

行业中类	代码	企业单位数	1949年及以前	1950-1977年	1978-1991年
丝绸纺织及印染精加工	174	3654	4	30	112
化纤织造及印染精加工	175	12528	2	6	82
针织或钩针编织物及其制品制造	176	23641	3	55	281
家用纺织制成品制造	177	23356	4	49	202
非家用纺织制成品制造	178	18039	2	41	314
纺织服装、服饰业	18	174024	11	281	1861
机织服装制造	181	106572	9	207	1309
针织或钩针编织服装制造	182	23881		28	309
服饰制造	183	43571	2	46	243
皮革、毛皮、羽毛及其制品和制鞋业	19	78053	12	152	1014
皮革鞣制加工	191	3632	1	18	71
皮革制品制造	192	25984	1	32	256
毛皮鞣制及制品加工	193	6610	3	15	47
羽毛(绒)加工及制品制造	194	2535	1	6	49
制鞋业	195	39292	6	81	591
木材加工和木、竹、藤、棕、草制品业	20	95761	8	208	973
木材加工	201	36302	4	113	394
人造板制造	202	18996	1	17	130
木制品制造	203	29799	2	46	325
竹、藤、棕、草等制品制造	204	10664	1	32	124
家具制造业	21	69537	4	99	569
木质家具制造	211	47958	4	74	396
竹、藤家具制造	212	1089		2	10
金属家具制造	213	7190		13	88
塑料家具制造	214	1078		2	10
其他家具制造	219	12222		8	65
造纸和纸制品业	22	69464	17	203	1466
纸浆制造	221	531		5	16
造纸	222	16347	14	94	486
纸制品制造	223	52586	3	104	964
印刷和记录媒介复制业	23	80053	75	626	4110
印刷	231	72862	71	567	3645
装订及印刷相关服务	232	6866	4	58	453
记录媒介复制	233	325		1	12
文教、工美、体育和娱乐用品制造业	24	101516	6	251	1637
文教办公用品制造	241	10226	1	55	223
乐器制造	242	2496		9	55
工艺美术品制造	243	63851	4	165	940
体育用品制造	244	9789		10	114
玩具制造	245	12633	1	10	284
游艺器材及娱乐用品制造	246	2521		2	21
石油加工和炼焦业	25	8670	12	53	206
精炼石油产品制造	251	7073	9	39	178
炼焦	252	1597	3	14	28

单位：个

1992-1995年	1996年	1997年	1998年	1999年	2000年	2001年	2002年	2003年	代码
146	46	46	85	77	173	187	197	273	174
145	60	100	161	177	367	381	611	943	175
436	155	173	270	299	556	617	806	907	176
343	123	157	224	232	391	434	634	770	177
464	143	147	241	261	462	493	600	732	178
3399	1051	1114	1615	1877	3281	3871	4484	5425	18
2299	734	763	1093	1269	2188	2589	2950	3701	181
686	192	203	291	354	611	736	894	976	182
414	125	148	231	254	482	546	640	748	183
2003	648	588	846	910	1278	1596	1824	2133	19
144	45	54	89	67	90	106	137	126	191
513	144	133	238	241	370	477	594	680	192
66	19	23	32	45	98	94	111	120	193
70	31	33	40	38	73	87	80	95	194
1210	409	345	447	519	647	832	902	1112	195
1225	463	459	836	841	1429	1707	1982	2502	20
354	144	124	266	266	408	518	510	705	201
228	76	117	187	199	353	457	530	758	202
460	165	159	266	259	442	528	659	737	203
183	78	59	117	117	226	204	283	302	204
1052	419	487	695	695	971	1188	1339	1675	21
728	293	356	474	480	672	836	905	1159	211
20	2	2	11	9	14	19	21	16	212
158	71	53	99	99	154	180	197	231	213
25	11	9	9	14	9	14	39	31	214
121	42	67	102	93	122	139	177	238	219
1938	700	725	1093	1094	1523	1974	2327	2854	22
19	6	5	6	4	11	13	15	21	221
570	220	215	311	334	422	551	683	840	222
1349	474	505	776	756	1090	1410	1629	1993	223
4078	1179	1351	1899	1582	2503	3104	3586	4514	23
3694	1073	1225	1729	1436	2293	2893	3319	4161	231
363	102	116	160	132	204	195	262	337	232
21	4	10	10	14	6	16	5	16	233
2521	753	772	1218	1287	1932	2374	2816	3456	24
299	118	117	196	188	274	296	354	418	241
84	24	17	31	44	68	89	78	90	242
1447	429	442	693	770	1138	1420	1734	2094	243
222	75	73	114	104	178	202	257	290	244
430	90	102	147	160	239	325	329	500	245
39	17	21	37	21	35	42	64	64	246
297	87	87	156	156	218	276	325	445	25
247	75	74	133	137	186	239	264	295	251
50	12	13	23	19	32	37	61	150	252

2-6 续表 3

行业中类	代码	企业单位数	1949年及以前	1950-1977年	1978-1991年
化学原料和化学制品制造业	26	125351	32	718	3347
基础化学原料制造	261	19588	13	157	647
肥料制造	262	15497	1	154	198
农药制造	263	2860	1	34	155
涂料、油墨、颜料及类似产品制造	264	22428	6	71	581
合成材料制造	265	12621	2	40	263
专用化学产品制造	266	31922	3	120	940
炸药、火工及焰火产品制造	267	6006	1	99	237
日用化学产品制造	268	14429	5	43	326
医药制造业	27	25770	24	239	681
化学药品原料药制造	271	3313	4	38	117
化学药品制剂制造	272	2740	8	59	142
中药饮片加工	273	4512		16	55
中成药生产	274	3925	8	99	162
兽用药品制造	275	1792		12	61
生物药品制造	276	4837	4	5	56
卫生材料及医药用品制造	277	4651		10	88
化学纤维制造业	28	7082	1	14	121
纤维素纤维原料及纤维制造	281	1315	1	5	26
合成纤维制造	282	5767		9	95
橡胶和塑料制品业	29	176638	7	340	3202
橡胶制品业	291	31084	1	108	775
塑料制品业	292	145554	6	232	2427
非金属矿物制品业	30	261348	45	1416	7136
水泥、石灰和石膏制造	301	16390	11	350	679
石膏、水泥制品及类似制品制造	302	57746	7	149	1075
砖瓦、石材等建筑材料制造	303	109830	12	562	3772
玻璃制造	304	5012	1	15	51
玻璃制品制造	305	16923	4	54	257
玻璃纤维和玻璃纤维增强塑料制品制造	306	6522	1	22	166
陶瓷制品制造	307	17158	3	114	272
耐火材料制品制造	308	13496	5	86	509
石墨及其他非金属矿物制品制造	309	18271	1	64	355
黑色金属冶炼和压延加工业	31	41689	5	262	1382
炼铁	311	1709		10	40
炼钢	312	1080	1	14	24
黑色金属铸造	313	17402		127	868
钢压延加工	314	18077	4	96	368
铁合金冶炼	315	3421		15	82
有色金属冶炼和压延加工业	32	30976	11	108	635
常用有色金属冶炼	321	5759	6	32	129
贵金属冶炼	322	834		13	27
稀有稀土金属冶炼	323	1194		8	26
有色金属合金制造	324	4132	1	12	67

单位：个

1992-1995年	1996年	1997年	1998年	1999年	2000年	2001年	2002年	2003年	代码
4707	1525	1654	2716	2648	3862	4700	5091	6094	26
756	252	262	482	423	654	714	805	1135	261
285	136	112	236	178	308	366	463	503	262
151	56	52	101	99	119	145	106	136	263
989	298	352	551	603	771	953	1084	1235	264
376	117	148	225	206	334	357	463	555	265
1371	402	435	687	715	982	1207	1374	1638	266
173	65	57	113	116	284	469	300	300	267
606	199	236	321	308	410	489	496	592	268
1073	339	346	567	483	703	900	983	1150	27
157	53	58	84	80	105	112	145	179	271
235	64	62	98	75	113	148	146	150	272
62	32	28	49	31	56	85	110	149	273
254	85	75	136	102	147	194	202	221	274
69	19	30	56	58	76	91	83	78	275
149	45	51	64	58	103	126	140	161	276
147	41	42	80	79	103	144	157	212	277
186	66	68	93	110	232	245	329	397	28
46	11	10	14	22	47	40	49	56	281
140	55	58	79	88	185	205	280	341	282
4754	1575	1680	2698	2819	4108	5364	6317	7241	29
938	338	319	541	523	763	934	1037	1286	291
3816	1237	1361	2157	2296	3345	4430	5280	5955	292
7472	2432	2215	3971	3502	5137	6229	6919	9266	30
605	175	177	350	288	402	473	502	701	301
1234	411	370	664	547	921	1090	1368	1790	302
3477	1086	897	1674	1437	2128	2441	2697	3756	303
111	35	28	44	48	77	84	113	138	304
332	123	100	192	215	313	383	420	521	305
218	80	84	116	104	169	198	238	306	306
498	174	179	282	271	359	474	525	616	307
589	174	202	346	301	343	539	515	692	308
408	174	178	303	291	425	547	541	746	309
1680	461	551	857	843	1172	1472	1826	2791	31
55	19	16	24	23	47	53	73	154	311
46	8	12	19	13	23	27	45	79	312
930	229	296	467	433	590	729	907	1133	313
562	176	189	295	324	432	539	682	1099	314
87	29	38	52	50	80	124	119	326	315
941	287	350	520	505	742	1034	1119	1299	32
163	54	58	110	98	155	201	193	266	321
36	9	13	7	15	34	33	37	42	322
48	15	19	32	18	36	49	45	57	323
116	37	41	75	65	101	111	141	154	324

2-6 续表 4

行业中类	代码	企业单位数	1949年及以前	1950-1977年	1978-1991年
有色金属铸造	325	2252	2	8	67
有色金属压延加工	326	16805	2	35	319
金属制品业	33	261843	31	681	4025
结构性金属制品制造	331	85648	6	137	970
金属工具制造	332	28051	4	147	481
集装箱及金属包装容器制造	333	7211	3	45	229
金属丝绳及其制品制造	334	14915	3	47	212
建筑、安全用金属制品制造	335	37730	5	81	505
金属表面处理及热处理加工	336	13162		74	639
搪瓷制品制造	337	2367		10	28
金属制日用品制造	338	21980	3	44	263
其他金属制品制造	339	50779	7	96	698
通用设备制造业	34	288962	71	1170	5145
锅炉及原动设备制造	341	11626	12	136	369
金属加工机械制造	342	48481	16	196	766
物料搬运设备制造	343	12640	4	88	236
泵、阀门、压缩机及类似机械制造	344	37888	14	215	864
轴承、齿轮和传动部件制造	345	19286	1	113	439
烘炉、风机、衡器、包装等设备制造	346	27936	6	118	481
文化、办公用机械制造	347	3142	1	13	67
通用零部件制造	348	99011	10	247	1724
其他通用设备制造业	349	28952	7	44	199
专用设备制造业	35	196449	47	768	2848
采矿、冶金、建筑专用设备制造	351	31403	12	192	537
化工、木材、非金属加工专用设备制造	352	56237	5	82	560
食品、饮料、烟草及饲料生产专用设备制造	353	6077	1	47	159
印刷、制药、日化及日用品生产专用设备制造	354	10636	4	50	197
纺织、服装和皮革加工专用设备制造	355	12014	3	82	326
电子和电工机械专用设备制造	356	15268	11	24	139
农、林、牧、渔专用机械制造	357	12668	5	147	274
医疗仪器设备及器械制造	358	12386	2	58	201
环保、社会公共服务及其他专用设备制造	359	39760	4	86	455
汽车制造业	36	74131	15	307	1169
汽车整车制造	361	1282	5	17	35
改装汽车制造	362	1326	5	30	50
低速载货汽车制造	363	110		3	5
电车制造	364	1017		1	3
汽车车身、挂车制造	365	1288		5	14
汽车零部件及配件制造	366	69108	5	251	1062
铁路、船舶、航空航天和其他运输设备制造业	37	34104	24	215	745
铁路运输设备制造	371	3617	11	56	215
城市轨道交通设备制造	372	300		3	5
船舶及相关装置制造	373	10114	11	93	206
航空、航天器及设备制造	374	1413	1	17	20

单位：个

1992-1995年	1996年	1997年	1998年	1999年	2000年	2001年	2002年	2003年	代码
93	22	23	47	40	45	81	111	115	325
485	150	196	249	269	371	559	592	665	326
5581	1766	1963	3085	3309	4730	6183	7430	8832	33
1591	511	553	941	966	1371	1854	2258	2815	331
673	205	251	377	400	614	731	942	1014	332
320	78	100	145	148	182	224	283	299	333
307	104	112	173	157	231	294	336	417	334
688	240	280	392	453	709	951	1079	1212	335
531	144	164	275	300	369	465	554	730	336
38	25	16	27	22	27	50	31	55	337
503	171	188	237	314	441	554	648	753	338
930	288	299	518	549	786	1060	1299	1537	339
6818	2207	2424	3885	3831	5612	7178	8675	10537	34
425	133	168	253	228	300	337	404	472	341
890	306	361	553	527	809	1113	1298	1656	342
375	101	135	184	178	246	335	433	515	343
1288	389	434	716	670	1022	1209	1485	1642	344
583	227	179	317	336	523	658	762	944	345
853	293	288	464	485	681	822	1007	1178	346
113	31	30	45	38	76	103	106	122	347
2016	649	738	1178	1200	1696	2250	2781	3435	348
275	78	91	175	169	259	351	399	573	349
3860	1276	1441	2328	2227	3517	4543	5284	6669	35
611	235	244	464	388	569	817	916	1187	351
857	292	324	488	542	935	1186	1452	1925	352
207	73	60	104	106	139	200	188	242	353
324	99	135	157	175	231	287	327	414	354
367	127	169	215	219	433	508	657	660	355
216	59	84	138	146	210	276	343	473	356
250	96	76	180	150	232	282	274	331	357
361	113	119	176	172	259	291	345	416	358
667	182	230	406	329	509	696	782	1021	359
1784	551	643	904	993	1358	1814	2286	2921	36
40	20	23	21	13	21	29	27	38	361
56	13	15	27	21	28	47	70	52	362
3	4	2	5	4	4	4	4	3	363
3		2	3	1	5	5	4	8	364
22	6	9	9	19	13	30	41	45	365
1660	508	592	839	935	1287	1699	2140	2775	366
1025	319	354	502	557	743	878	1008	1171	37
157	40	40	60	75	107	127	127	156	371
3	4		1	5	2	1	3	2	372
250	63	71	114	118	143	205	216	275	373
20	10	11	15	17	20	22	19	25	374

2-6 续表 5

行业中类	代码	企业单位数	1949年及以前	1950-1977年	1978-1991年
摩托车制造	375	8158		25	190
自行车制造	376	8244	1	13	87
非公路休闲车及零配件制造	377	951		3	6
潜水救捞及其他未列明运输设备制造	379	1307		5	16
电气机械和器材制造业	38	183144	30	544	2833
电机制造	381	17601	4	105	291
输配电及控制设备制造	382	61893	9	234	1183
电线、电缆、光缆及电工器材制造	383	25748	5	80	603
电池制造	384	5902	4	20	76
家用电力器具制造	385	23353	6	35	245
非电力家用器具制造	386	6333		7	43
照明器具制造	387	30761	2	47	285
其他电气机械及器材制造	389	11553		16	107
计算机、通信和其他电子设备制造业	39	100994	4	148	899
计算机制造	391	9433		5	51
通信设备制造	392	8815	1	27	103
广播电视设备制造	393	3372	1	4	50
雷达及配套设备制造	394	252		8	5
视听设备制造	395	5409		5	64
电子器件制造	396	15138		27	126
电子元件制造	397	40646	1	59	426
其他电子设备制造	399	17929	1	13	74
仪器仪表制造业	40	39833	9	221	849
通用仪器仪表制造	401	20780	5	109	479
专用仪器仪表制造	402	6526	1	62	142
钟表与计时仪器制造	403	2594	2	18	82
光学仪器及眼镜制造	404	6359		20	91
其他仪器仪表制造业	409	3574	1	12	55
其他制造业	41	55185	4	64	409
日用杂品制造	411	13885	3	25	194
煤制品制造	412	3193		5	58
其他未列明制造业	419	38107	1	34	157
废弃资源综合利用业	42	13251	1	20	121
金属废料和碎屑加工处理	421	6456	1	11	69
非金属废料和碎屑加工处理	422	6795		9	52
金属制品、机械和设备修理业	43	19338	3	112	443
金属制品修理	431	1050		6	30
通用设备修理	432	2803	1	11	61
专用设备修理	433	2497		23	61
铁路、船舶、航空航天等运输设备修理	434	5359		50	169
电气设备修理	435	1602		3	26
仪器仪表修理	436	397		1	11
其他机械和设备修理业	439	5630	2	18	85

单位：个

1992-1995年	1996年	1997年	1998年	1999年	2000年	2001年	2002年	2003年	代码
401	153	154	200	245	262	274	321	342	375
165	41	62	92	79	165	210	278	297	376
19	6	7	8	7	23	16	18	30	377
10	2	9	12	11	21	23	26	44	379
4567	1461	1639	2319	2622	3640	4677	5346	6384	38
465	137	170	252	286	394	544	555	712	381
1678	505	609	808	1025	1266	1624	1922	2264	382
881	288	342	508	493	658	849	955	1106	383
131	33	44	67	66	110	148	153	208	384
558	227	174	267	289	464	558	646	777	385
98	38	49	50	59	108	124	142	173	386
599	194	196	287	317	493	640	761	838	387
157	39	55	80	87	147	190	212	306	389
2133	581	725	991	1045	1726	2414	2717	3162	39
144	39	48	80	91	123	208	231	253	391
262	80	83	127	135	190	263	266	292	392
131	35	41	68	51	100	126	123	152	393
8	2	4	3	5	5	7	4	12	394
159	37	77	58	63	98	155	179	199	395
288	63	89	116	117	260	384	385	474	396
927	262	294	406	456	752	1013	1188	1389	397
214	63	89	133	127	198	258	341	391	399
1396	413	470	665	715	981	1217	1275	1592	40
726	223	268	387	400	535	677	706	869	401
222	67	73	110	131	149	206	211	290	402
149	33	33	31	45	59	69	73	92	403
194	57	61	89	86	148	186	194	224	404
105	33	35	48	53	90	79	91	117	409
673	178	207	321	349	565	747	770	969	41
377	93	107	147	160	290	392	398	443	411
69	22	23	49	39	64	83	76	96	412
227	63	77	125	150	211	272	296	430	419
127	34	57	89	103	154	205	239	368	42
79	21	36	43	60	74	115	148	219	421
48	13	21	46	43	80	90	91	149	422
519	128	121	195	183	269	330	344	463	43
26	9	9	7	9	17	22	24	37	431
75	24	14	39	31	45	64	56	82	432
85	16	15	29	21	30	44	40	66	433
171	35	47	68	51	71	86	104	112	434
42	18	8	13	17	32	25	36	41	435
11	2		3	4	7	9	8	18	436
109	24	28	36	50	67	80	76	107	439

2-6 续表 6

行业中类	代码	企业单位数	1949年及以前	1950-1977年	1978-1991年
电力、热力、燃气及水生产和供应业	D	**97243**	**121**	**2606**	**6066**
电力、热力生产和供应业	44	66008	68	1857	3849
电力生产	441	53158	30	1247	3116
电力供应	442	5877	38	598	559
热力生产和供应	443	6973		12	174
燃气生产和供应业	45	9112	6	12	141
燃气生产和供应业	450	9112	6	12	141
水的生产和供应业	46	22123	47	737	2076
自来水生产和供应	461	15532	46	732	2023
污水处理及其再生利用	462	5317		4	20
其他水的处理、利用与分配	469	1274	1	1	33
建筑业	E	**754508**	**96**	**4345**	**10660**
房屋建筑业	47	134121	56	3123	5714
房屋建筑业	470	134121	56	3123	5714
土木工程建筑业	48	131937	19	888	2244
铁路、道路、隧道和桥梁工程建筑	481	51480	9	337	920
水利和内河港口工程建筑	482	9904	4	296	449
海洋工程建筑	483	421			4
工矿工程建筑	484	4575	3	83	146
架线和管道工程建筑	485	13317	2	84	376
其他土木工程建筑	489	52240	1	88	349
建筑安装业	49	126136	10	217	1440
电气安装	491	28432	4	47	459
管道和设备安装	492	26529		64	423
其他建筑安装业	499	71175	6	106	558
建筑装饰和其他建筑业	50	362314	11	117	1262
建筑装饰业	501	264401	7	48	854
工程准备活动	502	25402		24	138
提供施工设备服务	503	7599	1	6	40
其他未列明建筑业	509	64912	3	39	230
批发和零售业	F	**4981263**	**1079**	**14659**	**31208**
批发业	51	2958876	360	6713	17068
农、林、牧产品批发	511	127097	53	1384	2182
食品、饮料及烟草制品批发	512	283664	65	1174	2734
纺织、服装及家庭用品批发	513	414231	18	297	1308
文化、体育用品及器材批发	514	102040	19	105	447
医药及医疗器材批发	515	84686	4	277	543
矿产品、建材及化工产品批发	516	826228	154	2648	5614
机械设备、五金产品及电子产品批发	517	709937	19	423	2344
贸易经纪与代理	518	120949	12	158	533
其他批发业	519	290044	16	247	1363
零售业	52	2022387	719	7946	14140
综合零售	521	304653	300	4489	4645
食品、饮料及烟草制品专门零售	522	185960	42	1021	1914
纺织、服装及日用品专门零售	523	212722	26	450	1202

单位：个

1992-1995年	1996年	1997年	1998年	1999年	2000年	2001年	2002年	2003年	代码
3134	**993**	**1072**	**1612**	**1494**	**2011**	**2353**	**2992**	**4263**	D
2000	697	735	1141	1064	1333	1664	2140	3214	44
1588	604	619	958	855	1071	1393	1854	2730	441
247	60	65	115	150	144	124	112	192	442
165	33	51	68	59	118	147	174	292	443
178	55	67	94	114	163	193	222	299	45
178	55	67	94	114	163	193	222	299	450
956	241	270	377	316	515	496	630	750	46
874	209	252	324	265	436	402	459	545	461
31	13	9	31	35	58	68	145	174	462
51	19	9	22	16	21	26	26	31	469
13584	**3897**	**4291**	**6354**	**6078**	**7627**	**10617**	**11760**	**13335**	E
4630	1113	1172	1818	1500	1814	3136	3053	2508	47
4630	1113	1172	1818	1500	1814	3136	3053	2508	470
2655	618	724	1180	1089	1373	1856	2066	2647	48
1174	277	315	511	454	590	733	814	1114	481
384	62	76	117	131	149	208	209	224	482
4	1		1	3	3	4	3	4	483
147	32	27	66	52	76	95	100	140	484
427	109	112	182	172	204	320	320	382	485
519	137	194	303	277	351	496	620	783	489
2424	781	935	1297	1358	1610	2216	2282	2682	49
744	253	324	414	420	513	727	751	813	491
658	183	226	298	339	410	541	557	636	492
1022	345	385	585	599	687	948	974	1233	499
3875	1385	1460	2059	2131	2830	3409	4359	5498	50
3109	1161	1201	1611	1656	2217	2611	3114	3918	501
328	78	93	162	174	205	288	471	670	502
48	18	18	38	46	62	94	113	141	503
390	128	148	248	255	346	416	661	769	509
41227	**15905**	**18753**	**31632**	**33478**	**49777**	**60894**	**70929**	**90288**	F
24654	9468	11381	19377	20972	31067	38577	45206	58477	51
1259	394	397	880	844	1360	1675	1793	2112	511
2227	858	935	1705	1750	2567	2972	3124	3877	512
2404	977	1314	1991	2299	3637	4458	5119	6498	513
872	362	438	668	776	1214	1464	1643	2270	514
870	288	386	676	725	993	1219	1489	2064	515
8611	3245	3792	6532	7162	9985	12703	14968	19602	516
5969	2452	3163	5330	5820	8573	10649	13317	16756	517
819	303	288	461	506	809	1023	1283	1682	518
1623	589	668	1134	1090	1929	2414	2470	3616	519
16573	6437	7372	12255	12506	18710	22317	25723	31811	52
2301	776	811	1343	1290	2044	2474	2375	3023	521
1410	553	583	985	1126	1565	1784	2003	2334	522
1420	608	713	1155	1130	1837	2070	2280	2859	523

2-6 续表 7

行业中类	代码	企业单位数	1949年及以前	1950-1977年	1978-1991年
文化、体育用品及器材专门零售	524	110061	275	771	972
医药及医疗器材专门零售	525	165082	18	444	959
汽车、摩托车、燃料及零配件专门零售	526	242195	19	200	1572
家用电器及电子产品专门零售	527	248433	8	83	562
五金、家具及室内装饰材料专门零售	528	266607	8	237	1256
货摊、无店铺及其他零售业	529	286674	23	251	1058
交通运输、仓储和邮政业	**G**	**433099**	**203**	**2562**	**5810**
铁路运输业	53	3577	21	66	147
铁路旅客运输	531	482	8	21	9
铁路货物运输	532	1483	4	11	51
铁路运输辅助活动	533	1612	9	34	87
道路运输业	54	240597	63	964	2485
城市公共交通运输	541	12547	8	196	418
公路旅客运输	542	11082	32	304	486
道路货物运输	543	201128	18	319	1183
道路运输辅助活动	544	15840	5	145	398
水上运输业	55	13397	10	230	620
水上旅客运输	551	1443	2	33	121
水上货物运输	552	7956	1	165	386
水上运输辅助活动	553	3998	7	32	113
航空运输业	56	2144		6	32
航空客货运输	561	829		2	15
通用航空服务	562	601			4
航空运输辅助活动	563	714		4	13
管道运输业	57	446		2	7
管道运输业	570	446		2	7
装卸搬运和运输代理业	58	114554	24	320	1061
装卸搬运	581	21913	21	276	613
运输代理业	582	92641	3	44	448
仓储业	59	36290	54	922	1356
谷物、棉花等农产品仓储	591	10736	52	775	765
其他仓储业	599	25554	2	147	591
邮政业	60	22094	31	52	102
邮政基本服务	601	1807	31	46	85
快递服务	602	20287		6	17
住宿和餐饮业	**H**	**313412**	**63**	**1057**	**4551**
住宿业	61	98300	34	667	3214
旅游饭店	611	31667	24	318	1205
一般旅馆	612	55545	8	318	1769
其他住宿业	619	11088	2	31	240
餐饮业	62	215112	29	390	1337
正餐服务	621	164780	23	318	1122
快餐服务	622	14222	3	19	94
饮料及冷饮服务	623	8565	2	1	11
其他餐饮业	629	27545	1	52	110

单位：个

1992-1995年	1996年	1997年	1998年	1999年	2000年	2001年	2002年	2003年	代码
1182	424	520	765	898	1258	1442	1799	2186	524
984	411	392	831	770	1253	1649	2664	3440	525
3891	1339	1617	2647	2531	3734	4183	5025	5620	526
1521	777	958	1625	1868	2910	3626	4032	5505	527
2270	884	1074	1730	1763	2381	3139	3385	4201	528
1594	665	704	1174	1130	1728	1950	2160	2643	529
6010	**1909**	**2157**	**3697**	**3364**	**4630**	**6214**	**7075**	**8803**	**G**
85	27	19	38	38	45	63	52	57	53
8	8	7	2	4	7	10	8	5	531
37	14	8	21	22	20	30	28	34	532
40	5	4	15	12	18	23	16	18	533
2882	972	1151	1752	1789	2469	3557	4018	4668	54
847	268	297	385	340	382	494	507	511	541
350	141	149	315	220	364	558	540	509	542
1298	408	538	825	966	1457	2155	2608	3156	543
387	155	167	227	263	266	350	363	492	544
441	113	135	201	184	228	315	404	474	55
51	22	17	27	27	31	42	68	55	551
269	64	81	114	116	141	206	262	284	552
121	27	37	60	41	56	67	74	135	553
55	20	18	29	20	36	40	46	65	56
26	8	8	9	8	19	19	19	23	561
8	4	4	7	4	4	5	10	13	562
21	8	6	13	8	13	16	17	29	563
11	1	5	3	2	11	5	7	12	57
11	1	5	3	2	11	5	7	12	570
1372	513	492	741	723	1105	1419	1672	2311	58
334	102	90	169	119	213	254	264	336	581
1038	411	402	572	604	892	1165	1408	1975	582
1092	238	270	528	410	528	639	705	983	59
406	94	111	306	202	232	244	197	268	591
686	144	159	222	208	296	395	508	715	599
72	25	67	405	198	208	176	171	233	60
36	11	43	348	133	95	37	19	24	601
36	14	24	57	65	113	139	152	209	602
4409	**1623**	**1786**	**2625**	**2621**	**3778**	**4066**	**4561**	**5797**	**H**
2526	861	930	1293	1195	1592	1669	1848	2392	61
1108	388	430	567	557	669	631	753	964	611
1219	409	435	639	570	812	913	977	1274	612
199	64	65	87	68	111	125	118	154	619
1883	762	856	1332	1426	2186	2397	2713	3405	62
1597	635	689	1114	1203	1812	1999	2219	2778	621
141	65	82	85	86	135	170	174	215	622
26	10	22	38	45	77	92	139	185	623
119	52	63	95	92	162	136	181	227	629

2-6 续表 8

行业中类	代码	企业单位数	1949年及以前	1950-1977年	1978-1991年
信息传输、软件和信息技术服务业	**I**	**499749**	**25**	**59**	**475**
电信、广播电视和卫星传输服务	63	16558	15	36	150
电信	631	12923	13	20	73
广播电视传输服务	632	3164	2	15	71
卫星传输服务	633	471		1	6
互联网和相关服务	64	68702	5	7	37
互联网接入及相关服务	641	6941		2	5
互联网信息服务	642	47054	4	4	29
其他互联网服务	649	14707	1	1	3
软件和信息技术服务业	65	414489	5	16	288
软件开发	651	255612	3	8	145
信息系统集成服务	652	33934		5	36
信息技术咨询服务	653	68379		2	64
数据处理和存储服务	654	7012	1		4
集成电路设计	655	3420			3
其他信息技术服务业	659	46132	1	1	36
金融业	**J**	**117173**	**55**	**485**	**1967**
货币金融服务	66	37077	21	468	1663
中央银行服务	661	228	7	8	28
货币银行服务	662	13807	12	455	1558
非货币银行服务	663	22985	1	5	75
银行监管服务	664	57	1		2
资本市场服务	67	41263	3	1	54
证券市场服务	671	4251			20
期货市场服务	672	518			2
证券期货监管服务	673	41			
资本投资服务	674	29882	2		25
其他资本市场服务	679	6571	1	1	7
保险业	68	20351	30	12	182
人身保险	681	6223	14	2	30
财产保险	682	6806	15	4	140
再保险	683	49			
养老金	684	168		2	4
保险经纪与代理服务	685	5334		1	4
保险监管服务	686	30			
其他保险活动	689	1741	1	3	4
其他金融业	69	18482	1	4	68
金融信托与管理服务	691	4297		1	41
控股公司服务	692	1740			16
非金融机构支付服务	693	631			1
金融信息服务	694	4013		1	2
其他未列明金融业	699	7801	1	2	8

单位：个

1992-1995年	1996年	1997年	1998年	1999年	2000年	2001年	2002年	2003年	代码
1678	**706**	**916**	**1505**	**2142**	**3926**	**4711**	**5099**	**6997**	I
268	77	108	216	424	535	745	557	658	63
138	49	75	141	349	403	581	443	530	631
112	26	30	70	67	122	152	107	118	632
18	2	3	5	8	10	12	7	10	633
103	71	55	118	179	470	513	588	983	64
15	4	9	24	23	57	70	62	94	641
81	62	38	76	133	350	397	461	775	642
7	5	8	18	23	63	46	65	114	649
1307	558	753	1171	1539	2921	3453	3954	5356	65
693	322	450	691	948	1851	2158	2476	3376	651
172	68	102	173	185	398	461	502	623	652
271	97	111	174	243	375	464	562	758	653
12	9	8	17	25	39	36	63	95	654
22	12	6	20	22	39	60	71	78	655
137	50	76	96	116	219	274	280	426	659
1315	**904**	**702**	**615**	**455**	**594**	**809**	**1410**	**1885**	J
841	505	349	340	236	209	224	383	389	66
6	3	4	4	6	3	4		3	661
650	451	278	195	159	123	136	92	80	662
185	50	67	141	70	82	84	291	304	663
	1			1	1			2	664
268	83	83	101	100	198	257	247	353	67
39	15	14	10	17	29	40	52	46	671
96	26	4	1	1	1	5	2	9	672
						1	1	2	673
88	30	40	71	65	144	176	154	246	674
45	12	25	19	17	24	35	38	50	679
141	298	251	151	73	107	234	696	1022	68
33	162	117	58	29	49	103	396	451	681
90	125	126	87	32	35	76	215	270	682
	1				1	1		6	683
2		1		1		5		1	684
7	5	2	5	4	16	38	56	227	685
1							1	1	686
8	5	5	1	7	6	11	28	66	689
65	18	19	23	46	80	94	84	121	69
21	5	5	7	10	14	24	32	31	691
18	5	9	9	9	6	17	19	14	692
1	1		1	4	3	2	7	7	693
5	2		4	2	6	17	5	14	694
20	5	5	2	21	51	34	21	55	699

2-6 续表 9

行业中类	代码	企业单位数	1949年及以前	1950-1977年	1978-1991年
房地产业	**K**	**527149**	**48**	**1948**	**6312**
房地产业	70	527149	48	1948	6312
房地产开发经营	701	211367	8	56	2048
物业管理	702	166276	7	114	806
房地产中介服务	703	107032	1	48	267
自有房地产经营活动	704	23979	25	1371	2693
其他房地产业	709	18495	7	359	498
租赁和商务服务业	**L**	**1641160**	**101**	**1333**	**8039**
租赁业	71	118994	3	71	301
机械设备租赁	711	115283	2	62	273
文化及日用品出租	712	3711	1	9	28
商务服务业	72	1522166	98	1262	7738
企业管理服务	721	341956	68	919	3988
法律服务	722	12839	3	6	311
咨询与调查	723	426935	8	29	636
广告业	724	290177	4	19	287
知识产权服务	725	11449		1	17
人力资源服务	726	80184	1	23	436
旅行社及相关服务	727	58062	7	30	582
安全保护服务	728	12504		6	291
其他商务服务业	729	288060	7	229	1190
科学研究和技术服务业	**M**	**658760**	**43**	**828**	**3666**
研究和试验发展	73	100958	4	113	281
自然科学研究和试验发展	731	11042	1	12	26
工程和技术研究和试验发展	732	64983		77	151
农业科学研究和试验发展	733	11207	2	16	64
医学研究和试验发展	734	12516	1	7	31
社会人文科学研究	735	1210		1	9
专业技术服务业	74	295499	21	588	2577
气象服务	741	1228		8	21
地震服务	742	459		1	2
海洋服务	743	645			9
测绘服务	744	9227	1	8	62
质检技术服务	745	19840	1	24	224
环境与生态监测	746	5657	3	2	21
地质勘查	747	6123	1	65	158
工程技术	748	114089	11	352	1562
其他专业技术服务业	749	138231	4	128	518
科技推广和应用服务业	75	262303	18	127	808
技术推广服务	751	203828	13	101	640
科技中介服务	752	11077		5	76
其他科技推广和应用服务业	759	47398	5	21	92
水利、环境和公共设施管理业	**N**	**79747**	**12**	**189**	**671**
水利管理业	76	6343	4	129	209
防洪除涝设施管理	761	712		15	19

单位：个

1992-1995年	1996年	1997年	1998年	1999年	2000年	2001年	2002年	2003年	代码
14548	**3464**	**4035**	**6344**	**6450**	**9235**	**11473**	**12839**	**15911**	K
14548	3464	4035	6344	6450	9235	11473	12839	15911	70
8238	1529	1845	3272	2938	4525	5493	5819	6892	701
2587	1086	1207	1738	2104	2716	3334	3852	4877	702
692	224	337	466	622	919	1425	1657	2282	703
2302	471	488	635	593	775	870	1077	1253	704
729	154	158	233	193	300	351	434	607	709
13871	**3875**	**4921**	**6495**	**8037**	**13627**	**14297**	**16501**	**22456**	L
573	242	237	362	376	597	808	847	1109	71
542	231	227	338	361	566	767	795	1045	711
31	11	10	24	15	31	41	52	64	712
13298	3633	4684	6133	7661	13030	13489	15654	21347	72
4749	920	1488	1335	1366	2154	2426	2827	3701	721
572	148	132	200	219	422	506	337	329	722
1996	613	705	1092	2147	4050	3043	3860	5467	723
2041	779	1066	1466	1572	2521	2837	3279	4393	724
66	20	31	37	53	61	168	183	406	725
450	123	115	221	236	451	558	738	1142	726
962	288	335	540	684	1050	1311	1139	1578	727
284	48	55	65	74	112	180	202	310	728
2178	694	757	1177	1310	2209	2460	3089	4021	729
6536	**1890**	**1877**	**3001**	**3635**	**5582**	**7078**	**8124**	**10332**	M
525	127	135	260	293	584	594	663	869	73
34	5	11	9	21	47	54	61	53	731
305	73	74	148	155	311	298	317	454	732
71	17	24	48	39	84	83	94	103	733
104	30	25	51	75	133	149	181	245	734
11	2	1	4	3	9	10	10	14	735
4422	1327	1298	2024	2417	3496	4583	5278	6721	74
39	6	13	11	19	41	51	59	75	741
2	1	1	3	4	5	4	6	8	742
25	3	6	2		5	7	7	11	743
127	34	26	49	61	118	158	243	323	744
372	108	94	153	181	248	287	367	591	745
39	14	7	19	20	34	46	38	87	746
156	25	34	57	63	73	86	108	164	747
2620	770	687	1129	1352	1868	2578	2935	3366	748
1042	366	430	601	717	1104	1366	1515	2096	749
1589	436	444	717	925	1502	1901	2183	2742	75
1231	360	348	561	773	1205	1498	1692	2132	751
136	23	38	60	43	95	144	176	191	752
222	53	58	96	109	202	259	315	419	759
1112	**303**	**363**	**582**	**638**	**1054**	**1223**	**1467**	**1937**	N
190	43	34	76	70	114	109	117	149	76
22	5	1	11	11	15	13	10	20	761

2-6 续表 10

行业中类	代码	企 业单位数	1949年及以前	1950-1977年	1978-1991年
水资源管理	762	1415	1	22	50
天然水收集与分配	763	706	1	59	62
水文服务	764	392	1	3	9
其他水利管理业	769	3118	1	30	69
生态保护和环境治理业	77	10918	1	21	58
生态保护	771	1522		19	22
环境治理业	772	9396	1	2	36
公共设施管理业	78	62486	7	39	404
市政设施管理	781	7162		11	89
环境卫生管理	782	6650	1	6	33
城乡市容管理	783	1634			5
绿化管理	784	30251	2	9	128
公园和游览景区管理	785	16789	4	13	149
居民服务、修理和其他服务业	**O**	**337057**	**19**	**407**	**2626**
居民服务业	79	120412	8	146	651
家庭服务	791	25594		3	33
托儿所服务	792	606		1	4
洗染服务	793	4979		3	36
理发及美容服务	794	22690	2	46	108
洗浴服务	795	9023	1	15	85
保健服务	796	10571		2	9
婚姻服务	797	9588	1	1	10
殡葬服务	798	4078	1	18	115
其他居民服务业	799	33283	3	57	251
机动车、电子产品和日用产品修理业	80	115919	7	206	1657
汽车、摩托车修理与维护	801	86805	7	169	1403
计算机和办公设备维修	802	11721		2	47
家用电器修理	803	12028		12	110
其他日用产品修理业	809	5365		23	97
其他服务业	81	100726	4	55	318
清洁服务	811	43629	3	3	96
其他未列明服务业	819	57097	1	52	222
教育	**P**	**77510**	**38**	**156**	**533**
教育	82	77510	38	156	533
学前教育	821	9425	3	56	114
初等教育	822	1313	16	34	54
中等教育	823	1426	10	28	42
高等教育	824	301	3	3	12
特殊教育	825	444			4
技能培训、教育辅助及其他教育	829	64601	6	35	307
卫生和社会工作	**Q**	**37917**	**59**	**660**	**723**
卫生	83	32067	56	649	663
医院	831	13735	46	280	233
社区医疗与卫生院	832	2383	5	194	130

单位：个

1992-1995年	1996年	1997年	1998年	1999年	2000年	2001年	2002年	2003年	代码
55	12	8	17	24	31	25	33	38	762
23	4	6	15	7	19	14	18	30	763
9	1	1	4	2	5	8	4	11	764
81	21	18	29	26	44	49	52	50	769
105	22	30	61	86	135	129	174	234	77
31	6	10	13	23	40	28	47	29	771
74	16	20	48	63	95	101	127	205	772
817	238	299	445	482	805	985	1176	1554	78
173	40	35	67	65	77	114	141	184	781
65	29	19	33	47	84	86	95	124	782
13	2	5	6	11	11	16	18	25	783
330	87	137	203	220	401	507	607	810	784
236	80	103	136	139	232	262	315	411	785
3651	**1269**	**1448**	**2183**	**2377**	**3375**	**3963**	**4578**	**6170**	O
895	327	439	702	812	1152	1337	1612	2161	79
33	19	17	54	57	109	132	151	207	791
	2	1	2	3	5	9	3	10	792
62	24	34	55	52	73	77	122	113	793
150	68	85	164	227	303	373	554	660	794
119	77	98	148	176	212	212	268	405	795
35	7	27	38	43	83	112	121	220	796
29	19	23	38	41	52	58	64	79	797
219	49	66	69	59	86	91	87	136	798
248	62	88	134	154	229	273	242	331	799
2252	803	813	1174	1226	1649	1898	2114	2900	80
1895	657	635	924	933	1219	1418	1605	2148	801
96	53	67	85	116	168	189	210	325	802
167	70	84	125	132	190	213	219	319	803
94	23	27	40	45	72	78	80	108	809
504	139	196	307	339	574	728	852	1109	81
227	71	100	174	189	326	386	492	621	811
277	68	96	133	150	248	342	360	488	819
647	**230**	**243**	**408**	**399**	**807**	**809**	**1013**	**1298**	P
647	230	243	408	399	807	809	1013	1298	82
113	44	57	91	67	179	148	178	182	821
16	7	12	18	9	25	23	23	43	822
30	12	9	23	24	47	38	39	42	823
6	1	2	2	5	6	12	9	5	824
4	2		3		4	1	5	4	825
478	164	163	271	294	546	587	759	1022	829
452	**174**	**124**	**252**	**241**	**371**	**448**	**585**	**899**	Q
424	163	114	214	195	325	409	548	843	83
150	45	38	63	65	112	145	255	369	831
51	30	14	40	35	52	72	69	71	832

2-6 续表 11

行业中类	代码	企业单位数	1949年及以前	1950-1977年	1978-1991年
门诊部(所)	833	12180	3	149	240
计划生育技术服务活动	834	115		1	9
妇幼保健院(所、站)	835	178		6	4
专科疾病防治院(所、站)	836	541		9	12
疾病预防控制中心	837	164	2	6	4
其他卫生活动	839	2771		4	31
社会工作	84	5850	3	11	60
提供住宿社会工作	841	5040	3	5	38
不提供住宿社会工作	842	810		6	22
文化、体育和娱乐业	**R**	**271218**	**75**	**825**	**1877**
新闻和出版业	85	5346	24	78	532
新闻业	851	353			5
出版业	852	4993	24	78	527
广播、电视、电影和影视录音制作业	86	26515	27	589	820
广播	861	993		2	20
电视	862	1588		1	32
电影和影视节目制作	863	13728	2	16	32
电影和影视节目发行	864	1428	2	64	67
电影放映	865	7679	23	504	662
录音制作	866	1099		2	7
文化艺术业	87	76361	22	128	256
文艺创作与表演	871	17873	12	67	95
艺术表演场馆	872	975	4	32	49
图书馆与档案馆	873	639	2	4	11
文物及非物质文化遗产保护	874	1342	1	6	17
博物馆	875	497	1	2	2
烈士陵园、纪念馆	876	85			1
群众文化活动	877	8607	1	11	50
其他文化艺术业	879	46343	1	6	31
体育	88	20852		2	56
体育组织	881	3625			9
体育场馆	882	1484		1	9
休闲健身活动	883	12997		1	33
其他体育	889	2746			5
娱乐业	89	142144	2	28	213
室内娱乐活动	891	126411	2	19	151
游乐园	892	2739		2	21
彩票活动	893	157			3
文化、娱乐、体育经纪代理	894	6788		4	15
其他娱乐业	899	6049		3	23
公共管理、社会保障和社会组织	**S**	**359**		**3**	**12**
社会保障	93	359		3	12
社会保障	930	359		3	12

单位：个

1992-1995年	1996年	1997年	1998年	1999年	2000年	2001年	2002年	2003年	代码
178	69	48	89	84	135	160	194	362	833
5	4		2	1	5	1		1	834
4		1				2		2	835
6	4	3	5	2	3	7	15	15	836
6	2	2	2	1	4	3	3	2	837
24	9	8	13	7	14	19	12	21	839
28	11	10	38	46	46	39	37	56	84
15	11	7	22	31	35	26	33	44	841
13		3	16	15	11	13	4	12	842
1472	**454**	**502**	**971**	**1108**	**2666**	**3406**	**4874**	**7609**	**R**
323	61	39	73	103	137	124	122	160	85
9	3		2	1	8	3	4	7	851
314	58	39	71	102	129	121	118	153	852
271	65	63	107	115	178	205	244	311	86
12	1	2	6		6	10	9	16	861
41	11	10	15	21	17	38	24	31	862
81	30	28	39	48	99	97	115	153	863
15	1	3	15	10	12	14	28	21	864
110	19	15	29	29	33	34	51	75	865
12	3	5	3	7	11	12	17	15	866
216	58	68	136	166	278	329	334	499	87
83	16	20	44	58	64	94	93	154	871
13	7	5	4	9	8	8	10	10	872
9	2		3	4	7	3	9	6	873
6	2	2	10	5	12	13	10	19	874
3	1	1	3	1	5	5	5	9	875
5	3	2	1	1	1	1	2	3	876
38	5	7	16	25	47	44	51	77	877
59	22	31	55	63	134	161	154	221	879
167	42	64	94	95	166	189	244	381	88
21	10	8	8	15	31	20	24	45	881
21	5	7	4	7	22	20	25	33	882
113	25	43	71	65	96	137	176	276	883
12	2	6	11	8	17	12	19	27	889
495	228	268	561	629	1907	2559	3930	6258	89
380	190	230	494	551	1785	2420	3760	6036	891
37	9	11	17	15	23	28	25	30	892
2	1	2	5		7	4	9	1	893
29	13	9	12	30	40	65	78	116	894
47	15	16	33	33	52	42	58	75	899
13	**3**	**3**	**5**	**2**	**4**	**4**	**4**	**4**	**S**
13	3	3	5	2	4	4	4	4	93
13	3	3	5	2	4	4	4	4	930

2-6 续表 12

行业中类	代码	2004年	2005年	2006年	2007年	2008年
总计	--	**333990**	**374116**	**442244**	**444708**	**492168**
农、林、牧、渔业	A	**4231**	**6079**	**7058**	**9348**	**15316**
农业	01	1337	1818	2245	3015	4526
谷物种植	011	147	210	221	249	435
豆类、油料和薯类种植	012	26	45	58	86	147
棉、麻、糖、烟草种植	013	11	37	41	48	56
蔬菜、食用菌及园艺作物种植	014	636	766	968	1324	2027
水果种植	015	256	360	470	678	975
坚果、含油果、香料和饮料作物种植	016	89	132	178	228	311
中药材种植	017	77	112	139	170	262
其他农业	019	95	156	170	232	313
林业	02	520	675	885	1027	1456
林木育种和育苗	021	366	460	614	696	1022
造林和更新	022	77	99	130	164	235
森林经营和管护	023	57	76	102	124	141
木材和竹材采运	024	9	28	20	25	29
林产品采集	025	11	12	19	18	29
畜牧业	03	1323	2098	2370	3460	6314
牲畜饲养	031	964	1488	1675	2427	4654
家禽饲养	032	274	458	518	780	1267
狩猎和捕捉动物	033	1	8	9	15	29
其他畜牧业	039	84	144	168	238	364
渔业	04	406	578	613	716	1186
水产养殖	041	385	556	585	699	1153
水产捕捞	042	21	22	28	17	33
农、林、牧、渔服务业	05	645	910	945	1130	1834
农业服务业	051	442	572	681	798	1268
林业服务业	052	47	72	78	82	158
畜牧服务业	053	79	94	121	184	290
渔业服务业	054	77	172	65	66	118
采矿业	B	**5287**	**6019**	**6574**	**5968**	**6624**
煤炭开采和洗选业	06	1387	1452	1143	999	1210
烟煤和无烟煤开采洗选	061	1319	1370	1069	923	1110
褐煤开采洗选	062	31	43	39	35	39
其他煤炭采选	069	37	39	35	41	61
石油和天然气开采业	07	19	27	31	24	35
石油开采	071	15	15	14	17	21
天然气开采	072	4	12	17	7	14
黑色金属矿采选业	08	1311	1371	1200	1201	1345
铁矿采选	081	1203	1218	1057	1070	1224
锰矿、铬矿采选	082	75	92	84	87	68
其他黑色金属矿采选	089	33	61	59	44	53
有色金属矿采选业	09	585	758	1041	971	749

单位：个

2009年	2010年	2011年	2012年	2013年	2014年	2015年	2016年	无开业年份	代码
660418	**852716**	**1005851**	**1095420**	**1254381**	**1606427**	**1985311**	**2298201**	**62867**	--
23587	**29230**	**44181**	**67256**	**80353**	**105917**	**131057**	**122395**	**3586**	A
7651	10788	17103	26132	34729	55276	70033	60650	1912	01
778	1038	1461	2243	5694	10197	13345	10557	306	011
323	407	590	803	889	1853	2003	1756	34	012
91	137	281	748	896	685	1054	661	8	013
3274	4909	7621	9836	12036	18397	20203	18875	604	014
1519	1993	3583	6382	7937	10416	14383	12615	309	015
601	780	1162	2034	2274	3426	4635	3461	299	016
398	671	1289	2512	2691	5259	6797	5501	169	017
667	853	1116	1574	2312	5043	7613	7224	183	019
2398	2988	4446	6851	7426	9427	9851	8043	379	02
1732	2207	3347	5200	5566	7981	8184	6712	300	021
355	410	654	1023	1356	889	1043	784	42	022
229	272	332	467	350	311	310	296	23	023
47	47	45	66	79	141	146	141	6	024
35	52	68	95	75	105	168	110	8	025
8780	9420	12948	21514	23212	24987	32345	34884	655	03
6497	6443	8332	14822	16944	18253	21085	21038	432	031
1768	2261	3555	5079	4695	4546	7882	10020	158	032
24	32	70	105	103	140	206	197	3	033
491	684	991	1508	1470	2048	3172	3629	62	039
1826	2311	5176	6959	7985	7262	9636	9464	290	04
1766	2250	5045	6671	7733	6830	9135	9020	277	041
60	61	131	288	252	432	501	444	13	042
2932	3723	4508	5800	7001	8965	9192	9354	350	05
2061	2684	3289	4281	5551	7615	7758	7849	290	051
255	290	386	470	489	704	684	642	26	052
448	513	548	744	658	374	456	510	16	053
168	236	285	305	303	272	294	353	18	054
7050	**7242**	**7457**	**7547**	**6446**	**5563**	**5433**	**5204**	**514**	B
1280	1176	1201	1108	938	710	699	745	96	06
1176	1051	1048	951	807	466	504	499	80	061
38	44	39	35	27	27	21	43	4	062
66	81	114	122	104	217	174	203	12	069
42	37	46	51	56	85	77	69	5	07
24	22	27	33	31	48	45	36	1	071
18	15	19	18	25	37	32	33	4	072
1039	1144	1144	914	771	533	356	341	68	08
919	1029	1023	820	676	446	285	266	61	081
65	64	50	40	44	39	22	34	3	082
55	51	71	54	51	48	49	41	4	089
703	648	730	718	518	402	390	360	104	09

2-6 续表 13

行业中类	代码	2004年	2005年	2006年	2007年	2008年
常用有色金属矿采选	091	408	523	772	733	537
贵金属矿采选	092	107	121	148	135	131
稀有稀土金属矿采选	093	70	114	121	103	81
非金属矿采选业	10	1850	2235	2901	2509	2930
土砂石开采	101	1541	1915	2459	2142	2512
化学矿开采	102	95	78	119	85	131
采盐	103	23	34	27	16	17
石棉及其他非金属矿采选	109	191	208	296	266	270
开采辅助活动	11	96	112	180	162	239
煤炭开采和洗选辅助活动	111	17	15	22	21	30
石油和天然气开采辅助活动	112	65	73	137	115	166
其他开采辅助活动	119	14	24	21	26	43
其他采矿业	12	39	64	78	102	116
其他采矿业	120	39	64	78	102	116
制造业	**C**	**108859**	**115649**	**138325**	**129170**	**128171**
农副食品加工业	13	4996	5685	6110	5841	6437
谷物磨制	131	1259	1389	1411	1299	1463
饲料加工	132	618	830	871	689	774
植物油加工	133	545	473	506	484	716
制糖业	134	40	32	38	43	37
屠宰及肉类加工	135	841	889	988	1017	1159
水产品加工	136	410	539	562	531	487
蔬菜、水果和坚果加工	137	710	770	884	895	858
其他农副食品加工	139	573	763	850	883	943
食品制造业	14	2118	2308	2648	2591	2782
焙烤食品制造	141	452	489	634	625	755
糖果、巧克力及蜜饯制造	142	226	224	303	305	249
方便食品制造	143	290	384	429	409	511
乳制品制造	144	111	123	101	90	87
罐头食品制造	145	186	198	193	168	164
调味品、发酵制品制造	146	336	325	386	399	353
其他食品制造	149	517	565	602	595	663
酒、饮料和精制茶制造业	15	1700	1878	2185	2026	2106
酒的制造	151	628	658	776	626	642
饮料制造	152	664	743	830	763	800
精制茶加工	153	408	477	579	637	664
烟草制品业	16	13	11	25	9	12
烟叶复烤	161	7	5	7	5	4
卷烟制造	162	4	1	13	2	5
其他烟草制品制造	169	2	5	5	2	3
纺织业	17	5860	5985	7063	5938	5130
棉纺织及印染精加工	171	2398	2568	2929	2225	1854
毛纺织及染整精加工	172	302	286	379	330	254
麻纺织及染整精加工	173	83	81	80	55	77

单位：个

2009年	2010年	2011年	2012年	2013年	2014年	2015年	2016年	无开业年份	代码
493	458	498	520	354	282	263	248	71	091
142	115	149	127	108	68	72	60	26	092
68	75	83	71	56	52	55	52	7	093
3584	3766	3871	4223	3601	2945	2958	2776	190	10
3147	3297	3322	3599	3165	2518	2490	2414	148	101
102	89	121	168	105	73	91	39	9	102
18	21	18	11	5	6	9	8	3	103
317	359	410	445	326	348	368	315	30	109
245	256	259	302	324	502	457	357	25	11
25	60	45	45	44	87	68	83	12	111
153	140	144	191	221	326	296	174	7	112
67	56	70	66	59	89	93	100	6	119
157	215	206	231	238	386	496	556	26	12
157	215	206	231	238	386	496	556	26	120
156966	**197441**	**213195**	**211458**	**230131**	**232882**	**246523**	**274592**	**13440**	C
6877	7219	8280	9923	10251	8584	11239	11038	443	13
1477	1454	1677	2063	2097	1358	1699	1334	38	131
936	1014	970	1041	914	1026	1069	978	46	132
716	685	768	879	891	674	986	984	44	133
35	38	63	82	66	49	77	73	3	134
1142	1188	1377	1685	1609	1355	1783	1837	81	135
521	626	654	764	873	854	867	894	61	136
921	1051	1275	1520	1648	1310	1519	1577	62	137
1129	1163	1496	1889	2153	1958	3239	3361	108	139
2920	3260	4568	5440	5356	5414	8150	8332	373	14
678	889	1520	1769	1771	1723	2093	1802	92	141
283	290	436	472	470	327	368	306	18	142
551	599	819	1065	1113	1092	1623	1366	51	143
90	69	76	85	92	87	136	117	13	144
174	203	197	266	187	194	285	235	12	145
376	389	551	604	599	513	809	763	29	146
768	821	969	1179	1124	1478	2836	3743	158	149
2247	2458	2771	3688	3796	3354	5286	4798	509	15
635	734	824	1096	977	938	1891	1968	59	151
866	860	1080	1347	1410	1412	1967	1528	89	152
746	864	867	1245	1409	1004	1428	1302	361	153
12	22	46	35	20	22	18	23	1	16
7	16	39	21	14	3	9	7		161
2	2		1	2	4	1	7		162
3	4	7	13	4	15	8	9	1	169
6639	9233	9217	8147	10280	10595	11870	15621	465	17
2283	3205	2936	2533	3439	3246	4148	5922	118	171
319	637	521	469	683	599	734	798	28	172
55	86	76	80	97	104	135	104	1	173

2-6 续表 14

行业中类	代码	2004年	2005年	2006年	2007年	2008年
丝绢纺织及印染精加工	174	222	212	224	175	146
化纤织造及印染精加工	175	633	469	638	504	416
针织或钩针编织物及其制品制造	176	835	928	1174	1097	891
家用纺织制成品制造	177	732	726	802	761	783
非家用纺织制成品制造	178	655	715	837	791	709
纺织服装、服饰业	18	5381	5858	6888	6444	5972
机织服装制造	181	3743	4089	4878	4606	4124
针织或钩针编织服装制造	182	904	896	1082	936	836
服饰制造	183	734	873	928	902	1012
皮革、毛皮、羽毛及其制品和制鞋业	19	2147	2469	2911	2706	2577
皮革鞣制加工	191	140	220	196	148	136
皮革制品制造	192	722	834	960	929	934
毛皮鞣制及制品加工	193	127	180	245	186	176
羽毛(绒)加工及制品制造	194	84	95	105	99	91
制鞋业	195	1074	1140	1405	1344	1240
木材加工和木、竹、藤、棕、草制品业	20	2704	3218	4290	4142	4030
木材加工	201	820	1105	1468	1424	1431
人造板制造	202	818	796	1165	1130	984
木制品制造	203	796	985	1256	1214	1261
竹、藤、棕、草等制品制造	204	270	332	401	374	354
家具制造业	21	1890	2018	2615	2466	2510
木质家具制造	211	1263	1330	1738	1650	1660
竹、藤家具制造	212	25	26	35	41	33
金属家具制造	213	260	279	371	320	331
塑料家具制造	214	37	35	59	52	51
其他家具制造	219	305	348	412	403	435
造纸和纸制品业	22	2685	2820	3375	3276	2954
纸浆制造	221	22	14	16	23	18
造纸	222	750	720	887	853	763
纸制品制造	223	1913	2086	2472	2400	2173
印刷和记录媒介复制业	23	4107	3757	4368	3516	3280
印刷	231	3751	3427	3972	3225	2993
装订及印刷相关服务	232	345	322	382	279	268
记录媒介复制	233	11	8	14	12	19
文教、工美、体育和娱乐用品制造业	24	3405	3589	4445	3995	3841
文教办公用品制造	241	406	409	411	399	371
乐器制造	242	111	98	100	93	81
工艺美术品制造	243	2030	2256	2827	2523	2465
体育用品制造	244	334	326	419	356	364
玩具制造	245	454	446	600	534	456
游艺器材及娱乐用品制造	246	70	54	88	90	104
石油加工和炼焦业	25	452	382	440	440	433
精炼石油产品制造	251	294	287	364	363	300
炼焦	252	158	95	76	77	133

单位：个

2009年	2010年	2011年	2012年	2013年	2014年	2015年	2016年	无开业年份	代码
163	177	189	175	194	146	159	91	5	174
643	996	1141	766	961	771	726	804	25	175
1184	1568	1645	1560	1867	2014	1966	2262	92	176
970	1271	1469	1569	1805	2331	2622	3834	118	177
1022	1293	1240	995	1234	1384	1380	1806	78	178
7960	11888	13038	12542	16506	15312	16867	20170	928	18
5506	8356	9091	7945	10659	8438	7717	7836	473	181
1200	1621	1628	1742	2249	1795	1873	1766	73	182
1254	1911	2319	2855	3598	5079	7277	10568	382	183
3553	5202	5839	5642	8495	9102	6706	7321	379	19
148	199	228	221	252	236	283	270	7	191
1188	1765	2044	2176	3017	2651	2409	2589	87	192
362	395	439	517	833	748	640	1064	25	193
107	143	176	171	171	190	247	244	9	194
1748	2700	2952	2557	4222	5277	3127	3154	251	195
4865	6108	6417	7279	8276	7705	9879	13946	269	20
1772	2382	2508	3223	3555	2928	4327	5462	91	201
1122	1304	1276	1227	1361	1177	1264	2278	41	202
1497	1870	1962	2147	2516	2668	3010	4469	100	203
474	552	671	682	844	932	1278	1737	37	204
3257	4580	4864	5825	6441	7299	6952	9234	393	21
2221	3105	3433	4028	4433	4968	4958	6537	257	211
41	65	61	96	108	144	120	165	3	212
353	509	512	529	614	632	519	572	46	213
63	77	92	87	96	93	85	74	4	214
579	824	766	1085	1190	1462	1270	1886	83	219
4043	4694	4567	4655	5196	5040	4975	5036	234	22
36	34	31	33	38	48	51	43	3	221
1028	1194	1043	1091	1032	803	737	667	39	222
2979	3466	3493	3531	4126	4189	4187	4326	192	223
4027	4711	4555	4221	3892	3342	3800	3734	136	23
3660	4328	4182	3850	3494	3013	3417	3323	121	231
352	372	357	361	387	304	361	378	12	232
15	11	16	10	11	25	22	33	3	233
4880	6365	7162	7799	9030	8560	8915	10123	384	24
449	568	633	644	811	751	812	989	34	241
103	133	174	165	198	152	206	280	13	242
3133	4195	4590	5292	6112	5406	5561	5947	238	243
476	559	648	611	702	1023	1063	1226	43	244
592	772	924	905	1003	941	964	1387	38	245
127	138	193	182	204	287	309	294	18	246
522	491	500	550	497	477	521	583	64	25
412	399	415	476	420	431	460	525	51	251
110	92	85	74	77	46	61	58	13	252

2-6 续表 15

行业中类	代码	2004年	2005年	2006年	2007年	2008年
化学原料和化学制品制造业	26	5915	6307	7204	5993	5926
基础化学原料制造	261	1085	1152	1321	1123	1018
肥料制造	262	596	675	677	615	755
农药制造	263	127	132	146	118	119
涂料、油墨、颜料及类似产品制造	264	1150	1133	1219	1012	972
合成材料制造	265	539	558	629	593	587
专用化学产品制造	266	1604	1697	1910	1658	1635
炸药、火工及焰火产品制造	267	290	417	622	299	246
日用化学产品制造	268	524	543	680	575	594
医药制造业	27	1116	1101	1095	907	924
化学药品原料药制造	271	169	164	174	161	142
化学药品制剂制造	272	132	118	104	79	78
中药饮片加工	273	173	169	141	135	150
中成药生产	274	206	137	129	117	106
兽用药品制造	275	107	124	135	80	64
生物药品制造	276	140	193	195	198	227
卫生材料及医药用品制造	277	189	196	217	137	157
化学纤维制造业	28	361	320	486	375	261
纤维素纤维原料及纤维制造	281	58	65	82	57	57
合成纤维制造	282	303	255	404	318	204
橡胶和塑料制品业	29	7040	7670	9441	8840	8182
橡胶制品业	291	1259	1387	1610	1493	1435
塑料制品业	292	5781	6283	7831	7347	6747
非金属矿物制品业	30	8654	9498	12330	11207	12682
水泥、石灰和石膏制造	301	654	660	746	686	857
石膏、水泥制品及类似制品制造	302	1526	1777	2414	2356	2695
砖瓦、石材等建筑材料制造	303	3326	3942	5531	4849	5825
玻璃制造	304	180	186	213	204	197
玻璃制品制造	305	522	546	735	671	642
玻璃纤维和玻璃纤维增强塑料制品制造	306	308	312	344	350	344
陶瓷制品制造	307	575	608	717	659	600
耐火材料制品制造	308	755	738	774	651	658
石墨及其他非金属矿物制品制造	309	808	729	856	781	864
黑色金属冶炼和压延加工业	31	2654	2550	2511	2327	2345
炼铁	311	124	131	98	101	109
炼钢	312	58	39	39	51	63
黑色金属铸造	313	1092	1102	1170	982	917
钢压延加工	314	965	1027	995	977	1002
铁合金冶炼	315	415	251	209	216	254
有色金属冶炼和压延加工业	32	1392	1518	1897	1801	1654
常用有色金属冶炼	321	291	340	426	410	362
贵金属冶炼	322	37	49	48	50	40
稀有稀土金属冶炼	323	65	85	77	80	69
有色金属合金制造	324	169	199	255	230	208

单位：个

2009年	2010年	2011年	2012年	2013年	2014年	2015年	2016年	无开业年份	代码
6771	7057	7181	7206	6640	6697	7419	7352	589	26
1090	1012	1061	1033	823	832	835	810	93	261
1051	936	966	1092	944	1183	1511	1477	79	262
120	111	146	128	119	142	165	126	6	263
1135	1209	1142	1271	1284	1091	1100	1079	137	264
646	812	859	820	830	820	868	899	75	265
1778	1871	1834	1781	1595	1526	1556	1480	123	266
203	313	341	263	190	202	263	141	2	267
748	793	832	818	855	901	1121	1340	74	268
1195	1347	1491	1570	1605	1511	2050	2187	183	27
146	181	180	157	140	182	198	172	15	271
109	123	113	112	125	113	103	120	11	272
170	233	379	363	408	318	559	572	69	273
140	153	159	173	191	159	252	305	13	274
111	101	81	116	51	51	69	61	8	275
273	291	319	356	389	365	437	455	37	276
246	265	260	293	301	323	432	502	30	277
326	563	553	382	423	374	412	357	27	28
61	110	95	71	89	87	78	74	4	281
265	453	458	311	334	287	334	283	23	282
9902	11931	12187	11961	12632	12041	11553	12500	653	29
1604	2028	2030	2022	2000	2252	2098	2208	95	291
8298	9903	10157	9939	10632	9789	9455	10292	558	292
15131	17917	20612	20759	20635	18429	17851	18857	1046	30
1099	1061	1126	997	844	859	977	1059	52	301
3405	4514	5427	5815	5557	4283	3918	4261	172	302
6488	7337	8522	8800	8667	7560	7209	7370	465	303
263	436	417	410	460	455	418	408	20	304
811	1077	1231	1218	1953	1352	1394	1798	59	305
365	379	420	384	359	409	393	443	10	306
878	1071	1195	1181	1086	1745	1563	1339	174	307
834	832	872	810	630	509	539	561	32	308
988	1210	1402	1144	1079	1257	1440	1618	62	309
2352	2562	2401	2013	1861	1447	1765	1490	109	31
115	115	104	74	66	42	55	56	5	311
65	75	75	59	64	55	66	55	5	312
928	937	875	659	591	390	579	429	42	313
1057	1255	1159	1080	1029	879	984	855	47	314
187	180	188	141	111	81	81	95	10	315
1684	1917	2135	2040	1983	1710	1723	1873	98	32
325	325	340	364	228	265	303	295	20	321
38	54	47	46	34	33	32	59	1	322
47	65	73	70	41	64	48	53	4	323
239	257	330	298	293	225	223	275	10	324

2-6 续表 16

行业中类	代码	2004年	2005年	2006年	2007年	2008年
有色金属铸造	325	104	108	138	111	103
有色金属压延加工	326	726	737	953	920	872
金属制品业	33	8976	9572	11574	10954	10955
结构性金属制品制造	331	2790	2978	3626	3623	3805
金属工具制造	332	1024	1115	1281	1167	1151
集装箱及金属包装容器制造	333	345	326	362	343	332
金属丝绳及其制品制造	334	477	488	593	482	435
建筑、安全用金属制品制造	335	1257	1319	1742	1615	1532
金属表面处理及热处理加工	336	671	682	705	640	627
搪瓷制品制造	337	54	70	84	93	92
金属制日用品制造	338	758	823	1020	886	893
其他金属制品制造	339	1600	1771	2161	2105	2088
通用设备制造业	34	11024	11470	13558	13366	13228
锅炉及原动设备制造	341	513	470	512	490	509
金属加工机械制造	342	1756	1915	2269	2273	2341
物料搬运设备制造	343	518	502	630	603	551
泵、阀门、压缩机及类似机械制造	344	1696	1648	1885	1890	1735
轴承、齿轮和传动部件制造	345	928	940	1104	1010	975
烘炉、风机、衡器、包装等设备制造	346	1184	1265	1362	1331	1290
文化、办公用机械制造	347	112	134	159	160	132
通用零部件制造	348	3716	4007	4950	4884	4811
其他通用设备制造业	349	601	589	687	725	884
专用设备制造业	35	6942	7426	8939	8287	8505
采矿、冶金、建筑专用设备制造	351	1290	1442	1739	1535	1582
化工、木材、非金属加工专用设备制造	352	2133	2280	2905	2778	2707
食品、饮料、烟草及饲料生产专用设备制造	353	208	217	244	212	236
印刷、制药、日化及日用品生产专用设备制造	354	404	420	446	449	473
纺织、服装和皮革加工专用设备制造	355	603	584	662	509	458
电子和电工机械专用设备制造	356	481	483	653	655	666
农、林、牧、渔专用机械制造	357	358	382	463	430	508
医疗仪器设备及器械制造	358	441	474	513	436	450
环保、社会公共服务及其他专用设备制造	359	1024	1144	1314	1283	1425
汽车制造业	36	2927	2857	3381	3277	2971
汽车整车制造	361	32	44	33	46	25
改装汽车制造	362	70	64	57	57	52
低速载货汽车制造	363	3	7	5	2	3
电车制造	364	14	16	27	21	12
汽车车身、挂车制造	365	67	53	53	64	63
汽车零部件及配件制造	366	2741	2673	3206	3087	2816
铁路、船舶、航空航天和其他运输设备制造业	37	1233	1328	1666	1624	1635
铁路运输设备制造	371	136	156	167	174	157
城市轨道交通设备制造	372	5	5	7	7	12
船舶及相关装置制造	373	323	394	533	542	657
航空、航天器及设备制造	374	39	32	50	56	55

单位：个

2009年	2010年	2011年	2012年	2013年	2014年	2015年	2016年	无开业年份	代码
121	130	169	123	156	100	111	116	8	325
914	1086	1176	1139	1231	1023	1006	1075	55	326
13709	17570	19320	18971	21394	22609	22874	24480	1269	33
4872	6340	6833	6770	7523	7105	7389	7646	375	331
1300	1929	2075	1927	2141	2174	2404	2317	207	332
390	480	453	464	435	425	400	385	15	333
618	648	611	1096	1708	1898	1655	1791	22	334
1987	2494	3041	2887	3644	3473	2781	3224	139	335
595	801	792	714	802	648	591	598	51	336
113	153	170	158	182	349	268	243	9	337
1216	1391	1611	1615	1615	1876	1976	2021	160	338
2618	3334	3734	3340	3344	4661	5410	6255	291	339
15188	19977	21753	18730	19824	22060	22957	27335	939	34
612	697	792	718	621	808	814	797	36	341
2729	3943	4114	3487	3488	3856	3802	3861	156	342
668	855	909	752	857	886	940	1092	47	343
2010	2386	2577	2173	2398	2383	2401	2644	114	344
912	1284	1349	1130	1219	1194	1026	1094	39	345
1472	1841	2017	1855	1894	1901	1724	2041	83	346
195	195	265	211	241	212	203	170	8	347
5333	7063	7813	6428	7309	7393	7256	9866	258	348
1257	1713	1917	1976	1797	3427	4791	5770	198	349
11137	14462	15156	14630	14984	16641	16434	17182	916	35
1967	2384	2477	2333	2034	2311	1978	2028	131	351
3179	4502	4810	4550	4901	4381	3914	4413	136	352
379	370	349	354	402	515	498	548	19	353
685	796	779	796	805	822	679	619	63	354
547	767	839	659	778	628	567	602	45	355
843	1218	1363	1276	1407	1367	1288	1286	163	356
745	973	1001	972	1011	1096	1151	1240	41	357
597	791	771	849	897	1028	1214	1322	90	358
2195	2661	2767	2841	2749	4493	5145	5124	228	359
3780	5278	5318	4903	5593	5998	5899	6917	287	36
56	58	68	58	84	108	170	208	3	361
65	90	75	82	67	77	71	83	2	362
5	7	8	7	6	4	7	4	1	363
50	63	52	57	66	136	214	241	13	364
95	134	82	75	66	116	94	107	6	365
3509	4926	5033	4624	5304	5557	5343	6274	262	366
2014	2402	2281	2133	2300	2600	2538	2630	179	37
227	253	211	171	185	198	200	203	8	371
5	16	20	19	18	37	40	79	1	372
745	809	744	649	518	783	839	771	42	373
71	99	102	74	105	156	181	188	8	374

2-6 续表 17

行业中类	代码	2004年	2005年	2006年	2007年	2008年
摩托车制造	375	376	404	412	365	343
自行车制造	376	286	277	382	383	314
非公路休闲车及零配件制造	377	28	26	50	36	36
潜水救捞及其他未列明运输设备制造	379	40	34	65	61	61
电气机械和器材制造业	38	6253	6578	8169	8028	8046
电机制造	381	753	698	811	800	866
输配电及控制设备制造	382	2213	2172	2854	2657	2703
电线、电缆、光缆及电工器材制造	383	1022	1218	1447	1398	1180
电池制造	384	198	234	293	280	273
家用电力器具制造	385	776	833	981	916	1012
非电力家用器具制造	386	159	249	309	285	369
照明器具制造	387	824	876	1060	1293	1253
其他电气机械及器材制造	389	308	298	414	399	390
计算机、通信和其他电子设备制造业	39	3539	3692	4397	4505	4480
计算机制造	391	317	309	382	400	426
通信设备制造	392	290	308	357	385	362
广播电视设备制造	393	154	163	157	165	162
雷达及配套设备制造	394	3	17	13	8	8
视听设备制造	395	261	267	279	304	256
电子器件制造	396	546	561	659	672	687
电子元件制造	397	1490	1552	1929	1951	1860
其他电子设备制造	399	478	515	621	620	719
仪器仪表制造业	40	1501	1551	1756	1669	1577
通用仪器仪表制造	401	807	861	989	905	806
专用仪器仪表制造	402	263	244	321	302	294
钟表与计时仪器制造	403	87	109	97	108	113
光学仪器及眼镜制造	404	239	219	232	234	235
其他仪器仪表制造业	409	105	118	117	120	129
其他制造业	41	919	1128	1313	1262	1219
日用杂品制造	411	442	538	647	609	505
煤制品制造	412	109	125	141	171	170
其他未列明制造业	419	368	465	525	482	544
废弃资源综合利用业	42	452	538	564	647	681
金属废料和碎屑加工处理	421	288	311	325	342	373
非金属废料和碎屑加工处理	422	164	227	239	305	308
金属制品、机械和设备修理业	43	503	567	681	711	836
金属制品修理	431	21	27	34	39	49
通用设备修理	432	92	87	91	113	113
专用设备修理	433	72	66	82	78	108
铁路、船舶、航空航天等运输设备修理	434	120	173	222	236	288
电气设备修理	435	48	63	62	56	46
仪器仪表修理	436	15	14	11	14	16
其他机械和设备修理业	439	135	137	179	175	216

单位：个

2009年	2010年	2011年	2012年	2013年	2014年	2015年	2016年	无开业年份	代码
390	497	504	493	596	423	350	369	69	375
440	526	507	556	677	807	715	839	45	376
45	64	58	58	124	85	100	96	2	377
91	138	135	113	77	111	113	85	4	379
10537	13368	14514	13637	14294	14560	13647	14417	1034	38
1052	1328	1465	1195	999	1407	1090	1104	118	381
3546	4464	4767	4028	4324	4839	4663	5343	193	382
1392	1650	1743	1568	1767	1527	1470	1517	81	383
389	449	473	411	485	353	439	528	37	384
1312	1599	1824	1832	2008	2250	1970	1683	111	385
507	521	537	463	485	481	491	548	38	386
1705	2526	2713	3247	3420	2437	2183	2178	387	387
634	831	992	893	806	1266	1341	1516	69	389
5864	8024	8582	8605	9416	7936	7481	7274	654	39
554	755	836	905	966	790	795	697	28	391
520	650	653	641	673	744	681	686	36	392
199	255	268	308	257	176	131	92	3	393
9	20	17	15	16	26	21	16		394
338	433	463	453	485	327	268	169	12	395
906	1350	1403	1310	1482	1104	1058	1010	61	396
2340	3159	3354	3358	3767	3025	2755	2752	181	397
998	1402	1588	1615	1770	1744	1772	1852	333	399
2042	2412	2850	2877	3038	2820	2842	2974	121	40
1079	1263	1411	1383	1406	1425	1422	1573	66	401
375	422	464	461	451	426	402	418	19	402
123	147	273	298	263	104	82	95	9	403
278	381	482	460	697	506	479	554	13	404
187	199	220	275	221	359	457	334	14	409
1738	2263	2438	2814	2965	7583	10424	13232	631	41
665	791	865	869	1091	1344	1431	1400	59	411
168	176	196	172	197	269	291	402	22	412
905	1296	1377	1773	1677	5970	8702	11430	550	419
764	934	1105	999	999	1177	1355	1439	79	42
415	491	619	504	423	460	474	524	31	421
349	443	486	495	576	717	881	915	48	422
1030	1226	1494	1482	1509	1883	2121	2137	48	43
58	61	92	66	74	122	107	102	2	431
132	178	214	185	204	266	308	312	5	432
147	159	206	232	224	230	229	224	10	433
351	404	448	407	356	405	496	479	10	434
78	115	101	114	135	149	189	182	3	435
28	20	26	31	21	38	49	40		436
236	289	407	447	495	673	743	798	18	439

2-6 续表 18

行业中类	代码	2004年	2005年	2006年	2007年	2008年
电力、热力、燃气及水生产和供应业	D	**4158**	**4121**	**4230**	**3475**	**3733**
电力、热力生产和供应业	44	3157	3067	3074	2352	2308
电力生产	441	2783	2637	2704	1944	1854
电力供应	442	143	146	111	116	116
热力生产和供应	443	231	284	259	292	338
燃气生产和供应业	45	269	285	302	278	376
燃气生产和供应业	450	269	285	302	278	376
水的生产和供应业	46	732	769	854	845	1049
自来水生产和供应	461	542	560	570	555	611
污水处理及其再生利用	462	163	176	245	249	394
其他水的处理、利用与分配	469	27	33	39	41	44
建筑业	E	**14947**	**16484**	**18236**	**17867**	**20043**
房屋建筑业	47	2797	3222	3674	3314	3497
房屋建筑业	470	2797	3222	3674	3314	3497
土木工程建筑业	48	2745	2998	3090	3107	3547
铁路、道路、隧道和桥梁工程建筑	481	1081	1159	1178	1158	1357
水利和内河港口工程建筑	482	216	264	255	265	266
海洋工程建筑	483	9	9	8	4	7
工矿工程建筑	484	128	155	202	223	189
架线和管道工程建筑	485	445	399	424	441	474
其他土木工程建筑	489	866	1012	1023	1016	1254
建筑安装业	49	3056	3268	3600	3416	3938
电气安装	491	910	926	998	926	1028
管道和设备安装	492	737	780	838	786	888
其他建筑安装业	499	1409	1562	1764	1704	2022
建筑装饰和其他建筑业	50	6349	6996	7872	8030	9061
建筑装饰业	501	4439	4878	5478	5705	6592
工程准备活动	502	745	775	804	780	887
提供施工设备服务	503	204	248	304	306	306
其他未列明建筑业	509	961	1095	1286	1239	1276
批发和零售业	F	**94234**	**106643**	**129988**	**133305**	**156913**
批发业	51	61283	68805	83324	86081	99945
农、林、牧产品批发	511	2186	2859	3131	3123	4404
食品、饮料及烟草制品批发	512	3816	4533	5839	6539	8291
纺织、服装及家庭用品批发	513	6840	8190	10376	10701	12180
文化、体育用品及器材批发	514	2440	2530	2838	2932	3467
医药及医疗器材批发	515	2198	2573	2725	2405	2600
矿产品、建材及化工产品批发	516	20215	21688	26679	27242	31242
机械设备、五金产品及电子产品批发	517	17319	19267	23172	24097	27506
贸易经纪与代理	518	2034	2354	2810	2992	3332
其他批发业	519	4235	4811	5754	6050	6923
零售业	52	32951	37838	46664	47224	56968
综合零售	521	2966	3383	4203	3847	5001
食品、饮料及烟草制品专门零售	522	2345	2972	3898	4273	5360
纺织、服装及日用品专门零售	523	3050	3703	4485	4789	5938

单位：个

2009年	2010年	2011年	2012年	2013年	2014年	2015年	2016年	无开业年份	代码
4094	**4267**	**4278**	**4533**	**4411**	**5652**	**8698**	**12332**	**544**	D
2440	2540	2507	2576	2423	3516	6092	9808	386	44
1924	1912	1835	1915	1855	2769	4852	7781	328	441
134	146	196	168	138	230	583	1219	27	442
382	482	476	493	430	517	657	808	31	443
472	535	581	698	752	852	1004	1095	69	45
472	535	581	698	752	852	1004	1095	69	450
1182	1192	1190	1259	1236	1284	1602	1429	89	46
704	705	760	778	720	673	916	836	35	461
431	414	349	393	417	471	521	458	48	462
47	73	81	88	99	140	165	135	6	469
28753	**37380**	**44403**	**46867**	**52741**	**95957**	**107261**	**157392**	**3533**	E
5305	6604	7337	8204	8989	14632	13838	22473	598	47
5305	6604	7337	8204	8989	14632	13838	22473	598	470
5229	6573	7823	8403	9240	15750	17281	28125	667	48
2102	2531	2874	3154	3593	6197	6581	11002	265	481
432	534	628	648	692	928	990	1434	43	482
10	23	21	26	35	71	71	98	2	483
233	254	315	278	260	420	397	538	16	484
610	747	833	881	750	1262	1412	1902	47	485
1842	2484	3152	3416	3910	6872	7830	13151	294	489
5204	6512	7534	7732	7958	15001	16801	24350	514	49
1349	1587	1914	1949	1775	2793	2872	3842	94	491
1051	1248	1484	1672	1753	3059	3320	4475	103	492
2804	3677	4136	4111	4430	9149	10609	16033	317	499
13015	17691	21709	22528	26554	50574	59341	82444	1754	50
9389	13069	16254	17338	20650	36631	42887	58314	1270	501
1196	1521	1648	1688	2110	3365	3131	3959	162	502
441	511	580	538	545	887	922	1148	34	503
1989	2590	3227	2964	3249	9691	12401	19023	288	509
226518	**299536**	**364169**	**391897**	**446217**	**585300**	**722033**	**845767**	**18914**	F
144422	191648	228069	239612	259270	354323	400726	447175	10873	51
6625	8034	9792	12441	15205	12570	15721	16289	384	511
11980	16397	21108	26655	29466	34135	43515	46279	1123	512
18484	25082	31717	32935	40579	55941	58983	69813	2090	513
4747	6386	8037	8433	9090	12461	13322	14804	275	514
4137	4830	5911	6807	6799	8939	11797	13174	257	515
45091	60259	68785	65434	67851	88420	94698	110988	2620	516
38039	49527	57570	59767	62191	79370	85498	89849	1950	517
4944	6891	8745	10454	12217	17009	18069	20411	810	518
10375	14242	16404	16686	15872	45478	59123	65568	1364	519
82096	107888	136100	152285	186947	230977	321307	398592	8041	52
7621	10074	12401	14845	22262	36734	65325	89034	1086	521
7083	9994	14106	18369	21387	20270	27822	32034	727	522
8014	11460	16675	17960	25152	23888	28982	41813	1063	523

2-6 续表 19

行业中类	代码	2004年	2005年	2006年	2007年	2008年
文化、体育用品及器材专门零售	524	2251	2506	3042	3259	3781
医药及医疗器材专门零售	525	3633	4264	4306	3878	4631
汽车、摩托车、燃料及零配件专门零售	526	5485	5902	7274	6832	7654
家用电器及电子产品专门零售	527	5843	6605	8570	9037	10611
五金、家具及室内装饰材料专门零售	528	4400	5175	6681	6957	8548
货摊、无店铺及其他零售业	529	2978	3328	4205	4352	5444
交通运输、仓储和邮政业	**G**	**11409**	**13526**	**14425**	**14369**	**16274**
铁路运输业	53	84	114	112	94	142
铁路旅客运输	531	10	16	15	13	27
铁路货物运输	532	55	40	45	41	64
铁路运输辅助活动	533	19	58	52	40	51
道路运输业	54	5879	6236	7229	7334	8570
城市公共交通运输	541	546	472	449	479	448
公路旅客运输	542	484	483	543	486	464
道路货物运输	543	4320	4726	5687	5826	7025
道路运输辅助活动	544	529	555	550	543	633
水上运输业	55	631	628	576	630	590
水上旅客运输	551	55	36	54	51	48
水上货物运输	552	432	419	362	379	380
水上运输辅助活动	553	144	173	160	200	162
航空运输业	56	80	58	92	70	63
航空客货运输	561	33	29	44	35	34
通用航空服务	562	18	11	14	16	10
航空运输辅助活动	563	29	18	34	19	19
管道运输业	57	11	10	14	15	16
管道运输业	570	11	10	14	15	16
装卸搬运和运输代理业	58	3409	4876	4696	4413	4838
装卸搬运	581	400	432	503	641	764
运输代理业	582	3009	4444	4193	3772	4074
仓储业	59	966	1201	1292	1291	1318
谷物、棉花等农产品仓储	591	267	339	380	395	471
其他仓储业	599	699	862	912	896	847
邮政业	60	349	403	414	522	737
邮政基本服务	601	39	33	16	21	37
快递服务	602	310	370	398	501	700
住宿和餐饮业	**H**	**6581**	**8099**	**9647**	**10261**	**11817**
住宿业	61	2705	3273	4095	4333	4850
旅游饭店	611	1059	1174	1281	1376	1452
一般旅馆	612	1458	1898	2520	2654	2997
其他住宿业	619	188	201	294	303	401
餐饮业	62	3876	4826	5552	5928	6967
正餐服务	621	3155	3913	4504	4752	5508
快餐服务	622	253	335	344	434	515
饮料及冷饮服务	623	183	244	312	319	367
其他餐饮业	629	285	334	392	423	577

单位：个

2009年	2010年	2011年	2012年	2013年	2014年	2015年	2016年	无开业年份	代码
5110	6741	8828	9720	11468	11684	13830	15042	307	524
7442	9190	10836	11730	11463	15850	29762	33814	468	525
11767	15529	16723	18516	20597	25298	31981	35422	837	526
14990	17575	20862	21974	24964	23939	28417	30999	572	527
11492	15842	20982	23896	31070	31167	35138	42012	919	528
8577	11483	14687	15275	18584	42147	60050	78422	2062	529
21648	**27612**	**28938**	**29643**	**35422**	**46507**	**56217**	**62998**	**1677**	**G**
159	240	253	240	289	439	364	377	12	53
29	41	29	42	43	46	46	28		531
69	85	90	95	111	159	140	199	10	532
61	114	134	103	135	234	178	150	2	533
11725	14331	15473	16044	19106	26500	33277	41197	926	54
509	559	605	643	678	713	879	896	18	541
508	543	486	504	455	550	801	792	15	542
9987	12440	13485	13921	16952	23826	29889	37282	831	543
721	789	897	976	1021	1411	1708	2227	62	544
758	801	756	652	721	1157	1011	1056	75	55
68	79	74	71	68	109	134	93	7	551
432	457	400	346	376	721	548	586	29	552
258	265	282	235	277	327	329	377	39	553
84	119	118	150	224	225	246	235	13	56
38	47	46	61	70	66	86	80	4	561
17	38	30	54	55	87	91	93	4	562
29	34	42	35	99	72	69	62	5	563
25	39	29	35	34	49	46	55	2	57
25	39	29	35	34	49	46	55	2	570
5755	7183	8201	8751	10335	12842	14300	12826	376	58
852	997	1192	1286	1763	2862	3720	3641	69	581
4903	6186	7009	7465	8572	9980	10580	9185	307	582
1794	2347	2440	2344	2780	3374	3793	3407	218	59
595	710	639	550	660	735	679	636	28	591
1199	1637	1801	1794	2120	2639	3114	2771	190	599
1348	2552	1668	1427	1933	1921	3180	3845	55	60
32	55	51	38	40	77	263	194	3	601
1316	2497	1617	1389	1893	1844	2917	3651	52	602
13156	**17371**	**20660**	**26019**	**31891**	**30433**	**43466**	**46066**	**1008**	**H**
4678	6115	6815	8034	8746	7347	9526	9207	355	61
1505	1833	1941	2366	2333	2162	2869	2529	173	611
2726	3683	4143	4752	5362	4149	4977	4758	125	612
447	599	731	916	1051	1036	1680	1920	57	619
8478	11256	13845	17985	23145	23086	33940	36859	653	62
6668	8834	10871	13896	17627	17328	25113	26641	461	621
634	796	928	1241	1577	1500	1960	2389	47	622
435	540	656	907	1119	975	964	871	25	623
741	1086	1390	1941	2822	3283	5903	6958	120	629

2-6 续表 20

行业中类	代码	2004年	2005年	2006年	2007年	2008年
信息传输、软件和信息技术服务业	I	**8467**	**9203**	**10823**	**11105**	**12644**
电信、广播电视和卫星传输服务	63	820	653	648	544	804
电信	631	667	453	473	410	594
广播电视传输服务	632	138	181	160	121	194
卫星传输服务	633	15	19	15	13	16
互联网和相关服务	64	1161	1190	1536	1602	1649
互联网接入及相关服务	641	134	124	160	173	163
互联网信息服务	642	910	938	1230	1264	1295
其他互联网服务	649	117	128	146	165	191
软件和信息技术服务业	65	6486	7360	8639	8959	10191
软件开发	651	4120	4609	5492	5737	6355
信息系统集成服务	652	693	863	936	949	1043
信息技术咨询服务	653	958	1107	1286	1296	1635
数据处理和存储服务	654	96	118	132	148	151
集成电路设计	655	104	97	138	147	158
其他信息技术服务业	659	515	566	655	682	849
金融业	J	**1698**	**2478**	**2803**	**3704**	**4745**
货币金融服务	66	318	878	943	1477	1711
中央银行服务	661	3	3	4	1	3
货币银行服务	662	150	449	469	722	875
非货币银行服务	663	161	425	470	754	831
银行监管服务	664	4	1			2
资本市场服务	67	362	391	548	728	927
证券市场服务	671	27	34	30	49	72
期货市场服务	672	7	3	6	5	15
证券期货监管服务	673		1		1	1
资本投资服务	674	253	296	421	559	690
其他资本市场服务	679	75	57	91	114	149
保险业	68	883	1080	1090	1228	1754
人身保险	681	212	200	243	330	756
财产保险	682	283	529	536	553	606
再保险	683	5	3		1	6
养老金	684	1	2	1	43	33
保险经纪与代理服务	685	309	285	257	251	275
保险监管服务	686	2		2		2
其他保险活动	689	71	61	51	50	76
其他金融业	69	135	129	222	271	353
金融信托与管理服务	691	28	27	50	62	80
控股公司服务	692	21	18	37	52	45
非金融机构支付服务	693	7	8	14	18	22
金融信息服务	694	16	22	34	29	41
其他未列明金融业	699	63	54	87	110	165

单位：个

2009年	2010年	2011年	2012年	2013年	2014年	2015年	2016年	无开业年份	代码
16883	**21171**	**26903**	**30986**	**39566**	**62827**	**98677**	**119803**	**2452**	I
836	876	866	1025	964	1210	1767	1732	24	63
659	613	664	787	757	995	1499	1516	21	631
163	236	177	212	175	174	197	143	1	632
14	27	25	26	32	41	71	73	2	633
2024	2650	3231	3776	4420	7734	15696	18417	487	64
224	288	354	433	595	765	1511	1633	19	641
1538	1990	2390	2678	2894	5201	10225	11708	383	642
262	372	487	665	931	1768	3960	5076	85	649
14023	17645	22806	26185	34182	53883	81214	99654	1941	65
8742	11004	14239	16520	20972	33337	49781	60411	1172	651
1437	1659	2154	2349	2552	4204	6023	6231	116	652
2282	2889	3763	4319	6612	8273	13226	17205	407	653
187	266	373	435	682	968	1529	1588	30	654
222	273	282	340	368	361	297	300		655
1153	1554	1995	2222	2996	6740	10358	13919	216	659
5292	**6970**	**9067**	**10033**	**12123**	**14944**	**17123**	**14484**	**513**	J
2347	3085	3677	3804	3875	3252	3300	2716	66	66
3	8	6	8	7	23	49	34		661
518	774	803	671	751	1009	1048	1357	22	662
1825	2301	2865	3124	3112	2215	2192	1311	44	663
1	2	3	1	5	5	11	14		664
1322	2140	3202	3844	5411	6954	7952	5453	281	67
117	218	334	383	548	678	896	536	47	671
11	22	15	26	55	70	96	38	2	672
	1	2	1	5	12	9	4		673
995	1544	2319	2598	3429	5132	6100	4296	209	674
199	355	532	836	1374	1062	851	579	23	679
965	856	1054	1182	1066	1052	1592	3291	61	68
367	359	459	424	352	286	302	482	7	681
235	213	298	470	426	373	435	618	16	682
1		1	2	1	5	9	6		683
6	10	8	20	4	10	7	7		684
288	210	229	196	197	213	547	1681	31	685
2	2	1		2	5	2	6	1	686
66	62	58	70	84	160	290	491	6	689
658	889	1134	1203	1771	3686	4279	3024	105	69
136	209	287	350	591	838	855	571	22	691
74	121	239	198	209	265	163	170	6	692
27	43	52	48	53	128	98	80	6	693
61	103	109	186	417	922	1300	685	30	694
360	413	447	421	501	1533	1863	1518	41	699

2-6 续表 21

行业中类	代码	2004年	2005年	2006年	2007年	2008年
房地产业	K	**15928**	**17576**	**20686**	**23762**	**20333**
房地产业	70	15928	17576	20686	23762	20333
房地产开发经营	701	6495	7815	9714	11736	8723
物业管理	702	5122	5465	6204	6544	6888
房地产中介服务	703	2503	2624	3065	3879	3227
自有房地产经营活动	704	1212	1075	1005	806	826
其他房地产业	709	596	597	698	797	669
租赁和商务服务业	L	**27206**	**32238**	**36899**	**40047**	**47891**
租赁业	71	1343	1647	2035	2107	2711
机械设备租赁	711	1285	1585	1943	2021	2600
文化及日用品出租	712	58	62	92	86	111
商务服务业	72	25863	30591	34864	37940	45180
企业管理服务	721	3696	4500	5251	6493	8005
法律服务	722	344	401	426	381	487
咨询与调查	723	7267	9114	9876	10710	12964
广告业	724	5741	6584	7811	8479	9755
知识产权服务	725	385	351	398	379	431
人力资源服务	726	1534	1816	2201	2390	3149
旅行社及相关服务	727	1844	1911	2059	1875	1826
安全保护服务	728	276	324	364	399	449
其他商务服务业	729	4776	5590	6478	6834	8114
科学研究和技术服务业	M	**12125**	**13901**	**15844**	**16115**	**18738**
研究和试验发展	73	967	1099	1443	1443	1721
自然科学研究和试验发展	731	69	79	112	108	138
工程和技术研究和试验发展	732	529	602	850	825	993
农业科学研究和试验发展	733	92	140	180	160	204
医学研究和试验发展	734	256	258	280	333	360
社会人文科学研究	735	21	20	21	17	26
专业技术服务业	74	7854	8566	9484	9197	10139
气象服务	741	50	54	46	54	51
地震服务	742	5	8	6	5	11
海洋服务	743	8	9	13	12	17
测绘服务	744	362	403	379	306	308
质检技术服务	745	726	823	1205	827	794
环境与生态监测	746	99	112	127	119	176
地质勘查	747	189	250	277	334	398
工程技术	748	3894	4105	4197	4012	4289
其他专业技术服务业	749	2521	2802	3234	3528	4095
科技推广和应用服务业	75	3304	4236	4917	5475	6878
技术推广服务	751	2567	3216	3907	4369	5580
科技中介服务	752	206	266	302	327	391
其他科技推广和应用服务业	759	531	754	708	779	907
水利、环境和公共设施管理业	N	**1823**	**2022**	**2236**	**2273**	**2801**
水利管理业	76	166	156	200	159	230
防洪除涝设施管理	761	18	19	30	15	18

单位：个

2009年	2010年	2011年	2012年	2013年	2014年	2015年	2016年	无开业年份	代码
28720	**39933**	**40103**	**35125**	**43227**	**46635**	**43428**	**56978**	**2108**	K
28720	39933	40103	35125	43227	46635	43428	56978	2108	70
12589	19195	17596	13026	15525	17417	12766	15416	691	701
8727	10909	11907	12156	13307	17277	17379	19268	695	702
5644	7667	8234	7894	12044	9978	11266	19649	418	703
852	922	1058	943	1073	525	458	630	41	704
908	1240	1308	1106	1278	1438	1559	2015	263	709
64977	**86673**	**109235**	**125889**	**147518**	**215538**	**276985**	**309026**	**7485**	L
4315	6077	7798	8910	10412	16365	22153	27051	544	71
4169	5878	7548	8667	10041	15895	21527	26387	528	711
146	199	250	243	371	470	626	664	16	712
60662	80596	101437	116979	137106	199173	254832	281975	6941	72
10760	16211	21921	25538	32774	49795	65610	63201	2260	721
955	877	717	732	743	1006	1395	1165	25	722
16796	21533	27405	31963	40149	56889	72250	84542	1831	723
13176	17530	21816	24673	25737	37843	43682	46106	980	724
562	787	883	1001	1098	1206	1450	1441	34	725
3885	5037	6076	7436	7444	8331	10888	15177	326	726
2167	3200	3596	3769	4016	4629	7471	10933	260	727
543	715	1034	995	1334	1500	1426	1481	37	728
11818	14706	17989	20872	23811	37974	50660	57929	1188	729
26419	**34345**	**43128**	**49294**	**58399**	**78744**	**108667**	**126874**	**3575**	M
2718	3790	5082	5772	6764	13739	20107	31274	591	73
231	354	468	494	586	1761	2559	3684	65	731
1566	2193	3045	3456	4182	8826	13032	22107	414	732
330	403	534	714	757	1688	2534	2756	70	733
556	773	967	1040	1159	1283	1720	2467	32	734
35	67	68	68	80	181	262	260	10	735
13642	17519	21198	23060	26447	32978	37671	42041	951	74
49	68	52	50	41	86	122	156	6	741
9	8	18	22	28	90	108	104		742
20	24	35	51	56	80	117	126	2	743
417	494	532	563	575	1091	1190	1367	30	744
1093	1265	1287	1413	1487	1900	2140	2152	78	745
229	300	361	417	469	720	955	1209	34	746
330	396	459	391	399	506	574	602	28	747
5895	7542	9274	9814	11079	10421	9565	10482	290	748
5600	7422	9180	10339	12313	18084	22900	25843	483	749
10059	13036	16848	20462	25188	32027	50889	53559	2033	75
8144	10556	13782	17068	21530	23806	39135	38241	1373	751
427	581	743	828	851	1389	1666	2038	75	752
1488	1899	2323	2566	2807	6832	10088	13280	585	759
3994	**4472**	**5412**	**6143**	**6752**	**8981**	**10129**	**12397**	**761**	N
303	314	392	445	448	683	698	883	22	76
30	30	33	51	43	72	72	134	5	761

2-6 续表 22

行业中类	代码	2004年	2005年	2006年	2007年	2008年
水资源管理	762	39	36	53	57	54
天然水收集与分配	763	25	30	35	14	32
水文服务	764	14	10	4	12	15
其他水利管理业	769	70	61	78	61	111
生态保护和环境治理业	77	231	269	334	315	394
生态保护	771	26	27	62	50	43
环境治理业	772	205	242	272	265	351
公共设施管理业	78	1426	1597	1702	1799	2177
市政设施管理	781	188	202	208	239	275
环境卫生管理	782	130	174	161	188	270
城乡市容管理	783	23	37	37	35	47
绿化管理	784	719	738	772	814	961
公园和游览景区管理	785	366	446	524	523	624
居民服务、修理和其他服务业	O	**6839**	**7750**	**8916**	**8680**	**10389**
居民服务业	79	2481	2772	3032	2902	3596
家庭服务	791	322	319	364	374	559
托儿所服务	792	7	8	16	10	23
洗染服务	793	132	134	149	169	174
理发及美容服务	794	690	849	833	731	998
洗浴服务	795	444	464	459	429	442
保健服务	796	235	255	312	283	355
婚姻服务	797	113	154	206	242	235
殡葬服务	798	139	141	131	122	138
其他居民服务业	799	399	448	562	542	672
机动车、电子产品和日用产品修理业	80	3031	3341	4015	3708	4238
汽车、摩托车修理与维护	801	2198	2365	2864	2625	2992
计算机和办公设备维修	802	378	402	470	501	564
家用电器修理	803	349	416	547	428	488
其他日用产品修理业	809	106	158	134	154	194
其他服务业	81	1327	1637	1869	2070	2555
清洁服务	811	738	895	1070	1268	1506
其他未列明服务业	819	589	742	799	802	1049
教育	P	**1782**	**2307**	**2341**	**2046**	**2450**
教育	82	1782	2307	2341	2046	2450
学前教育	821	186	228	271	238	361
初等教育	822	24	34	26	25	23
中等教育	823	51	52	53	39	34
高等教育	824	8	4	9	11	8
特殊教育	825	10	6	15	7	13
技能培训、教育辅助及其他教育	829	1503	1983	1967	1726	2011
卫生和社会工作	Q	**1045**	**1287**	**1379**	**1170**	**1371**
卫生	83	1002	1237	1309	1112	1270
医院	831	485	586	562	442	521
社区医疗与卫生院	832	81	91	94	98	83

单位：个

2009年	2010年	2011年	2012年	2013年	2014年	2015年	2016年	无开业年份	代码
76	80	88	87	120	96	147	162	4	762
38	33	34	41	51	52	36	21	6	763
26	21	29	34	21	52	34	61	1	764
133	150	208	232	213	411	409	505	6	769
514	545	683	773	829	1199	1618	2081	77	77
61	73	113	117	105	140	188	238	11	771
453	472	570	656	724	1059	1430	1843	66	772
3177	3613	4337	4925	5475	7099	7813	9433	662	78
393	430	453	515	542	736	858	1096	31	781
315	341	436	504	542	678	976	1259	54	782
90	91	108	115	131	176	184	235	213	783
1529	1854	2245	2575	2793	3750	3660	4229	171	784
850	897	1095	1216	1467	1759	2135	2614	193	785
13560	**16976**	**20932**	**23790**	**29433**	**38109**	**53833**	**64642**	**1142**	**O**
4462	5877	7683	9208	10980	13395	18965	24419	398	79
812	1156	1523	2117	2594	3347	4828	6369	95	791
26	26	29	40	48	80	119	133	1	792
177	225	402	467	525	448	617	697	12	793
1033	1262	1869	2149	2425	1573	2330	3175	33	794
437	511	541	621	720	636	716	772	15	795
476	715	826	923	1154	895	1328	2077	40	796
357	501	687	936	1157	1254	1678	1618	35	797
155	181	215	205	242	370	446	577	20	798
989	1300	1591	1750	2115	4792	6903	9001	147	799
5314	6704	8023	8809	10475	10135	14129	16967	331	80
3789	4786	5696	6363	7512	7509	11247	13598	248	801
675	797	935	987	1185	1101	1069	1265	34	802
605	801	1014	1061	1231	974	1097	1339	37	803
245	320	378	398	547	551	716	765	12	809
3784	4395	5226	5773	7978	14579	20739	23256	413	81
1910	2282	2824	3284	3695	5791	7130	8356	192	811
1874	2113	2402	2489	4283	8788	13609	14900	221	819
3080	**4199**	**4790**	**5981**	**7017**	**7840**	**12077**	**14596**	**423**	**P**
3080	4199	4790	5981	7017	7840	12077	14596	423	82
377	602	610	673	684	1254	1562	1112	35	821
32	50	44	50	72	154	175	202	122	822
52	72	84	59	78	137	168	194	9	823
10	11	16	19	24	36	39	40		824
19	28	27	33	35	62	87	73	2	825
2590	3436	4009	5147	6124	6197	10046	12975	255	829
1299	**1676**	**2053**	**2649**	**2798**	**3403**	**5571**	**7031**	**197**	**Q**
1187	1518	1869	2403	2497	2640	4119	5167	134	83
527	630	842	1025	1138	1106	1917	2093	60	831
90	134	121	169	153	131	158	201	16	832

2-6 续表 23

行业中类	代码	2004年	2005年	2006年	2007年	2008年
门诊部(所)	833	369	468	550	437	549
计划生育技术服务活动	834	3	8	7	2	2
妇幼保健院(所、站)	835	2	6	8	6	5
专科疾病防治院(所、站)	836	15	22	20	13	24
疾病预防控制中心	837	4	5	6	6	8
其他卫生活动	839	43	51	62	108	78
社会工作	84	43	50	70	58	101
提供住宿社会工作	841	32	37	60	54	84
不提供住宿社会工作	842	11	13	10	4	17
文化、体育和娱乐业	**R**	**7365**	**8725**	**11827**	**12040**	**11907**
新闻和出版业	85	180	217	174	149	258
新闻业	851	10	9	11	4	11
出版业	852	170	208	163	145	247
广播、电视、电影和影视录音制作业	86	440	495	593	569	721
广播	861	11	19	16	8	24
电视	862	49	67	63	41	61
电影和影视节目制作	863	249	258	303	305	343
电影和影视节目发行	864	33	42	46	45	53
电影放映	865	70	79	120	147	198
录音制作	866	28	30	45	23	42
文化艺术业	87	659	860	1076	1437	1774
文艺创作与表演	871	164	197	277	290	395
艺术表演场馆	872	15	17	20	28	22
图书馆与档案馆	873	4	9	16	16	15
文物及非物质文化遗产保护	874	15	32	31	34	36
博物馆	875	14	12	14	13	15
烈士陵园、纪念馆	876		2	5	3	3
群众文化活动	877	94	142	156	194	225
其他文化艺术业	879	353	449	557	859	1063
体育	88	372	513	569	629	698
体育组织	881	42	60	65	80	94
体育场馆	882	33	43	41	55	45
休闲健身活动	883	267	372	425	443	501
其他体育	889	30	38	38	51	58
娱乐业	89	5714	6640	9415	9256	8456
室内娱乐活动	891	5472	6321	8986	8808	7963
游乐园	892	45	40	45	44	74
彩票活动	893	3	2	4	5	5
文化、娱乐、体育经纪代理	894	129	182	244	235	245
其他娱乐业	899	65	95	136	164	169
公共管理、社会保障和社会组织	**S**	**6**	**9**	**7**	**3**	**8**
社会保障	93	6	9	7	3	8
社会保障	930	6	9	7	3	8

单位：个

2009年	2010年	2011年	2012年	2013年	2014年	2015年	2016年	无开业年份	代码
442	605	707	981	881	968	1442	2029	41	833
3	4	3	3	8	7	15	20	1	834
6	8	5	15	14	22	25	35	2	835
17	22	41	44	53	45	55	89		836
3	9	5	9	18	13	17	24		837
99	106	145	157	232	348	490	676	14	839
112	158	184	246	301	763	1452	1864	63	84
89	136	165	216	264	654	1267	1654	58	841
23	22	19	30	37	109	185	210	5	842
14407	**16212**	**16936**	**20295**	**19915**	**21165**	**38070**	**45523**	**992**	**R**
282	312	330	440	343	275	334	270	6	85
10	26	25	31	32	43	63	36		851
272	286	305	409	311	232	271	234	6	852
923	1294	1627	1815	1945	2328	4236	6429	105	86
33	40	44	67	81	102	190	270	4	861
63	98	73	80	85	170	215	278	4	862
487	600	724	873	964	1027	2364	4422	69	863
78	85	105	104	76	81	180	243	5	864
209	401	603	599	633	850	1136	1030	20	865
53	70	78	92	106	98	151	186	3	866
2705	3743	4601	6160	7003	9171	14711	19551	420	87
679	793	1112	1547	1681	2212	3392	4268	66	871
56	56	62	81	68	103	139	148	1	872
24	34	23	55	58	61	115	148	1	873
38	48	64	125	127	219	210	234	26	874
30	40	38	48	50	47	65	65	8	875
7	5	4	6	3	10	10	6	1	876
350	519	600	766	963	985	1306	1887	48	877
1521	2248	2698	3532	4053	5534	9474	12795	269	879
885	961	1123	1325	1559	2012	3507	5100	99	88
104	114	132	149	179	313	774	1300	28	881
70	71	90	75	88	152	246	314	7	882
636	676	771	935	1101	1273	1938	2572	51	883
75	100	130	166	191	274	549	914	13	889
9612	9902	9255	10555	9065	7379	15282	14173	362	89
8980	9112	8251	9413	7800	5531	12626	10844	286	891
99	117	126	163	213	308	567	666	14	892
6	11	13	11	6	14	17	26		893
318	389	514	518	585	903	1018	1066	31	894
209	273	351	450	461	623	1054	1571	31	899
15	**10**	**11**	**15**	**21**	**30**	**63**	**101**	**3**	**S**
15	10	11	15	21	30	63	101	3	93
15	10	11	15	21	30	63	101	3	930

2-7 按地区、开业(成立)时间

地区	企业单位数	1949年及以前	1950-1977年	1978-1991年	1992-1995年	1996年	1997年	1998年	1999年	2000年	2001年	2002年	2003年
全国	**14618448**	**2826**	**46242**	**145174**	**192835**	**63440**	**71109**	**113398**	**116730**	**176361**	**215376**	**249522**	**316617**
北京	669663	50	1072	7328	14137	4169	4749	7406	8871	12825	16671	19161	23606
天津	362508	67	507	3390	5753	1737	1875	2605	2690	3929	4575	5518	7167
河北	611099	171	1776	3568	4282	1804	1998	3439	3558	7679	6994	8092	9535
山西	336910	159	2006	3353	2668	917	1125	1976	1910	2405	2784	3295	4499
内蒙古	183081	50	678	1135	1054	484	631	1183	1227	1857	2161	2342	2995
辽宁	488742	328	2289	9357	10037	2842	3256	5540	6127	8155	9402	10527	13353
吉林	132492	155	967	2179	1671	677	723	1495	1548	2559	3222	2987	3888
黑龙江	158568	326	1425	3069	2803	1015	939	1801	1815	2847	3359	3169	3889
上海	432697	93	602	5718	17019	4546	5156	7045	7565	10469	13464	17352	22067
江苏	1717140	153	2571	16625	19808	5925	7064	14010	11696	19748	25134	32443	40706
浙江	1307844	122	2026	10846	18718	7007	7533	10766	12490	18020	20670	26413	30604
安徽	518794	59	1354	3323	3718	1473	1799	2284	2304	3875	4704	5916	7872
福建	636091	87	2581	5902	9493	3368	3391	4960	5249	7847	8508	9448	13048
江西	344148	60	1904	2652	1934	710	750	1296	1354	2675	3505	3848	4809
山东	1344176	192	2297	8640	11246	3894	4350	7995	8491	12765	16769	18713	24446
河南	580619	208	3186	5288	4946	2484	2369	4565	4248	6642	7921	7750	10377
湖北	609683	73	1473	4794	4640	1990	2139	3235	3305	5064	7014	8173	10266
湖南	392705	72	1854	4444	4206	1529	1480	3008	2818	5118	6780	6439	8911
广东	1325287	99	3052	20542	29691	7607	8977	11456	13581	18209	23049	26574	34461
广西	351445	19	2296	3049	3213	892	1036	1487	1455	2103	2573	3242	4035
海南	63702	5	640	1004	1259	287	305	455	470	651	851	969	1291
重庆	460825	25	755	2641	3603	1270	1733	2435	1841	2884	3537	3705	5211
四川	327339	27	1856	4656	5601	2096	2358	3857	3585	5267	6436	6978	8818
贵州	247409	28	1220	1285	1339	487	709	1054	1108	1622	1733	1951	2592
云南	343742	33	1404	2451	2627	1144	1250	1890	1678	2399	2781	3068	4323
西藏	9593	6	205	207	149	61	60	111	107	183	168	208	261
陕西	287034	98	2156	3781	3446	1462	1644	2940	2377	3591	4452	4393	5508
甘肃	125742	41	959	1926	1777	706	779	1291	1189	1870	2406	2525	2854
青海	41210	5	240	357	280	148	160	340	320	582	664	727	808
宁夏	56781	3	189	415	417	217	227	401	388	621	586	710	1001
新疆	151379	12	702	1249	1300	492	544	1072	1365	1900	2503	2886	3416

分组的企业法人单位数

单位：个

2004年	2005年	2006年	2007年	2008年	2009年	2010年	2011年	2012年	2013年	2014年	2015年	2016年	无开业年份
333990	**374116**	**442244**	**444708**	**492168**	**660418**	**852716**	**1005851**	**1095420**	**1254381**	**1606427**	**1985311**	**2298201**	**62867**
27767	30930	31887	35866	41714	51071	58523	65347	68493	71332	25103	37755	3013	817
7484	8409	10512	10755	12705	15956	19979	24822	24776	27145	32560	59599	64949	3044
10707	12138	15594	14326	16488	24885	30910	36812	40055	51184	70649	90593	142223	1639
5255	5966	7077	7152	8012	9944	11539	14251	16465	17491	36400	66201	103323	737
3545	4322	5635	5961	6609	8842	11639	12580	12581	13660	20712	23375	36975	848
14718	16084	18249	18378	20018	25785	35676	37288	34944	32045	49592	49054	51784	3914
4042	5434	6430	6083	5969	8623	10709	12535	12397	11839	6391	9870	9912	187
3935	4878	5310	5494	7078	9349	11153	11575	12279	11391	9951	17178	22195	345
25005	26325	23043	19543	21232	27395	32885	33776	34996	31144	30649	13399	1937	272
37183	40098	50937	49993	50357	72441	101163	108827	109277	105455	180605	243799	363478	7644
28742	30503	38789	39329	38094	50306	66113	76958	76151	138731	168310	167260	213731	9612
8695	9824	13403	14301	16650	21404	30254	36343	40175	48322	69280	92809	73611	5042
14209	15980	19187	18654	21852	30074	39462	46145	46658	45324	69472	88334	99069	7789
4684	6028	7014	6462	7816	12524	17527	21650	25384	20341	44744	61011	82449	1017
24259	27901	33840	31533	35695	48597	63065	68981	73104	88946	167775	226126	330184	4372
11258	15094	17113	16314	21715	27943	33785	38144	40088	49353	71637	95717	81531	943
11351	12263	13191	14090	17557	23935	29839	36072	40360	64347	76823	99010	118323	356
9240	11309	13049	12029	12713	18028	24981	28133	30982	38804	47860	43700	54908	310
38907	41818	50831	53208	53620	73971	92844	115820	129707	155725	145666	110939	56794	8139
4377	5224	6261	7320	7603	12459	16015	24245	34935	34785	47035	61279	64270	237
1382	1635	1937	2105	2462	2852	4688	4968	5308	6135	6992	9540	5335	176
5183	5707	6575	8424	9077	11557	22596	45317	49517	50312	59256	74273	82256	1135
8801	9672	12305	12225	14041	17497	20551	24038	26237	26310	26143	35168	42035	781
2984	3497	4958	5210	6044	7374	9556	11965	30139	28495	24043	41051	56213	752
5032	5444	6920	6609	8756	12313	14709	17637	21278	21156	47985	82565	67384	906
307	398	475	497	443	713	716	986	1452	1635	121	90	23	11
5953	7317	8874	9233	11794	16240	19769	22686	24470	23217	34121	35686	30697	1129
2933	3355	3989	4013	5305	6571	8182	9748	12276	14751	13489	15012	7651	144
831	856	1029	1306	1367	1706	2283	3128	3469	4096	6149	5806	4490	63
1115	983	1187	1345	1595	2307	2922	3446	4317	5410	5043	10992	10882	62
4106	4724	6643	6950	7787	7756	8683	11628	13150	15500	11871	18120	16576	444

2-8 按开业(成立)时间、营业

开业(成立)时间	企业单位数	营业	停业(歇业)	筹建
总计	**14618448**	**12528149**	**585232**	**1171318**
1949年及以前	2826	2507	223	5
1950-1977年	46242	39036	5286	15
1978-1991年	145174	126123	13968	162
1992-1995年	192835	172041	15018	202
1996年	63440	57261	4364	68
1997年	71109	64660	4511	99
1998年	113398	102217	7500	508
1999年	116730	106009	7084	125
2000年	176361	158667	11292	212
2001年	215376	195746	13001	299
2002年	249522	228141	14245	356
2003年	316617	288259	19139	538
2004年	333990	304839	19557	776
2005年	374116	339042	23523	991
2006年	442244	400557	27836	1457
2007年	444708	401764	28613	2169
2008年	492168	439872	31986	6510
2009年	660418	594451	38993	9749
2010年	852716	764979	51965	13562
2011年	1005851	893064	56319	34230
2012年	1095420	967174	57877	47465
2013年	1254381	1050789	48037	135491
2014年	1606427	1355773	34179	191064
2015年	1985311	1620000	31472	298402
2016年	2298201	1855178	19244	363996
无开业年份	62867			62867

状态分组的企业法人单位数

单位：个

当年关闭	当年破产	当年注销	当年吊销	注册未经营	其他
130153	**9740**	**3427**	**487**	**49357**	**140585**
52	5		1	2	31
907	231	1	2	17	747
2662	430	23	28	68	1710
3297	280	33	10	106	1848
1054	99	13	2	28	551
1125	99	14	3	23	575
1966	195	16	7	58	931
2002	178	19	5	76	1232
3482	334	15	16	590	1753
3877	319	34	9	132	1959
4086	341	42	17	122	2172
5232	414	43	12	164	2816
5265	403	40	22	134	2954
6547	505	60	24	149	3275
7535	583	72	24	206	3974
7144	536	77	20	181	4204
7786	666	55	29	197	5067
9367	733	74	17	318	6716
11908	856	171	17	429	8829
12004	851	138	28	664	8553
11768	731	107	43	734	9521
8258	410	214	23	1312	9847
4615	208	305	22	3097	17164
4515	205	552	19	6459	23687
3699	128	1309	87	34091	20469

2-9 按行业(中类)、营业状态

(2016年)

行业中类	代码	企业单位数	营业	停业(歇业)
总计	--	**14618448**	**12528149**	**585232**
农、林、牧、渔业	A	**675005**	**558218**	**25580**
农业	01	305231	247381	10288
谷物种植	011	48086	39601	1575
豆类、油料和薯类种植	012	9199	7565	293
棉、麻、糖、烟草种植	013	5008	4281	213
蔬菜、食用菌及园艺作物种植	014	104751	85411	4254
水果种植	015	63434	52917	1669
坚果、含油果、香料和饮料作物种植	016	20241	15436	636
中药材种植	017	26357	20313	793
其他农业	019	28155	21857	855
林业	02	60701	48911	2967
林木育种和育苗	021	46661	37372	2274
造林和更新	022	7851	6357	350
森林经营和管护	023	4114	3447	239
木材和竹材采运	024	1117	954	62
林产品采集	025	958	781	42
畜牧业	03	190702	162776	7166
牲畜饲养	031	129388	110028	4718
家禽饲养	032	44690	38404	1880
狩猎和捕捉动物	033	954	835	31
其他畜牧业	039	15670	13509	537
渔业	04	57175	48851	2224
水产养殖	041	54686	46737	2125
水产捕捞	042	2489	2114	99
农、林、牧、渔服务业	05	61196	50299	2935
农业服务业	051	47828	39061	2239
林业服务业	052	4845	3983	216
畜牧服务业	053	5462	4627	339
渔业服务业	054	3061	2628	141
采矿业	B	**104007**	**76709**	**15333**
煤炭开采和洗选业	06	20777	14966	3100
烟煤和无烟煤开采洗选	061	18669	13475	2846
褐煤开采洗选	062	623	480	70
其他煤炭采选	069	1485	1011	184
石油和天然气开采业	07	762	631	43
石油开采	071	468	394	31
天然气开采	072	294	237	12
黑色金属矿采选业	08	15487	10491	3552
铁矿采选	081	13736	9372	3166
锰矿、铬矿采选	082	983	621	235
其他黑色金属矿采选	089	768	498	151
有色金属矿采选业	09	11303	7277	2469

分组的企业法人单位数

单位：个

筹建	当年关闭	当年破产	当年注销	当年吊销	注册未经营	其他	代码
1171318	**130153**	**9740**	**3427**	**487**	**49357**	**140585**	--
74022	**4095**	**492**	**100**	**19**	**2135**	**10344**	A
39662	1623	168	58	6	1005	5040	01
5658	161	22	7	1	157	904	011
1111	56	4	1		17	152	012
343	31	5	2		6	127	013
12880	658	60	22	2	331	1133	014
7262	328	29	16		165	1048	015
3341	140	15	1		91	581	016
4481	139	16	6	1	130	478	017
4586	110	17	3	2	108	617	019
7204	432	41	6	3	156	981	02
5893	275	22	6	3	122	694	021
877	78	11			20	158	022
270	57	6			9	86	023
71	13	1			1	15	024
93	9	1			4	28	025
16373	1193	170	25	8	394	2597	03
11700	770	111	14	8	246	1793	031
3376	308	48	7		98	569	032
60	4	1			2	21	033
1237	111	10	4		48	214	039
4565	371	46	5	1	403	709	04
4344	361	42	5	1	386	685	041
221	10	4			17	24	042
6218	476	67	6	1	177	1017	05
5205	357	47	5	1	150	763	051
459	52	6	1		10	118	052
332	49	7			9	99	053
222	18	7			8	37	054
7220	**3235**	**374**	**19**	**5**	**155**	**957**	B
1264	1085	75	5	1	24	257	06
986	1037	71	4	1	16	233	061
43	21	2				7	062
235	27	2	1		8	17	069
76	3	1			2	6	07
37	2				2	2	071
39	1	1				4	072
782	441	65	1	1	12	142	08
654	372	49	1	1	11	110	081
49	44	11			1	22	082
79	25	5				10	089
990	387	53	3		21	103	09

2-9 续表 1

行业中类	代码	企业单位数	营业	停业(歇业)
常用有色金属矿采选	091	7822	4981	1748
贵金属矿采选	092	2221	1401	511
稀有稀土金属矿采选	093	1260	895	210
非金属矿采选业	10	48646	38149	5484
土砂石开采	101	41282	32742	4464
化学矿开采	102	1720	1280	280
采盐	103	528	468	29
石棉及其他非金属矿采选	109	5116	3659	711
开采辅助活动	11	3921	3050	337
煤炭开采和洗选辅助活动	111	653	411	111
石油和天然气开采辅助活动	112	2480	2093	128
其他开采辅助活动	119	788	546	98
其他采矿业	12	3111	2145	348
其他采矿业	120	3111	2145	348
制造业	**C**	**3012112**	**2615189**	**140471**
农副食品加工业	13	132114	113158	7104
谷物磨制	131	26833	23828	1373
饲料加工	132	15393	13256	775
植物油加工	133	11857	9861	793
制糖业	134	978	792	84
屠宰及肉类加工	135	22325	19230	1108
水产品加工	136	12092	10244	726
蔬菜、水果和坚果加工	137	18650	15811	1041
其他农副食品加工	139	23986	20136	1204
食品制造业	14	70642	59448	3299
焙烤食品制造	141	18369	15774	793
糖果、巧克力及蜜饯制造	142	6037	5276	257
方便食品制造	143	12261	10499	541
乳制品制造	144	1970	1656	129
罐头食品制造	145	3765	3159	233
调味品、发酵制品制造	146	8903	7624	441
其他食品制造	149	19337	15460	905
酒、饮料和精制茶制造业	15	51350	43154	2933
酒的制造	151	18389	15224	1373
饮料制造	152	18257	15390	961
精制茶加工	153	14704	12540	599
烟草制品业	16	429	344	21
烟叶复烤	161	190	134	7
卷烟制造	162	109	99	8
其他烟草制品制造	169	130	111	6
纺织业	17	144411	126814	6548
棉纺织及印染精加工	171	53012	46484	2430
毛纺织及染整精加工	172	8604	7439	519
麻纺织及染整精加工	173	1577	1349	120

单位：个

筹建	当年关闭	当年破产	当年注销	当年吊销	注册未经营	其他	代码
671	296	35	3		16	72	091
229	49	8			4	19	092
90	42	10			1	12	093
3221	1193	163	10	3	69	354	10
2561	1015	137	9	3	58	293	101
110	32	5			2	11	102
17	10	3	1				103
533	136	18			9	50	109
403	72	5			8	46	11
97	24	1			1	8	111
202	33	2			4	18	112
104	15	2			3	20	119
484	54	12			19	49	12
484	54	12			19	49	120
184190	**40274**	**3873**	**523**	**116**	**8728**	**18748**	**C**
8083	2180	296	14	4	164	1111	13
863	503	88			9	169	131
873	325	27	4	2	16	115	132
707	251	38			12	195	133
62	25	3			2	10	134
1427	325	43	1	1	28	162	135
794	152	28	1	1	26	120	136
1328	288	31	5		20	126	137
2029	311	38	3		51	214	139
6110	970	143	14	2	143	513	14
1412	219	29	5		24	113	141
331	101	19			9	44	142
929	159	25	5		23	80	143
127	39	7			1	11	144
238	86	14	1		3	31	145
631	132	18			10	47	146
2442	234	31	3	2	73	187	149
3992	667	108	7	3	99	387	15
1295	266	36	4	1	31	159	151
1497	227	33	3	1	29	116	152
1200	174	39		1	39	112	153
20	40	1				3	16
8	39					2	161
1	1						162
11		1				1	169
6920	2478	216	30	3	735	667	17
2264	1015	113	11	1	421	273	171
393	177	18	2		12	44	172
54	40	2	1			11	173

2-9 续表 2

行业中类	代码	企业单位数	营业	停业(歇业)
丝绢纺织及印染精加工	174	3654	3192	255
化纤织造及印染精加工	175	12528	11205	660
针织或钩针编织物及其制品制造	176	23641	20730	995
家用纺织制成品制造	177	23356	20366	872
非家用纺织制成品制造	178	18039	16049	697
纺织服装、服饰业	18	174024	148960	9695
机织服装制造	181	106572	91057	6788
针织或钩针编织服装制造	182	23881	20833	1275
服饰制造	183	43571	37070	1632
皮革、毛皮、羽毛及其制品和制鞋业	19	78053	68403	3657
皮革鞣制加工	191	3632	2993	298
皮革制品制造	192	25984	23073	1003
毛皮鞣制及制品加工	193	6610	5848	254
羽毛(绒)加工及制品制造	194	2535	2086	203
制鞋业	195	39292	34403	1899
木材加工和木、竹、藤、棕、草制品业	20	95761	83362	4854
木材加工	201	36302	31395	2081
人造板制造	202	18996	16966	833
木制品制造	203	29799	26025	1358
竹、藤、棕、草等制品制造	204	10664	8976	582
家具制造业	21	69537	59175	3112
木质家具制造	211	47958	40609	2187
竹、藤家具制造	212	1089	883	56
金属家具制造	213	7190	6292	338
塑料家具制造	214	1078	902	73
其他家具制造	219	12222	10489	458
造纸和纸制品业	22	69464	61313	3104
纸浆制造	221	531	422	33
造纸	222	16347	14258	996
纸制品制造	223	52586	46633	2075
印刷和记录媒介复制业	23	80053	73848	2817
印刷	231	72862	67256	2520
装订及印刷相关服务	232	6866	6315	284
记录媒介复制	233	325	277	13
文教、工美、体育和娱乐用品制造业	24	101516	88306	4504
文教办公用品制造	241	10226	9123	437
乐器制造	242	2496	2121	83
工艺美术品制造	243	63851	55471	2884
体育用品制造	244	9789	8514	355
玩具制造	245	12633	10890	657
游艺器材及娱乐用品制造	246	2521	2187	88
石油加工和炼焦业	25	8670	6892	690
精炼石油产品制造	251	7073	5742	484
炼焦	252	1597	1150	206

单位：个

筹建	当年关闭	当年破产	当年注销	当年吊销	注册未经营	其他	代码
91	61	7	2		31	15	174
425	168	9	4		29	28	175
1132	522	27	2		126	107	176
1585	298	23	5	2	89	116	177
976	197	17	3		27	73	178
9469	3220	200	38	8	1196	1238	18
5013	2256	144	26	4	467	817	181
1024	535	23	5	1	81	104	182
3432	429	33	7	3	648	317	183
3750	1391	106	22	3	209	512	19
151	141	5	1		3	40	191
1182	495	23	7	1	56	144	192
347	111	7	3		19	21	193
171	48	6	1	1	4	15	194
1899	596	65	10	1	127	292	195
4973	1501	188	15	2	196	670	20
1853	517	73	6	1	63	313	201
578	461	53	3		18	84	202
1736	389	33	4	1	63	190	203
806	134	29	2		52	83	204
5489	903	76	7	1	237	537	21
3934	615	57	5		193	358	211
106	21	2			7	14	212
408	84	6		1	10	51	213
73	15	3	1		2	9	214
968	168	8	1		25	105	219
3412	1027	86	16	5	115	386	22
52	18	2				4	221
574	351	42	4	1	19	102	222
2786	658	42	12	4	96	280	223
1995	761	79	5	3	67	478	23
1808	704	75	5	1	63	430	231
166	51	3		2	3	42	232
21	6	1			1	6	233
6194	1350	98	22	2	364	676	24
459	104	2	1	1	34	65	241
234	28	2			4	24	242
3907	889	75	11		156	458	243
727	101	7	2	1	34	48	244
655	208	12	7		129	75	245
212	20		1		7	6	246
794	188	25			13	68	25
658	115	9			13	52	251
136	73	16				16	252

2-9 续表 3

行业中类	代码	企业单位数	营业	停业(歇业)
化学原料和化学制品制造业	26	125351	106661	7465
基础化学原料制造	261	19588	16454	1404
肥料制造	262	15497	12335	1221
农药制造	263	2860	2397	183
涂料、油墨、颜料及类似产品制造	264	22428	19282	1260
合成材料制造	265	12621	10752	569
专用化学产品制造	266	31922	27590	1856
炸药、火工及焰火产品制造	267	6006	5549	237
日用化学产品制造	268	14429	12302	735
医药制造业	27	25770	21455	1185
化学药品原料药制造	271	3313	2771	181
化学药品制剂制造	272	2740	2335	152
中药饮片加工	273	4512	3638	179
中成药生产	274	3925	3375	159
兽用药品制造	275	1792	1588	92
生物药品制造	276	4837	3800	245
卫生材料及医药用品制造	277	4651	3948	177
化学纤维制造业	28	7082	6174	353
纤维素纤维原料及纤维制造	281	1315	1132	61
合成纤维制造	282	5767	5042	292
橡胶和塑料制品业	29	176638	156633	7500
橡胶制品业	291	31084	27960	1094
塑料制品业	292	145554	128673	6406
非金属矿物制品业	30	261348	221543	17372
水泥、石灰和石膏制造	301	16390	13388	1341
石膏、水泥制品及类似制品制造	302	57746	49457	3648
砖瓦、石材等建筑材料制造	303	109830	92475	7825
玻璃制造	304	5012	4295	246
玻璃制品制造	305	16923	14779	694
玻璃纤维和玻璃纤维增强塑料制品制造	306	6522	5818	311
陶瓷制品制造	307	17158	14423	944
耐火材料制品制造	308	13496	11658	1086
石墨及其他非金属矿物制品制造	309	18271	15250	1277
黑色金属冶炼和压延加工业	31	41689	35746	3012
炼铁	311	1709	1201	303
炼钢	312	1080	849	118
黑色金属铸造	313	17402	15376	1183
钢压延加工	314	18077	15612	1035
铁合金冶炼	315	3421	2708	373
有色金属冶炼和压延加工业	32	30976	26348	2029
常用有色金属冶炼	321	5759	4451	690
贵金属冶炼	322	834	686	60
稀有稀土金属冶炼	323	1194	965	125
有色金属合金制造	324	4132	3602	197

单位：个

筹建	当年关闭	当年破产	当年注销	当年吊销	注册未经营	其他	代码
7811	2125	258	21	11	167	832	26
1110	425	48	4	2	17	124	261
1429	313	51	4	3	27	114	262
182	59	12			3	24	263
1359	323	28	4	1	28	143	264
978	182	19	1	1	29	90	265
1677	520	70	6	3	34	166	266
69	105	11	2			33	267
1007	198	19		1	29	138	268
2520	311	41	1		44	213	27
267	57	6			5	26	271
198	29	1			3	22	272
597	41	12	1		6	38	273
294	60	4			6	27	274
78	21	7			2	4	275
652	63	5			13	59	276
434	40	6			9	37	277
363	125	17	2		9	39	28
81	27	6				8	281
282	98	11	2		9	31	282
8876	2196	182	38	1	323	889	29
1422	334	40	4		61	169	291
7454	1862	142	34	1	262	720	292
15339	4349	618	37	16	372	1702	30
885	539	84	1		18	134	301
3294	737	99	9	2	124	376	302
6341	2032	291	15	13	129	709	303
370	55	6	1		3	36	304
1089	219	27	3		27	85	305
254	85	9			6	39	306
1352	221	43	2		29	144	307
480	170	20			15	67	308
1274	291	39	6	1	21	112	309
1533	1027	97	12	1	38	223	31
81	95	7				22	311
79	19	5			2	8	312
352	375	29	2		12	73	313
900	367	30	10	1	23	99	314
121	171	26			1	21	315
1643	645	64	8	1	47	191	32
333	199	24	1		7	54	321
47	27	3			2	9	322
55	39	4			2	4	323
235	65	2			10	21	324

2-9 续表 4

行业中类	代码	企业单位数	营业	停业(歇业)
有色金属铸造	325	2252	1990	126
有色金属压延加工	326	16805	14654	831
金属制品业	33	261843	228916	11106
结构性金属制品制造	331	85648	73513	4392
金属工具制造	332	28051	24818	1120
集装箱及金属包装容器制造	333	7211	6401	343
金属丝绳及其制品制造	334	14915	13653	477
建筑、安全用金属制品制造	335	37730	33285	1506
金属表面处理及热处理加工	336	13162	11700	605
搪瓷制品制造	337	2367	2062	88
金属制日用品制造	338	21980	19258	819
其他金属制品制造	339	50779	44226	1756
通用设备制造业	34	288962	256072	10699
锅炉及原动设备制造	341	11626	10101	562
金属加工机械制造	342	48481	42378	2084
物料搬运设备制造	343	12640	11213	428
泵、阀门、压缩机及类似机械制造	344	37888	34233	1204
轴承、齿轮和传动部件制造	345	19286	17493	694
烘炉、风机、衡器、包装等设备制造	346	27936	25043	951
文化、办公用机械制造	347	3142	2815	105
通用零部件制造	348	99011	88062	3907
其他通用设备制造业	349	28952	24734	764
专用设备制造业	35	196449	171299	7393
采矿、冶金、建筑专用设备制造	351	31403	27383	1421
化工、木材、非金属加工专用设备制造	352	56237	50231	1767
食品、饮料、烟草及饲料生产专用设备制造	353	6077	5339	253
印刷、制药、日化及日用品生产专用设备制造	354	10636	9253	479
纺织、服装和皮革加工专用设备制造	355	12014	10795	493
电子和电工机械专用设备制造	356	15268	13054	631
农、林、牧、渔专用机械制造	357	12668	10987	527
医疗仪器设备及器械制造	358	12386	10486	378
环保、社会公共服务及其他专用设备制造	359	39760	33771	1444
汽车制造业	36	74131	64625	2670
汽车整车制造	361	1282	1019	39
改装汽车制造	362	1326	1180	53
低速载货汽车制造	363	110	84	8
电车制造	364	1017	802	27
汽车车身、挂车制造	365	1288	1103	53
汽车零部件及配件制造	366	69108	60437	2490
铁路、船舶、航空航天和其他运输设备制造业	37	34104	29350	1569
铁路运输设备制造	371	3617	3205	136
城市轨道交通设备制造	372	300	241	7
船舶及相关装置制造	373	10114	8632	569
航空、航天器及设备制造	374	1413	1146	32

单位：个

筹建	当年关闭	当年破产	当年注销	当年吊销	注册未经营	其他	代码
107	12	4				13	325
866	303	27	7	1	26	90	326
16306	2964	199	56	8	722	1566	33
5986	984	71	11	4	137	550	331
1512	383	25	4	2	77	110	332
342	74	6		1	11	33	333
568	141	11	1		17	47	334
2154	378	25	11		146	225	335
617	167	5	3		20	45	336
156	23	1	7		14	16	337
1294	292	24	6	1	104	182	338
3677	522	31	13		196	358	339
16532	2430	227	54	13	1488	1447	34
718	123	23	5	1	17	76	341
3035	476	58	3	2	146	299	342
811	85	4	1		23	75	343
1834	288	27	13		173	116	344
757	197	29	6		47	63	345
1495	214	12	3	2	82	134	346
153	38	2		1	1	27	347
4733	809	62	17	6	952	463	348
2996	200	10	6	1	47	194	349
14165	1791	156	23	7	390	1225	35
1951	368	37	1		48	194	351
3325	456	29	4	3	94	328	352
382	49	3	2	1	6	42	353
678	138	14	3		8	63	354
498	117	10	4		55	42	355
1302	139	8	4	1	20	109	356
852	160	28			32	82	357
1296	87	7			31	101	358
3881	277	20	5	2	96	264	359
5465	726	71	10	2	166	396	36
188	11	2			2	21	361
63	17			1	1	11	362
11	4	1				2	363
165	14	1			1	7	364
101	21	1			1	8	365
4937	659	66	10	1	161	347	366
2480	370	44	5	2	98	186	37
214	24	4			5	29	371
44	3				1	4	372
705	100	13	1		31	63	373
216	3		1	2	4	9	374

2-9 续表 5

行业中类	代码	企业单位数	营业	停业(歇业)
摩托车制造	375	8158	7351	324
自行车制造	376	8244	6829	397
非公路休闲车及零配件制造	377	951	834	40
潜水救捞及其他未列明运输设备制造	379	1307	1112	64
电气机械和器材制造业	38	183144	160009	7242
电机制造	381	17601	15239	654
输配电及控制设备制造	382	61893	55742	1956
电线、电缆、光缆及电工器材制造	383	25748	22757	1143
电池制造	384	5902	4816	283
家用电力器具制造	385	23353	19826	1100
非电力家用器具制造	386	6333	5177	383
照明器具制造	387	30761	26512	1340
其他电气机械及器材制造	389	11553	9940	383
计算机、通信和其他电子设备制造业	39	100994	88675	3218
计算机制造	391	9433	8380	299
通信设备制造	392	8815	7756	319
广播电视设备制造	393	3372	3106	104
雷达及配套设备制造	394	252	218	7
视听设备制造	395	5409	4836	155
电子器件制造	396	15138	13229	452
电子元件制造	397	40646	35978	1339
其他电子设备制造	399	17929	15172	543
仪器仪表制造业	40	39833	35660	1337
通用仪器仪表制造	401	20780	18701	675
专用仪器仪表制造	402	6526	5797	239
钟表与计时仪器制造	403	2594	2331	99
光学仪器及眼镜制造	404	6359	5799	183
其他仪器仪表制造业	409	3574	3032	141
其他制造业	41	55185	45817	1910
日用杂品制造	411	13885	12431	543
煤制品制造	412	3193	2453	357
其他未列明制造业	419	38107	30933	1010
废弃资源综合利用业	42	13251	10383	1071
金属废料和碎屑加工处理	421	6456	5070	549
非金属废料和碎屑加工处理	422	6795	5313	522
金属制品、机械和设备修理业	43	19338	16646	1002
金属制品修理	431	1050	915	58
通用设备修理	432	2803	2423	166
专用设备修理	433	2497	2152	134
铁路、船舶、航空航天等运输设备修理	434	5359	4502	336
电气设备修理	435	1602	1402	76
仪器仪表修理	436	397	356	9
其他机械和设备修理业	439	5630	4896	223

单位：个

筹建	当年关闭	当年破产	当年注销	当年吊销	注册未经营	其他	代码
334	90	8	2		25	24	375
818	123	12	1		23	41	376
60	5	1			7	4	377
89	22	6			2	12	379
11905	2126	119	28	3	670	1042	38
1211	284	13	3		102	95	381
3272	508	29	7	2	117	260	382
1343	315	28	5		41	116	383
583	140	20			8	52	384
1726	303	7	5	1	256	129	385
559	96	8	2		40	68	386
2186	392	14	5		84	228	387
1025	88		1		22	94	389
6818	1267	75	8	2	283	648	39
561	95	10	1		14	73	391
520	147	5	1		7	60	392
98	42	1	1		5	15	393
21	3	1				2	394
263	98	5	1		16	35	395
1099	190	12	2		66	88	396
2373	545	30	1	2	140	238	397
1883	147	11	1		35	137	399
2253	266	17	2	3	81	214	40
1137	120	8	2		38	99	401
381	45	5		2	8	49	402
109	40	2				13	403
298	30			1	27	21	404
328	31	2			8	32	409
6353	423	31	18	8	220	405	41
655	133	8	5		55	55	411
278	69	9		1	7	19	412
5420	221	14	13	7	158	331	419
1325	301	21	5	1	26	118	42
560	191	9	1		12	64	421
765	110	12	4	1	14	54	422
1302	156	14	5	1	46	166	43
55	13	1	1		1	6	431
167	17	4	2		4	20	432
154	25	1			2	29	433
394	48	3		1	23	52	434
92	16		1		2	13	435
28	1					3	436
412	36	5	1		14	43	439

2-9 续表 6

行业中类	代码	企业单位数	营业	停业(歇业)
电力、热力、燃气及水生产和供应业	D	**97243**	**81884**	**3139**
电力、热力生产和供应业	44	66008	55106	1924
电力生产	441	53158	44223	1439
电力供应	442	5877	4916	230
热力生产和供应	443	6973	5967	255
燃气生产和供应业	45	9112	7427	276
燃气生产和供应业	450	9112	7427	276
水的生产和供应业	46	22123	19351	939
自来水生产和供应	461	15532	13934	684
污水处理及其再生利用	462	5317	4336	204
其他水的处理、利用与分配	469	1274	1081	51
建筑业	E	**754508**	**632669**	**29912**
房屋建筑业	47	134121	113115	5001
房屋建筑业	470	134121	113115	5001
土木工程建筑业	48	131937	108972	5362
铁路、道路、隧道和桥梁工程建筑	481	51480	42794	1973
水利和内河港口工程建筑	482	9904	8412	401
海洋工程建筑	483	421	324	14
工矿工程建筑	484	4575	3876	217
架线和管道工程建筑	485	13317	11445	459
其他土木工程建筑	489	52240	42121	2298
建筑安装业	49	126136	108118	4650
电气安装	491	28432	24651	1061
管道和设备安装	492	26529	23027	962
其他建筑安装业	499	71175	60440	2627
建筑装饰和其他建筑业	50	362314	302464	14899
建筑装饰业	501	264401	221922	10667
工程准备活动	502	25402	20219	1794
提供施工设备服务	503	7599	6298	439
其他未列明建筑业	509	64912	54025	1999
批发和零售业	F	**4981263**	**4331413**	**178220**
批发业	51	2958876	2556615	112655
农、林、牧产品批发	511	127097	109277	6161
食品、饮料及烟草制品批发	512	283664	243276	10838
纺织、服装及家庭用品批发	513	414231	360983	13002
文化、体育用品及器材批发	514	102040	89580	3196
医药及医疗器材批发	515	84686	75534	2193
矿产品、建材及化工产品批发	516	826228	702267	41500
机械设备、五金产品及电子产品批发	517	709937	633296	20896
贸易经纪与代理	518	120949	99533	4997
其他批发业	519	290044	242869	9872
零售业	52	2022387	1774798	65565
综合零售	521	304653	264850	9542
食品、饮料及烟草制品专门零售	522	185960	161897	7174
纺织、服装及日用品专门零售	523	212722	184944	7667

单位：个

筹建	当年关闭	当年破产	当年注销	当年吊销	注册未经营	其他	代码
10430	**686**	**65**	**12**	**1**	**232**	**794**	D
7700	502	45	8	1	186	536	44
6584	324	31	6	1	143	407	441
500	129	4	1		30	67	442
616	49	10	1		13	62	443
1251	48	6			22	82	45
1251	48	6			22	82	450
1479	136	14	4		24	176	46
679	99	13	2		10	111	461
686	31		2		11	47	462
114	6	1			3	18	469
74284	**7349**	**328**	**186**	**38**	**2448**	**7294**	E
12518	1754	98	36	7	450	1142	47
12518	1754	98	36	7	450	1142	470
14660	1151	55	32	6	488	1211	48
5598	415	24	13	1	226	436	481
878	87	1	4	2	30	89	482
73					7	3	483
368	55	3	4		16	36	484
1092	175	7	5	2	33	99	485
6651	419	20	6	1	176	548	489
10511	1271	51	33	9	357	1136	49
2018	368	10	14	1	94	215	491
1999	280	9	7	2	56	187	492
6494	623	32	12	6	207	734	499
36595	3173	124	85	16	1153	3805	50
25950	2288	85	71	11	766	2641	501
2727	286	14	4	4	146	208	502
662	105	3	2		11	79	503
7256	494	22	8	1	230	877	509
367603	**38857**	**2456**	**1171**	**150**	**15465**	**45928**	F
226339	23567	1406	576	84	9407	28227	51
8561	1103	122	24	5	211	1633	511
23538	2042	162	52	7	798	2951	512
32802	2682	96	116	15	1861	2674	513
7411	571	24	16	2	291	949	514
5688	444	30	23	1	157	616	515
60914	9333	590	179	22	3037	8386	516
44601	4103	190	103	23	1313	5412	517
13120	1131	65	21	3	634	1445	518
29704	2158	127	42	6	1105	4161	519
141264	15290	1050	595	66	6058	17701	52
23467	2117	214	106	15	912	3430	521
12950	1554	130	53	7	555	1640	522
15440	1972	88	70	5	897	1639	523

2-9 续表 7

行业中类	代码	企 业 单位数	营业	停业 (歇业)
文化、体育用品及器材专门零售	524	110061	96345	4283
医药及医疗器材专门零售	525	165082	151450	3204
汽车、摩托车、燃料及零配件专门零售	526	242195	215156	7441
家用电器及电子产品专门零售	527	248433	223946	7371
五金、家具及室内装饰材料专门零售	528	266607	232248	10746
货摊、无店铺及其他零售业	529	286674	243962	8137
交通运输、仓储和邮政业	**G**	**433099**	**373039**	**16555**
铁路运输业	53	3577	3013	158
铁路旅客运输	531	482	400	21
铁路货物运输	532	1483	1216	76
铁路运输辅助活动	533	1612	1397	61
道路运输业	54	240597	207659	8998
城市公共交通运输	541	12547	11604	299
公路旅客运输	542	11082	10116	342
道路货物运输	543	201128	172331	7601
道路运输辅助活动	544	15840	13608	756
水上运输业	55	13397	11468	700
水上旅客运输	551	1443	1257	67
水上货物运输	552	7956	6828	439
水上运输辅助活动	553	3998	3383	194
航空运输业	56	2144	1823	49
航空客货运输	561	829	733	22
通用航空服务	562	601	476	14
航空运输辅助活动	563	714	614	13
管道运输业	57	446	381	14
管道运输业	570	446	381	14
装卸搬运和运输代理业	58	114554	99279	4014
装卸搬运	581	21913	18737	986
运输代理业	582	92641	80542	3028
仓储业	59	36290	29419	2080
谷物、棉花等农产品仓储	591	10736	9276	678
其他仓储业	599	25554	20143	1402
邮政业	60	22094	19997	542
邮政基本服务	601	1807	1651	47
快递服务	602	20287	18346	495
住宿和餐饮业	**H**	**313412**	**278143**	**10936**
住宿业	61	98300	87961	3337
旅游饭店	611	31667	27713	1158
一般旅馆	612	55545	50667	1788
其他住宿业	619	11088	9581	391
餐饮业	62	215112	190182	7599
正餐服务	621	164780	146510	5803
快餐服务	622	14222	12683	576
饮料及冷饮服务	623	8565	7668	321
其他餐饮业	629	27545	23321	899

单位：个

筹建	当年关闭	当年破产	当年注销	当年吊销	注册未经营	其他	代码
7162	903	48	59	4	192	1065	524
8467	756	49	42	3	225	886	525
15286	2127	148	62	10	454	1511	526
12398	1956	138	53	5	525	2041	527
18105	2197	125	59	8	610	2509	528
27989	1708	110	91	9	1688	2980	529
34965	**3321**	**277**	**87**	**13**	**1094**	**3748**	**G**
291	28	3	1		6	77	53
42	2				1	16	531
152	11				2	26	532
97	15	3	1		3	35	533
19336	1832	153	57	6	684	1872	54
435	81	10	3		15	100	541
425	83	12	4	1	14	85	542
17378	1534	119	43	5	610	1507	543
1098	134	12	7		45	180	544
919	135	17	1		43	114	55
70	21	2			5	21	551
501	89	14	1		22	62	552
348	25	1			16	31	553
226	15	1			10	20	56
58	6				1	9	561
98	2				7	4	562
70	7	1			2	7	563
44	2				1	4	57
44	2				1	4	570
9066	853	63	17	6	235	1021	58
1753	216	18	3	1	46	153	581
7313	637	45	14	5	189	868	582
3896	334	30	6		93	432	59
534	103	18			7	120	591
3362	231	12	6		86	312	599
1187	122	10	5	1	22	208	60
54	9	1			3	42	601
1133	113	9	5	1	19	166	602
17398	**3938**	**290**	**121**	**14**	**562**	**2010**	**H**
5157	1024	90	23	3	146	559	61
2044	444	46	7		48	207	611
2189	507	41	12	3	67	271	612
924	73	3	4		31	81	619
12241	2914	200	98	11	416	1451	62
8395	2473	179	74	7	314	1025	621
717	126	5	3		22	90	622
413	95	3	7	1	8	49	623
2716	220	13	14	3	72	287	629

2-9 续表 8

行业中类	代码	企业单位数	营业	停业(歇业)
信息传输、软件和信息技术服务业	**I**	**499749**	**424262**	**14026**
电信、广播电视和卫星传输服务	63	16558	14886	657
电信	631	12923	11589	499
广播电视传输服务	632	3164	2889	133
卫星传输服务	633	471	408	25
互联网和相关服务	64	68702	57692	2036
互联网接入及相关服务	641	6941	5866	220
互联网信息服务	642	47054	39724	1456
其他互联网服务	649	14707	12102	360
软件和信息技术服务业	65	414489	351684	11333
软件开发	651	255612	217052	6726
信息系统集成服务	652	33934	29751	902
信息技术咨询服务	653	68379	57308	2306
数据处理和存储服务	654	7012	5864	161
集成电路设计	655	3420	3000	109
其他信息技术服务业	659	46132	38709	1129
金融业	**J**	**117173**	**96941**	**4905**
货币金融服务	66	37077	33621	1126
中央银行服务	661	228	202	5
货币银行服务	662	13807	12968	402
非货币银行服务	663	22985	20402	717
银行监管服务	664	57	49	2
资本市场服务	67	41263	30337	2357
证券市场服务	671	4251	3529	150
期货市场服务	672	518	469	12
证券期货监管服务	673	41	35	
资本投资服务	674	29882	21223	1667
其他资本市场服务	679	6571	5081	528
保险业	68	20351	18600	752
人身保险	681	6223	5773	284
财产保险	682	6806	6307	292
再保险	683	49	48	1
养老金	684	168	145	14
保险经纪与代理服务	685	5334	4834	95
保险监管服务	686	30	18	4
其他保险活动	689	1741	1475	62
其他金融业	69	18482	14383	670
金融信托与管理服务	691	4297	3474	182
控股公司服务	692	1740	1331	94
非金融机构支付服务	693	631	551	17
金融信息服务	694	4013	3128	146
其他未列明金融业	699	7801	5899	231

单位：个

筹建	当年关闭	当年破产	当年注销	当年吊销	注册未经营	其他	代码
51953	**2140**	**73**	**175**	**10**	**2221**	**4889**	I
656	108	6	7	1	35	202	63
542	83	4	5	1	34	166	631
82	22	2	2			34	632
32	3				1	2	633
7743	346	18	25	3	212	627	64
728	37	1	3		24	62	641
5088	237	12	20	1	141	375	642
1927	72	5	2	2	47	190	649
43554	1686	49	143	6	1974	4060	65
27194	919	28	98	3	1121	2471	651
2739	168	4	7	1	100	262	652
7416	346	8	24		315	656	653
846	42	1	4		19	75	654
255	22	1			9	24	655
5104	189	7	10	2	410	572	659
10621	**566**	**35**	**14**	**4**	**2949**	**1138**	J
1899	136	6	1		45	243	66
14						7	661
322	22				9	84	662
1558	114	6	1		36	151	663
5						1	664
5003	290	20	5	1	2698	552	67
484	10				20	58	671
35		1				1	672
4					1	1	673
3726	214	17	4	1	2669	361	674
754	66	2	1		8	131	679
771	51	3	3		34	137	68
109	13				7	37	681
150	16	2			7	32	682
							683
6						3	684
335	18	1	2		17	32	685
2			1		1	4	686
169	4				2	29	689
2948	89	6	5	3	172	206	69
544	21	2	2		20	52	691
288	7	1			2	17	692
58	2					3	693
650	29	1	2	2	29	26	694
1408	30	2	1	1	121	108	699

2-9 续表 9

行业中类	代码	企业单位数	营业	停业(歇业)
房地产业	K	**527149**	**445200**	**27325**
房地产业	70	527149	445200	27325
房地产开发经营	701	211367	176300	12091
物业管理	702	166276	142105	6694
房地产中介服务	703	107032	91846	4943
自有房地产经营活动	704	23979	20773	1938
其他房地产业	709	18495	14176	1659
租赁和商务服务业	L	**1641160**	**1373235**	**65867**
租赁业	71	118994	98706	4880
机械设备租赁	711	115283	95488	4762
文化及日用品出租	712	3711	3218	118
商务服务业	72	1522166	1274529	60987
企业管理服务	721	341956	270069	16081
法律服务	722	12839	11539	582
咨询与调查	723	426935	356537	17059
广告业	724	290177	254162	10319
知识产权服务	725	11449	10273	291
人力资源服务	726	80184	65884	4372
旅行社及相关服务	727	58062	48633	2209
安全保护服务	728	12504	11085	338
其他商务服务业	729	288060	246347	9736
科学研究和技术服务业	M	**658760**	**547729**	**21788**
研究和试验发展	73	100958	80312	2910
自然科学研究和试验发展	731	11042	8477	250
工程和技术研究和试验发展	732	64983	52494	1547
农业科学研究和试验发展	733	11207	8513	468
医学研究和试验发展	734	12516	9843	607
社会人文科学研究	735	1210	985	38
专业技术服务业	74	295499	253654	10453
气象服务	741	1228	1100	39
地震服务	742	459	391	15
海洋服务	743	645	543	20
测绘服务	744	9227	8260	208
质检技术服务	745	19840	17250	577
环境与生态监测	746	5657	4673	173
地质勘查	747	6123	5006	432
工程技术	748	114089	99051	4773
其他专业技术服务业	749	138231	117380	4216
科技推广和应用服务业	75	262303	213763	8425
技术推广服务	751	203828	165459	6612
科技中介服务	752	11077	9008	566
其他科技推广和应用服务业	759	47398	39296	1247
水利、环境和公共设施管理业	N	**79747**	**64325**	**4023**
水利管理业	76	6343	5327	293
防洪除涝设施管理	761	712	584	48

单位：个

筹建	当年关闭	当年破产	当年注销	当年吊销	注册未经营	其他	代码
37948	**6233**	**334**	**118**	**22**	**1110**	**8859**	K
37948	6233	334	118	22	1110	8859	70
13049	3848	190	61	11	426	5391	701
14347	1089	66	27	3	336	1609	702
7952	903	30	25	4	284	1045	703
634	192	29	1	4	41	367	704
1966	201	19	4		23	447	709
162807	**10476**	**567**	**463**	**45**	**7141**	**20559**	L
12678	871	74	39	6	469	1271	71
12388	846	68	39	6	456	1230	711
290	25	6			13	41	712
150129	9605	493	424	39	6672	19288	72
44712	2190	119	100	6	3086	5593	721
503	62	1	4	1	23	124	722
43721	2483	95	165	6	1491	5378	723
20178	2000	86	59	8	500	2865	724
717	49		1		27	91	725
7799	777	65	22	4	313	948	726
6140	362	19	16	1	235	447	727
860	80	5	2		26	108	728
25499	1602	103	55	13	971	3734	729
75842	**3255**	**174**	**204**	**20**	**2040**	**7708**	M
15462	393	16	25	1	488	1351	73
2057	50	3	2		44	159	731
9579	209	5	15	1	348	785	732
1886	72	7	5		58	198	733
1782	58	1	3		36	186	734
158	4				2	23	735
25581	1680	87	57	5	668	3314	74
63	9				4	13	741
41	4				1	7	742
64	4				3	11	743
625	41	1	1	1	21	69	744
1732	90	7	1		42	141	745
698	28	3	1		15	66	746
498	68	3	2		5	109	747
8264	735	42	22	1	244	957	748
13596	701	31	30	3	333	1941	749
34799	1182	71	122	14	884	3043	75
27620	897	53	98	9	677	2403	751
1234	90	4	7	2	30	136	752
5945	195	14	17	3	177	504	759
9543	**558**	**43**	**27**	**2**	**341**	**885**	N
526	57	4	2		15	119	76
56	7		1		1	15	761

2-9 续表 10

行业中类	代码	企业单位数	营业	停业(歇业)
水资源管理	762	1415	1184	73
天然水收集与分配	763	706	604	31
水文服务	764	392	338	16
其他水利管理业	769	3118	2617	125
生态保护和环境治理业	77	10918	8858	430
生态保护	771	1522	1293	60
环境治理业	772	9396	7565	370
公共设施管理业	78	62486	50140	3300
市政设施管理	781	7162	6065	285
环境卫生管理	782	6650	5508	298
城乡市容管理	783	1634	1169	68
绿化管理	784	30251	24900	1622
公园和游览景区管理	785	16789	12498	1027
居民服务、修理和其他服务业	**O**	**337057**	**294382**	**11587**
居民服务业	79	120412	104309	4578
家庭服务	791	25594	21632	1015
托儿所服务	792	606	539	20
洗染服务	793	4979	4420	175
理发及美容服务	794	22690	20677	667
洗浴服务	795	9023	7986	487
保健服务	796	10571	9374	350
婚姻服务	797	9588	8290	428
殡葬服务	798	4078	3502	164
其他居民服务业	799	33283	27889	1272
机动车、电子产品和日用产品修理业	80	115919	104480	3617
汽车、摩托车修理与维护	801	86805	78361	2573
计算机和办公设备维修	802	11721	10523	436
家用电器修理	803	12028	10825	414
其他日用产品修理业	809	5365	4771	194
其他服务业	81	100726	85593	3392
清洁服务	811	43629	36908	1858
其他未列明服务业	819	57097	48685	1534
教育	**P**	**77510**	**67141**	**2792**
教育	82	77510	67141	2792
学前教育	821	9425	8508	330
初等教育	822	1313	1043	36
中等教育	823	1426	1197	83
高等教育	824	301	259	17
特殊教育	825	444	382	17
技能培训、教育辅助及其他教育	829	64601	55752	2309
卫生和社会工作	**Q**	**37917**	**33016**	**979**
卫生	83	32067	28781	736
医院	831	13735	12329	265
社区医疗与卫生院	832	2383	2186	77

单位：个

筹建	当年关闭	当年破产	当年注销	当年吊销	注册未经营	其他	代码
115	19				3	21	762
50	6	1				14	763
26	3				3	6	764
279	22	3	1		8	63	769
1402	63	4	4		47	110	77
134	10				2	23	771
1268	53	4	4		45	87	772
7615	438	35	21	2	279	656	78
673	39	1	3		24	72	781
659	55	3	2		46	79	782
369	10	2			2	14	783
3088	206	16	6		95	318	784
2826	128	13	10	2	112	173	785
24127	**2526**	**174**	**80**	**11**	**1057**	**3113**	**O**
9078	969	65	42	3	323	1045	79
2435	149	13	11		102	237	791
37	1	1				8	792
283	49	4	1		11	36	793
924	239	10	6		31	136	794
344	124	11	5	2	10	54	795
675	79	4	7		22	60	796
708	68	8	3		20	63	797
336	19	2			19	36	798
3336	241	12	9	1	108	415	799
5990	844	69	17	2	160	740	80
4536	639	50	10	2	119	515	801
566	74	6	5		14	97	802
591	97	9	1		17	74	803
297	34	4	1		10	54	809
9059	713	40	21	6	574	1328	81
3721	312	24	11	3	408	384	811
5338	401	16	10	3	166	944	819
5915	**495**	**28**	**21**	**3**	**173**	**942**	**P**
5915	495	28	21	3	173	942	82
381	46	3	4		5	148	821
172	7					55	822
86	21	1	1		1	36	823
21	2					2	824
38	1					6	825
5217	418	24	16	3	167	695	829
3278	**181**	**15**	**10**		**82**	**356**	**Q**
2087	155	15	6		41	246	83
968	58	9	3		23	80	831
76	14	2			3	25	832

2-9 续表 11

行业中类	代码	企业单位数	营业	停业(歇业)
门诊部(所)	833	12180	11096	267
计划生育技术服务活动	834	115	102	1
妇幼保健院(所、站)	835	178	154	3
专科疾病防治院(所、站)	836	541	481	21
疾病预防控制中心	837	164	146	3
其他卫生活动	839	2771	2287	99
社会工作	84	5850	4235	243
提供住宿社会工作	841	5040	3594	193
不提供住宿社会工作	842	810	641	50
文化、体育和娱乐业	**R**	**271218**	**234350**	**11779**
新闻和出版业	85	5346	4904	159
新闻业	851	353	308	13
出版业	852	4993	4596	146
广播、电视、电影和影视录音制作业	86	26515	22757	868
广播	861	993	836	29
电视	862	1588	1404	63
电影和影视节目制作	863	13728	11593	361
电影和影视节目发行	864	1428	1202	57
电影放映	865	7679	6758	322
录音制作	866	1099	964	36
文化艺术业	87	76361	62543	3400
文艺创作与表演	871	17873	14917	1149
艺术表演场馆	872	975	832	64
图书馆与档案馆	873	639	540	25
文物及非物质文化遗产保护	874	1342	1086	46
博物馆	875	497	377	36
烈士陵园、纪念馆	876	85	73	2
群众文化活动	877	8607	7209	442
其他文化艺术业	879	46343	37509	1636
体育	88	20852	17494	877
体育组织	881	3625	2933	129
体育场馆	882	1484	1259	54
休闲健身活动	883	12997	11095	575
其他体育	889	2746	2207	119
娱乐业	89	142144	126652	6475
室内娱乐活动	891	126411	114464	5693
游乐园	892	2739	2212	126
彩票活动	893	157	135	6
文化、娱乐、体育经纪代理	894	6788	5474	306
其他娱乐业	899	6049	4367	344
公共管理、社会保障和社会组织	**S**	**359**	**304**	**15**
社会保障	93	359	304	15
社会保障	930	359	304	15

单位：个

筹建	当年关闭	当年破产	当年注销	当年吊销	注册未经营	其他	代码
661	66	1	2		7	80	833
5	1					6	834
18					1	2	835
30	4	1				4	836
12						3	837
317	12	2	1		7	46	839
1191	26		4		41	110	84
1111	21		3		37	81	841
80	5		1		4	29	842
19150	**1968**	**141**	**96**	**14**	**1423**	**2297**	**R**
140	56	4	1		5	77	85
20	2	1			2	7	851
120	54	3	1		3	70	852
2117	130	19	5	1	355	263	86
92	5	2	1		16	12	861
67	10	1			20	23	862
1304	57	4	3		274	132	863
119	5	3			22	20	864
456	42	9	1	1	22	68	865
79	11				1	8	866
8796	329	13	35	3	278	964	87
1468	85	3	4		57	190	871
64	3					12	872
57	3				5	9	873
156	7	1	2			44	874
65	5	1		1	2	10	875
9	1						876
769	37	2	5	1	18	124	877
6208	188	6	24	1	196	575	879
2052	170	7	5		78	169	88
477	23	1			17	45	881
148	9				3	11	882
1072	111	5	4		42	93	883
355	27	1	1		16	20	889
6045	1283	98	50	10	707	824	89
4174	1161	90	43	10	127	649	891
342	26	1			5	27	892
13	1				1	1	893
828	45	6	7		39	83	894
688	50	1			535	64	899
22		**1**			**1**	**16**	**S**
22		1			1	16	93
22		1			1	16	930

2-10 按地区、营业状态分组的企业法人单位数

(2016年)

单位：个

地 区	企 业 单位数	营业	停业(歇业)	筹建	当年关闭	当年破产	当年注销	当年吊销	注册未经营	其他
全 国	**14618448**	**12528149**	**585232**	**1171318**	**130153**	**9740**	**3427**	**487**	**49357**	**140585**
北 京	669663	590867	49133	20640	4068	88	11	18	16	4822
天 津	362508	235120	20328	88889	7376	210	297	8	1181	9099
河 北	611099	552617	17796	34941	2747	191	80	14	1197	1516
山 西	336910	297240	10410	23951	1394	235	62	25	1019	2574
内蒙古	183081	153276	9074	17393	1126	219	18	1	372	1602
辽 宁	488742	389057	35918	53524	5779	478	58	122	513	3293
吉 林	132492	119571	6987	4575	458	17	12		17	855
黑龙江	158568	139477	7937	7943	1338	239	232	6	149	1247
上 海	432697	375280	9563	41665	1660	62	142	6	45	4274
江 苏	1717140	1502423	48958	134495	11805	377	112	65	8604	10301
浙 江	1307844	1147361	46338	85480	6392	39	1152	51	20632	399
安 徽	518794	317573	93490	91280	9328	762	52	8	708	5593
福 建	636091	480572	25961	109645	10928	653	74	2	1689	6567
江 西	344148	304017	6781	24636	3607	192	54	3	617	4241
山 东	1344176	1223948	26090	72612	11531	1277	132	11	696	7879
河 南	580619	531520	11680	25557	4440	746	77	14	606	5979
湖 北	609683	524043	16007	48276	3728	384	57	3	240	16945
湖 南	392705	355451	10129	13705	5147	729	45	8	935	6556
广 东	1325287	1164931	38565	85597	16396	729	144	19	1797	17109
广 西	351445	321230	10433	9002	5444	167	18	35	155	4961
海 南	63702	49217	3610	8604	375	49	2		24	1821
重 庆	460825	414771	9097	29651	2892	174	221	9	1366	2644
四 川	327339	291822	12171	16838	2724	304	83	30	667	2700
贵 州	247409	209345	10801	21971	1790	309	25	7	1009	2152
云 南	343742	272809	14548	43379	1785	132	167	9	1326	9587
西 藏	9593	8779	277	341	62	14				120
陕 西	287034	249847	9771	21431	2789	277	57	6	632	2224
甘 肃	125742	110548	6134	6488	941	301	8	2	89	1231
青 海	41210	29393	2487	8586	194	74	2		109	365
宁 夏	56781	48028	2898	4589	671	93	10	2	38	452
新 疆	151379	118016	11860	15634	1238	219	23	3	2909	1477

2-11 按行业(大类)、控股情况分组的企业法人单位数

(2016年) 单位：个

行业大类	代码	企业单位数	国有控股	集体控股	私人控股	港澳台商控股	外商控股	其他
总计	--	**14618448**	**310992**	**243393**	**12537206**	**103849**	**99987**	**1323021**
农、林、牧、渔业	A	**675005**	**8935**	**11118**	**543230**	**1075**	**540**	**110107**
农业	01	305231	3250	4775	244241	584	272	52109
林业	02	60701	2125	1381	49794	126	76	7199
畜牧业	03	190702	1413	2066	155478	169	107	31469
渔业	04	57175	603	840	48557	118	41	7016
农、林、牧、渔服务业	05	61196	1544	2056	45160	78	44	12314
采矿业	B	**104007**	**3972**	**3765**	**88763**	**209**	**200**	**7098**
煤炭开采和洗选业	06	20777	1953	1149	16472	31	35	1137
石油和天然气开采业	07	762	171	27	447	8	14	95
黑色金属矿采选业	08	15487	334	486	13782	29	27	829
有色金属矿采选业	09	11303	567	487	9311	45	49	844
非金属矿采选业	10	48646	667	1502	42868	86	66	3457
开采辅助活动	11	3921	228	65	3279	7	8	334
其他采矿业	12	3111	52	49	2604	3	1	402
制造业	C	**3012112**	**34673**	**51054**	**2644697**	**53964**	**48521**	**179203**
农副食品加工业	13	132114	2722	2133	114759	1026	1485	9989
食品制造业	14	70642	1071	891	61100	990	1135	5455
酒、饮料和精制茶制造业	15	51350	995	1183	43984	483	691	4014
烟草制品业	16	429	169	28	134	1	1	96
纺织业	17	144411	1009	1595	130422	3081	1736	6568
纺织服装、服饰业	18	174024	877	1698	153370	5396	3295	9388
皮革、毛皮、羽毛及其制品和制鞋业	19	78053	281	834	68761	2680	1424	4073
木材加工和木、竹、藤、棕、草制品业	20	95761	900	946	85718	598	481	7118
家具制造业	21	69537	264	547	62157	1114	878	4577
造纸和纸制品业	22	69464	478	1301	62097	1363	612	3613
印刷和记录媒介复制业	23	80053	1718	3355	68741	869	395	4975
文教、工美、体育和娱乐用品制造业	24	101516	515	1242	88097	3610	2379	5673
石油加工和炼焦业	25	8670	416	241	7165	104	123	621
化学原料和化学制品制造业	26	125351	2610	3177	106561	2560	2912	7531
医药制造业	27	25770	800	468	21131	521	699	2151
化学纤维制造业	28	7082	105	93	6223	236	155	270
橡胶和塑料制品业	29	176638	974	2859	156129	4314	2811	9551
非金属矿物制品业	30	261348	3622	6285	230082	1967	1759	17633
黑色金属冶炼和压延加工业	31	41689	710	1288	37114	386	416	1775
有色金属冶炼和压延加工业	32	30976	882	671	26724	516	454	1729

2-11 续表 1

单位：个

行业大类	代码	企业单位数	国有控股	集体控股	私人控股	港澳台商控股	外商控股	其他
金属制品业	33	261843	1649	4333	233788	3604	2777	15692
通用设备制造业	34	288962	2519	5094	260350	2826	4241	13932
专用设备制造业	35	196449	2416	2782	172912	2873	3730	11736
汽车制造业	36	74131	1346	1202	63875	1129	2895	3684
铁路、船舶、航空航天和其他运输设备制造业	37	34104	898	765	29613	473	663	1692
电气机械和器材制造业	38	183144	1726	2873	161334	4184	3535	9492
计算机、通信和其他电子设备制造业	39	100994	1288	800	82480	5009	4954	6463
仪器仪表制造业	40	39833	640	871	33938	1125	1145	2114
其他制造业	41	55185	412	541	48089	716	506	4921
废弃资源综合利用业	42	13251	218	235	11515	115	124	1044
金属制品、机械和设备修理业	43	19338	443	723	16334	95	110	1633
电力、热力、燃气及水生产和供应业	D	**97243**	**15868**	**7991**	**63518**	**941**	**635**	**8290**
电力、热力生产和供应业	44	66008	9915	4532	45543	504	232	5282
燃气生产和供应业	45	9112	902	201	6562	255	206	986
水的生产和供应业	46	22123	5051	3258	11413	182	197	2022
建筑业	E	**754508**	**17074**	**13782**	**652838**	**889**	**631**	**69294**
房屋建筑业	47	134121	3871	5595	112882	103	101	11569
土木工程建筑业	48	131937	7254	3140	109308	144	108	11983
建筑安装业	49	126136	2294	2308	109619	204	179	11532
建筑装饰和其他建筑业	50	362314	3655	2739	321029	438	243	34210
批发和零售业	F	**4981263**	**67694**	**59721**	**4365286**	**16879**	**21522**	**450161**
批发业	51	2958876	40453	30684	2604875	13364	18501	250999
零售业	52	2022387	27241	29037	1760411	3515	3021	199162
交通运输、仓储和邮政业	G	**433099**	**20009**	**9322**	**359560**	**2456**	**1658**	**40094**
铁路运输业	53	3577	732	194	2210	8	5	428
道路运输业	54	240597	7716	4937	204943	557	319	22125
水上运输业	55	13397	1110	769	10083	100	59	1276
航空运输业	56	2144	394	38	1387	19	31	275
管道运输业	57	446	105	11	266	5	8	51
装卸搬运和运输代理业	58	114554	2656	2057	98091	1064	625	10061
仓储业	59	36290	5668	1114	24805	682	592	3429
邮政业	60	22094	1628	202	17775	21	19	2449
住宿和餐饮业	H	**313412**	**9792**	**6481**	**264012**	**2330**	**2195**	**28602**
住宿业	61	98300	6970	3838	77503	723	511	8755
餐饮业	62	215112	2822	2643	186509	1607	1684	19847
信息传输、软件和信息技术服务业	I	**499749**	**8980**	**2677**	**430751**	**3952**	**4951**	**48438**
电信、广播电视和卫星传输服务	63	16558	3863	443	9998	267	233	1754
互联网和相关服务	64	68702	861	306	60008	178	165	7184
软件和信息技术服务业	65	414489	4256	1928	360745	3507	4553	39500

2-11 续表 2 单位：个

行业大类	代码	企业单位数	国有控股	集体控股	私人控股	港澳台商控股	外商控股	其他
金融业	J	**117173**	**14776**	**5042**	**78828**	**911**	**1126**	**16490**
货币金融服务	66	37077	6732	2954	20462	588	486	5855
资本市场服务	67	41263	2045	495	33944	150	117	4512
保险业	68	20351	5087	1352	9761	81	461	3609
其他金融业	69	18482	912	241	14661	92	62	2514
房地产业	K	**527149**	**24616**	**16878**	**422045**	**6842**	**3279**	**53489**
房地产业	70	527149	24616	16878	422045	6842	3279	53489
租赁和商务服务业	L	**1641160**	**41950**	**33090**	**1385042**	**8203**	**8789**	**164086**
租赁业	71	118994	1623	939	102720	532	291	12889
商务服务业	72	1522166	40327	32151	1282322	7671	8498	151197
科学研究和技术服务业	M	**658760**	**18991**	**8727**	**557492**	**3313**	**4369**	**65868**
研究和试验发展	73	100958	1919	921	86309	685	1066	10058
专业技术服务业	74	295499	13120	4805	246152	1514	1806	28102
科技推广和应用服务业	75	262303	3952	3001	225031	1114	1497	27708
水利、环境和公共设施管理业	N	**79747**	**7262**	**2635**	**60921**	**365**	**217**	**8347**
水利管理业	76	6343	1364	406	3700	10	13	850
生态保护和环境治理业	77	10918	743	182	8606	89	89	1209
公共设施管理业	78	62486	5155	2047	48615	266	115	6288
居民服务、修理和其他服务业	O	**337057**	**4768**	**5859**	**291220**	**616**	**630**	**33964**
居民服务业	79	120412	1636	2167	103674	277	295	12363
机动车、电子产品和日用产品修理业	80	115919	1555	2371	101655	190	168	9980
其他服务业	81	100726	1577	1321	85891	149	167	11621
教育	P	**77510**	**2010**	**1422**	**63541**	**145**	**181**	**10211**
教育	82	77510	2010	1422	63541	145	181	10211
卫生和社会工作	Q	**37917**	**1475**	**1153**	**29849**	**94**	**87**	**5259**
卫生	83	32067	1261	956	25452	60	83	4255
社会工作	84	5850	214	197	4397	34	4	1004
文化、体育和娱乐业	R	**271218**	**8048**	**2656**	**235465**	**665**	**456**	**23928**
新闻和出版业	85	5346	2241	248	2299	10	10	538
广播、电视、电影和影视录音制作业	86	26515	2625	516	20725	140	49	2460
文化艺术业	87	76361	1927	826	65548	125	90	7845
体育	88	20852	447	285	17706	192	174	2048
娱乐业	89	142144	808	781	129187	198	133	11037
公共管理、社会保障和社会组织	S	**359**	**99**	**20**	**148**			**92**
社会保障	93	359	99	20	148			92

2-12 按地区、控股情况

(2016年)

地区	企业单位数	国有控股	集体控股
全国	**14618448**	**310992**	**243393**
北京	669663	17503	19222
天津	362508	8797	5893
河北	611099	10747	8113
山西	336910	9850	5691
内蒙古	183081	5693	2344
辽宁	488742	13490	15031
吉林	132492	5352	2948
黑龙江	158568	7948	4375
上海	432697	11395	9853
江苏	1717140	20904	16617
浙江	1307844	12158	20802
安徽	518794	11826	6659
福建	636091	12053	8969
江西	344148	9134	6693
山东	1344176	20899	14269
河南	580619	15632	10217
湖北	609683	13062	8012
湖南	392705	11014	7285
广东	1325287	22050	26847
广西	351445	7052	4975
海南	63702	2429	1339
重庆	460825	7353	4051
四川	327339	10289	7290
贵州	247409	7955	4093
云南	343742	9178	5686
西藏	9593	975	739
陕西	287034	9857	7827
甘肃	125742	4842	3710
青海	41210	1776	983
宁夏	56781	1314	503
新疆	151379	8465	2357

分组的企业法人单位数

单位：个

私人控股	港澳台商控股	外商控股	其他
12537206	**103849**	**99987**	**1323021**
598427	6112	9101	19298
288611	1997	4420	52790
522769	638	991	67841
308827	165	190	12187
151845	138	175	22886
410571	1852	4571	43227
108339	207	464	15182
121834	279	393	23739
363269	12561	20184	15435
1549449	11825	16591	101754
1249186	8054	8896	8748
451680	945	994	46690
543730	9458	4449	57432
289956	1165	590	36610
1137040	2609	7554	161805
448117	697	553	105403
523815	1396	1288	62110
323658	818	550	49380
1083856	38784	13799	139951
313656	787	553	24422
50573	359	232	8770
392947	758	714	55002
267708	814	957	40281
215136	242	195	19788
267535	440	513	60390
6874	20	21	964
242143	376	637	26194
98723	99	86	18282
32219	56	64	6112
50385	54	51	4474
124328	144	211	15874

2-13 按行业(大类)、地区分组的

(2016年)

行业大类	代码	企业单位数	北京	天津	河北	山西	内蒙古
总计	--	**310992**	**17503**	**8797**	**10747**	**9850**	**5693**
农、林、牧、渔业	A	**8935**	**125**	**68**	**263**	**204**	**278**
农业	01	3250	48	23	104	58	101
林业	02	2125	24	6	72	87	43
畜牧业	03	1413	28	18	38	27	70
渔业	04	603	13	11	7	3	6
农、林、牧、渔服务业	05	1544	12	10	42	29	58
采矿业	B	**3972**	**16**	**18**	**129**	**754**	**173**
煤炭开采和洗选业	06	1953	1		41	685	90
石油和天然气开采业	07	171	4	3	2	11	8
黑色金属矿采选业	08	334	5		43	19	16
有色金属矿采选业	09	567			10	13	30
非金属矿采选业	10	667	2	6	26	13	20
开采辅助活动	11	228	4	9	7	10	4
其他采矿业	12	52				3	5
制造业	C	**34673**	**1374**	**1320**	**1487**	**1034**	**531**
农副食品加工业	13	2722	50	38	50	90	36
食品制造业	14	1071	34	43	30	37	24
酒、饮料和精制茶制造业	15	995	33	20	37	30	22
烟草制品业	16	169	1	1	3	1	2
纺织业	17	1009	22	70	60	16	11
纺织服装、服饰业	18	877	21	29	31	12	10
皮革、毛皮、羽毛及其制品和制鞋业	19	281	6	12	19	5	4
木材加工和木、竹、藤、棕、草制品业	20	900	4	11	20	2	21
家具制造业	21	264	3	8	18	1	3
造纸和纸制品业	22	478	13	25	17	2	8
印刷和记录媒介复制业	23	1718	139	37	60	72	30
文教、工美、体育和娱乐用品制造业	24	515	18	23	14	8	1
石油加工和炼焦业	25	416	12	14	23	32	16
化学原料和化学制品制造业	26	2610	78	102	122	118	56
医药制造业	27	800	54	39	23	14	7
化学纤维制造业	28	105	2	5	8	5	1
橡胶和塑料制品业	29	974	39	64	54	33	9
非金属矿物制品业	30	3622	103	78	178	124	59
黑色金属冶炼和压延加工业	31	710	15	57	48	25	19
有色金属冶炼和压延加工业	32	882	16	20	22	35	47
金属制品业	33	1649	73	88	131	31	18

国有控股企业法人单位数

单位：个

辽宁	吉林	黑龙江	上海	江苏	浙江	安徽	福建	江西	山东	代码
13490	**5352**	**7948**	**11395**	**20904**	**12158**	**11826**	**12053**	**9134**	**20899**	--
344	**388**	**449**	**82**	**316**	**194**	**287**	**435**	**514**	**370**	A
117	74	191	39	129	62	130	130	121	137	01
94	194	140	8	35	61	53	192	215	50	02
50	55	48	16	41	19	19	23	43	87	03
38	20	9	11	39	20	31	24	42	43	04
45	45	61	8	72	32	54	66	93	53	05
110	**79**	**92**	**1**	**52**	**29**	**120**	**103**	**137**	**230**	B
28	24	42		8		45	27	39	115	06
1	13	9	1	3	1	2		1	29	07
20	6	1		2	5	18	11	5	23	08
11	18	11		4	4	17	17	46	31	09
29	12	18		29	19	25	46	39	21	10
17	6	10		6		7	2	4	10	11
4		1				6		3	1	12
1975	**560**	**949**	**1180**	**2400**	**760**	**1247**	**1082**	**1085**	**2673**	C
112	40	128	18	95	56	178	119	86	142	13
50	23	42	40	50	20	25	47	36	86	14
29	18	35	9	39	28	31	42	38	85	15
5	6	6	2	6	3	8	11	4	16	16
47	6	16	21	134	26	35	21	31	100	17
52	5	7	25	119	26	35	39	61	111	18
19	1	4	10	16	5	13	20	15	22	19
28	48	62	6	36	3	22	39	48	192	20
14	2	14	7	26	1	10	18	13	30	21
26	9	11	13	21	8	5	26	16	50	22
104	24	44	67	90	35	56	78	59	99	23
16	1	11	37	38	9	16	52	15	41	24
49	5	19	8	14	7	9	5	6	34	25
119	26	55	97	149	71	80	55	59	221	26
34	27	30	54	38	26	26	16	20	44	27
6	3	2	4	18	7	3	3		7	28
42	14	21	33	50	13	38	17	27	89	29
151	74	100	69	171	117	134	123	190	245	30
69	11	10	24	28	16	22	20	9	36	31
44	5	10	13	34	9	19	17	49	36	32
92	11	37	65	138	27	50	34	47	139	33

2-13 续表 1

行业大类	代码	企业单位数	北京	天津	河北	山西	内蒙古
通用设备制造业	34	2519	100	107	118	72	42
专用设备制造业	35	2416	118	127	133	107	30
汽车制造业	36	1346	64	38	69	21	11
铁路、船舶、航空航天和其他运输设备制造业	37	898	52	43	24	21	5
电气机械和器材制造业	38	1726	66	72	83	42	18
计算机、通信和其他电子设备制造业	39	1288	113	73	27	8	3
仪器仪表制造业	40	640	87	40	19	17	2
其他制造业	41	412	11	18	22	13	4
废弃资源综合利用业	42	218	10	4	12	12	2
金属制品、机械和设备修理业	43	443	17	14	12	28	10
电力、热力、燃气及水生产和供应业	**D**	**15868**	**171**	**169**	**697**	**634**	**681**
电力、热力生产和供应业	44	9915	103	102	383	356	515
燃气生产和供应业	45	902	20	25	52	68	12
水的生产和供应业	46	5051	48	42	262	210	154
建筑业	**E**	**17074**	**687**	**523**	**710**	**547**	**216**
房屋建筑业	47	3871	197	110	111	134	49
土木工程建筑业	48	7254	224	193	344	260	93
建筑安装业	49	2294	113	97	79	67	41
建筑装饰和其他建筑业	50	3655	153	123	176	86	33
批发和零售业	**F**	**67694**	**3163**	**1951**	**2563**	**2664**	**1072**
批发业	51	40453	1998	1403	1622	1611	548
零售业	52	27241	1165	548	941	1053	524
交通运输、仓储和邮政业	**G**	**20009**	**552**	**630**	**632**	**632**	**522**
铁路运输业	53	732	21	13	17	62	81
道路运输业	54	7716	208	153	264	269	124
水上运输业	55	1110	4	63	38	1	1
航空运输业	56	394	16	6	8	11	28
管道运输业	57	105	5	7	3	2	2
装卸搬运和运输代理业	58	2656	158	179	85	27	44
仓储业	59	5668	132	177	199	218	154
邮政业	60	1628	8	32	18	42	88
住宿和餐饮业	**H**	**9792**	**1000**	**219**	**351**	**284**	**157**
住宿业	61	6970	763	145	250	201	106
餐饮业	62	2822	237	74	101	83	51
信息传输、软件和信息技术服务业	**I**	**8980**	**744**	**212**	**253**	**143**	**213**
电信、广播电视和卫星传输服务	63	3863	94	43	88	90	147
互联网和相关服务	64	861	80	11	24	9	20
软件和信息技术服务业	65	4256	570	158	141	44	46

单位：个

辽宁	吉林	黑龙江	上海	江苏	浙江	安徽	福建	江西	山东	代码
239	38	83	103	250	54	82	49	40	241	34
180	30	54	89	205	32	87	46	54	187	35
99	62	23	74	92	17	76	22	35	79	36
65	10	39	47	84	21	18	22	14	66	37
128	15	32	65	168	41	59	52	36	94	38
54	19	10	60	129	36	54	45	29	61	39
45	11	16	54	63	19	13	8	7	25	40
6	5	9	9	65	6	13	14	20	55	41
11	4	7	11	13	10	7	12	14	9	42
40	7	12	46	21	11	23	10	7	31	43
513	**358**	**527**	**95**	**486**	**633**	**592**	**612**	**460**	**841**	D
327	244	376	45	239	337	342	387	305	525	44
26	17	15	14	47	46	30	12	32	60	45
160	97	136	36	200	250	220	213	123	256	46
1004	**343**	**478**	**437**	**1177**	**461**	**655**	**499**	**522**	**1419**	E
214	84	123	87	172	57	136	117	118	233	47
431	162	187	157	468	304	286	230	214	601	48
162	52	105	67	193	47	93	40	62	216	49
197	45	63	126	344	53	140	112	128	369	50
2907	**1010**	**1814**	**2383**	**5053**	**1750**	**2263**	**2687**	**1948**	**5463**	F
1934	560	1119	1530	3396	1051	1264	1854	1302	3427	51
973	450	695	853	1657	699	999	833	646	2036	52
946	**532**	**779**	**652**	**1321**	**879**	**945**	**883**	**611**	**1177**	G
40	23	49	6	20	7	18	21	14	42	53
317	132	238	204	544	409	370	371	241	458	54
47	1	19	70	110	106	45	99	23	76	55
13	8	13	14	18	16	10	17	8	22	56
2		3	5	9	1	1		1	24	57
174	28	36	178	231	151	74	159	38	217	58
299	304	378	161	324	163	363	170	247	252	59
54	36	43	14	65	26	64	46	39	86	60
401	**174**	**261**	**401**	**526**	**329**	**279**	**298**	**274**	**606**	H
292	129	203	269	319	254	176	246	217	318	61
109	45	58	132	207	75	103	52	57	288	62
374	**185**	**227**	**319**	**710**	**260**	**382**	**251**	**190**	**633**	I
138	134	133	43	194	124	196	110	72	230	63
26	13	22	24	94	17	38	32	26	65	64
210	38	72	252	422	119	148	109	92	338	65

2-13 续表 2

行业大类	代码	企业单位数	北京	天津	河北	山西	内蒙古
金融业	J	**14776**	**666**	**396**	**380**	**351**	**434**
货币金融服务	66	6732	173	268	132	144	189
资本市场服务	67	2045	232	66	80	32	27
保险业	68	5087	120	25	146	148	195
其他金融业	69	912	141	37	22	27	23
房地产业	K	**24616**	**2184**	**876**	**505**	**568**	**212**
房地产业	70	24616	2184	876	505	568	212
租赁和商务服务业	L	**41950**	**2955**	**1109**	**1312**	**889**	**520**
租赁业	71	1623	79	185	63	43	31
商务服务业	72	40327	2876	924	1249	846	489
科学研究和技术服务业	M	**18991**	**1975**	**734**	**604**	**433**	**234**
研究和试验发展	73	1919	166	54	59	31	16
专业技术服务业	74	13120	888	470	411	358	187
科技推广和应用服务业	75	3952	921	210	134	44	31
水利、环境和公共设施管理业	N	**7262**	**221**	**128**	**350**	**222**	**167**
水利管理业	76	1364	17	14	56	57	27
生态保护和环境治理业	77	743	34	8	32	28	25
公共设施管理业	78	5155	170	106	262	137	115
居民服务、修理和其他服务业	O	**4768**	**289**	**227**	**169**	**169**	**112**
居民服务业	79	1636	103	76	61	38	38
机动车、电子产品和日用产品修理业	80	1555	121	42	57	40	26
其他服务业	81	1577	65	109	51	91	48
教育	P	**2010**	**114**	**35**	**53**	**39**	**40**
教育	82	2010	114	35	53	39	40
卫生和社会工作	Q	**1475**	**50**	**23**	**35**	**37**	**35**
卫生	83	1261	34	18	26	30	33
社会工作	84	214	16	5	9	7	2
文化、体育和娱乐业	R	**8048**	**1217**	**155**	**251**	**243**	**95**
新闻和出版业	85	2241	780	43	48	56	15
广播、电视、电影和影视录音制作业	86	2625	167	33	110	103	33
文化艺术业	87	1927	148	43	57	73	30
体育	88	447	66	15	11	8	4
娱乐业	89	808	56	21	25	3	13
公共管理、社会保障和社会组织	S	**99**		**4**	**3**	**3**	**1**
社会保障	93	99		4	3	3	1

单位：个

辽宁	吉林	黑龙江	上海	江苏	浙江	安徽	福建	江西	山东	代码
495	**294**	**412**	**418**	**751**	**528**	**824**	**409**	**470**	**1017**	J
221	153	199	96	326	192	407	181	252	492	66
68	21	51	195	120	103	84	59	43	89	67
186	105	145	79	261	203	287	152	143	383	68
20	15	17	48	44	30	46	17	32	53	69
905	**237**	**443**	**2012**	**1610**	**1227**	**898**	**1185**	**597**	**1313**	K
905	237	443	2012	1610	1227	898	1185	597	1313	70
1540	**447**	**651**	**1872**	**3530**	**2974**	**1706**	**2088**	**1163**	**2530**	L
52	11	37	59	114	46	77	63	60	114	71
1488	436	614	1813	3416	2928	1629	2025	1103	2416	72
1015	**286**	**377**	**706**	**1446**	**932**	**786**	**680**	**447**	**1206**	M
114	32	40	95	283	59	64	72	21	164	73
704	218	245	457	862	710	652	505	353	780	74
197	36	92	154	301	163	70	103	73	262	75
219	**147**	**141**	**239**	**499**	**633**	**280**	**371**	**218**	**383**	N
47	42	28	21	62	114	41	77	26	74	76
21	9	23	23	61	47	38	34	13	47	77
151	96	90	195	376	472	201	260	179	262	78
235	**77**	**99**	**195**	**325**	**119**	**165**	**132**	**167**	**319**	O
104	34	49	61	112	59	54	49	49	111	79
104	16	35	88	117	30	58	49	42	81	80
27	27	15	46	96	30	53	34	76	127	81
93	**29**	**53**	**44**	**139**	**82**	**76**	**59**	**53**	**163**	P
93	29	53	44	139	82	76	59	53	163	82
134	**44**	**61**	**25**	**65**	**32**	**33**	**27**	**34**	**108**	Q
125	41	55	24	54	13	26	16	29	89	83
9	3	6	1	11	19	7	11	5	19	84
268	**162**	**132**	**334**	**496**	**335**	**288**	**249**	**244**	**418**	R
92	45	31	127	90	78	52	51	42	82	85
70	53	38	94	130	115	113	94	120	148	86
69	48	33	52	149	93	84	52	58	129	87
18	3	11	28	56	23	9	26	7	19	88
19	13	19	33	71	26	30	26	17	40	89
12		**3**		**2**	**1**		**3**		**30**	S
12		3		2	1		3		30	93

2-13 续表 3

行业大类	代码	河南	湖北	湖南	广东	广西	海南
总计	--	**15632**	**13062**	**11014**	**22050**	**7052**	**2429**
农、林、牧、渔业	A	**408**	**462**	**343**	**394**	**280**	**220**
农业	01	196	142	131	159	88	63
林业	02	39	90	50	83	111	96
畜牧业	03	76	29	51	54	27	24
渔业	04	13	83	39	35	12	12
农、林、牧、渔服务业	05	84	118	72	63	42	25
采矿业	B	**265**	**74**	**134**	**99**	**90**	**10**
煤炭开采和洗选业	06	179	11	65		15	1
石油和天然气开采业	07	7	2		3	1	2
黑色金属矿采选业	08	6	11	7	11	17	
有色金属矿采选业	09	45	5	35	25	35	4
非金属矿采选业	10	15	37	22	44	20	3
开采辅助活动	11	11	8	4	11		
其他采矿业	12	2		1	5	2	
制造业	C	**1662**	**1530**	**1136**	**2802**	**876**	**240**
农副食品加工业	13	152	130	101	287	172	83
食品制造业	14	50	35	32	88	28	11
酒、饮料和精制茶制造业	15	39	40	30	61	35	13
烟草制品业	16	11	11	14	9	3	1
纺织业	17	49	56	27	84	20	3
纺织服装、服饰业	18	54	34	15	77	6	2
皮革、毛皮、羽毛及其制品和制鞋业	19	14	10	9	48	2	
木材加工和木、竹、藤、棕、草制品业	20	30	28	34	37	47	12
家具制造业	21	12	4	2	40		3
造纸和纸制品业	22	27	18	19	70	19	3
印刷和记录媒介复制业	23	67	90	46	127	58	17
文教、工美、体育和娱乐用品制造业	24	32	15	16	80	6	4
石油加工和炼焦业	25	27	13	8	22	7	1
化学原料和化学制品制造业	26	135	93	75	150	63	18
医药制造业	27	38	31	30	61	20	4
化学纤维制造业	28	2	1	1	4		2
橡胶和塑料制品业	29	28	32	18	137	19	9
非金属矿物制品业	30	197	126	148	203	119	21
黑色金属冶炼和压延加工业	31	23	32	24	38	24	1
有色金属冶炼和压延加工业	32	66	15	50	45	38	3
金属制品业	33	69	80	37	190	19	4

单位：个

重庆	四川	贵州	云南	西藏	陕西	甘肃	青海	宁夏	新疆	代码
7353	**10289**	**7955**	**9178**	**975**	**9857**	**4842**	**1776**	**1314**	**8465**	--
380	**260**	**253**	**353**	**21**	**248**	**207**	**71**	**83**	**635**	A
135	69	107	175	8	80	106	27	46	254	01
22	80	58	80	1	54	21	10	8	48	02
122	46	60	50	4	50	58	26	18	136	03
45	6	10	8		7			4	12	04
56	59	18	40	8	57	22	8	7	185	05
63	**137**	**223**	**164**	**23**	**228**	**82**	**49**	**18**	**270**	B
25	28	154	54		122	25	14	12	103	06
17	21	4	1		11	2	1	1	10	07
3	18	7	16	3	12	4	6		39	08
1	31	14	51	15	25	24	7	1	37	09
11	33	40	35	5	16	6	16	2	57	10
5	5	2	6		39	17	1	2	21	11
1	1	2	1		3	4	4		3	12
792	**1117**	**846**	**698**	**74**	**1323**	**555**	**167**	**125**	**1073**	C
44	70	76	46	13	64	48	19	11	168	13
18	28	24	11	2	50	10	3	3	91	14
20	57	64	33	2	29	24	4	2	46	15
6	6	7	16		5	2		2	1	16
13	20	7	7	2	44	12	1	2	46	17
8	21	12	12		14	4	5	4	26	18
9	3	3	4		3	3			2	19
8	16	81	27	12	9	4	1		12	20
5	5	6	2		9	2			6	21
11	14	5	7	1	12	4		5	13	22
21	53	41	42	6	49	43	7	9	48	23
8	7	13	3	3	9	8	4	3	4	24
3	13	4	6		22	12	2	1	22	25
74	105	89	85	4	105	47	40	13	106	26
24	30	8	24	8	35	15	4	1	15	27
	6		1		3	3			8	28
18	18	22	20		30	14		3	63	29
70	143	120	110	16	117	78	10	22	206	30
19	25	20	27		19	15	7	2	25	31
32	25	30	55		62	36	23	10	16	32
34	36	31	32	3	55	23	5	4	46	33

2-13 续表 4

行业大类	代码	河南	湖北	湖南	广东	广西	海南
通用设备制造业	34	131	116	70	128	48	2
专用设备制造业	35	153	102	90	142	42	3
汽车制造业	36	41	152	55	46	28	
铁路、船舶、航空航天和其他运输设备制造业	37	31	53	33	66	10	3
电气机械和器材制造业	38	87	74	64	195	19	5
计算机、通信和其他电子设备制造业	39	31	52	37	232	13	5
仪器仪表制造业	40	23	30	19	36	3	1
其他制造业	41	21	30	12	32	2	
废弃资源综合利用业	42	8	8	11	19	3	1
金属制品、机械和设备修理业	43	14	19	9	48	3	5
电力、热力、燃气及水生产和供应业	D	**518**	**748**	**792**	**885**	**535**	**123**
电力、热力生产和供应业	44	324	463	494	548	352	73
燃气生产和供应业	45	34	24	22	45	5	10
水的生产和供应业	46	160	261	276	292	178	40
建筑业	E	**843**	**822**	**752**	**1056**	**270**	**126**
房屋建筑业	47	168	183	150	307	67	44
土木工程建筑业	48	373	378	353	359	128	40
建筑安装业	49	94	92	80	161	24	8
建筑装饰和其他建筑业	50	208	169	169	229	51	34
批发和零售业	F	**4691**	**2749**	**2127**	**5706**	**1497**	**352**
批发业	51	2379	1320	996	3697	913	167
零售业	52	2312	1429	1131	2009	584	185
交通运输、仓储和邮政业	G	**1170**	**902**	**597**	**1499**	**490**	**158**
铁路运输业	53	41	29	31	29	12	6
道路运输业	54	411	330	290	606	140	52
水上运输业	55	9	76	27	184	22	24
航空运输业	56	9	10	12	24	8	5
管道运输业	57	3	4	2	1	2	
装卸搬运和运输代理业	58	86	74	45	303	65	31
仓储业	59	493	211	122	277	215	25
邮政业	60	118	168	68	75	26	15
住宿和餐饮业	H	**424**	**343**	**297**	**648**	**205**	**130**
住宿业	61	289	209	209	496	160	117
餐饮业	62	135	134	88	152	45	13
信息传输、软件和信息技术服务业	I	**496**	**340**	**440**	**515**	**106**	**47**
电信、广播电视和卫星传输服务	63	223	169	220	184	76	24
互联网和相关服务	64	59	26	49	52	9	3
软件和信息技术服务业	65	214	145	171	279	21	20

单位：个

重庆	四川	贵州	云南	西藏	陕西	甘肃	青海	宁夏	新疆	代码
61	68	40	22		137	36	11	10	21	34
49	80	41	28		128	39	4	4	32	35
92	50	15	22		48	4	2		9	36
36	35	18	6		65	4		1	6	37
41	57	23	23	1	95	39	7	6	19	38
30	83	15	6		51	7			5	39
34	17	8	8		28	4			3	40
1	11	10	7		9	1	3	1	2	41
1	6	6	5		2	4	1	3	2	42
2	9	7	1	1	15	10	4	3	4	43
411	**1002**	**596**	**660**	**120**	**560**	**459**	**187**	**175**	**628**	D
194	564	365	407	100	340	350	142	135	478	44
47	106	22	33	3	26	15	1	7	26	45
170	332	209	220	17	194	94	44	33	124	46
392	**615**	**461**	**497**	**69**	**629**	**264**	**104**	**99**	**397**	E
117	186	133	105	33	172	70	20	26	148	47
162	243	182	190	28	263	129	63	60	149	48
38	83	49	61	3	76	33	12	7	39	49
75	103	97	141	5	118	32	9	6	61	50
1244	**1736**	**1418**	**2080**	**241**	**2171**	**913**	**268**	**216**	**1594**	F
630	1014	758	934	75	1067	471	133	118	1162	51
614	722	660	1146	166	1104	442	135	98	432	52
443	**682**	**430**	**437**	**91**	**530**	**287**	**141**	**71**	**388**	G
12	26	14	14	2	30	14	13	7	18	53
211	322	232	168	41	236	111	64	21	179	54
36	19	3	1		1	1	2	2		55
9	20	17	14	10	18	12	4	3	11	56
3	5	5	2		5	2			6	57
60	55	22	34	4	28	12	4	8	46	58
42	171	82	62	20	162	107	37	21	80	59
70	64	55	142	14	50	28	17	9	48	60
316	**323**	**220**	**313**	**63**	**411**	**199**	**59**	**29**	**252**	H
168	237	156	239	61	309	152	52	21	207	61
148	86	64	74	2	102	47	7	8	45	62
275	**385**	**161**	**374**	**36**	**295**	**138**	**53**	**43**	**180**	I
147	211	91	186	34	198	95	39	26	104	63
30	26	18	22	2	28	18	5	5	8	64
98	148	52	166		69	25	9	12	68	65

2-13 续表 5

行业大类	代码	河南	湖北	湖南	广东	广西	海南
金融业	J	**782**	**631**	**560**	**778**	**309**	**84**
货币金融服务	66	373	325	223	291	146	39
资本市场服务	67	97	60	84	151	15	8
保险业	68	283	210	228	294	143	31
其他金融业	69	29	36	25	42	5	6
房地产业	K	**840**	**891**	**748**	**2106**	**608**	**407**
房地产业	70	840	891	748	2106	608	407
租赁和商务服务业	L	**1524**	**1581**	**1602**	**3169**	**941**	**221**
租赁业	71	103	47	53	78	32	14
商务服务业	72	1421	1534	1549	3091	909	207
科学研究和技术服务业	M	**804**	**863**	**548**	**1080**	**398**	**128**
研究和试验发展	73	62	75	66	138	20	9
专业技术服务业	74	518	642	397	813	292	102
科技推广和应用服务业	75	224	146	85	129	86	17
水利、环境和公共设施管理业	N	**288**	**327**	**273**	**331**	**168**	**41**
水利管理业	76	58	105	53	47	35	3
生态保护和环境治理业	77	37	43	29	44	12	5
公共设施管理业	78	193	179	191	240	121	33
居民服务、修理和其他服务业	O	**258**	**229**	**159**	**278**	**76**	**25**
居民服务业	79	97	64	55	82	21	11
机动车、电子产品和日用产品修理业	80	75	55	45	126	27	8
其他服务业	81	86	110	59	70	28	6
教育	P	**164**	**114**	**59**	**142**	**40**	**18**
教育	82	164	114	59	142	40	18
卫生和社会工作	Q	**157**	**107**	**91**	**64**	**17**	**20**
卫生	83	141	94	85	60	14	19
社会工作	84	16	13	6	4	3	1
文化、体育和娱乐业	R	**330**	**337**	**353**	**498**	**145**	**79**
新闻和出版业	85	62	65	51	129	23	21
广播、电视、电影和影视录音制作业	86	111	117	153	174	82	28
文化艺术业	87	100	98	95	90	26	14
体育	88	8	15	12	28	6	10
娱乐业	89	49	42	42	77	8	6
公共管理、社会保障和社会组织	S	**8**	**12**	**3**		**1**	
社会保障	93	8	12	3		1	

单位：个

重庆	四川	贵州	云南	西藏	陕西	甘肃	青海	宁夏	新疆	代码
720	**623**	**383**	**577**	**63**	**445**	**355**	**100**	**88**	**433**	J
415	277	182	275	46	205	183	60	47	220	66
67	63	58	56	1	45	12	8	16	34	67
214	252	108	213	14	172	149	25	20	153	68
24	31	35	33	2	23	11	7	5	26	69
586	**666**	**689**	**539**	**28**	**788**	**265**	**111**	**75**	**497**	K
586	666	689	539	28	788	265	111	75	497	70
825	**1478**	**1257**	**1286**	**78**	**809**	**413**	**216**	**110**	**1154**	L
37	51	36	34	6	42	15	7	2	32	71
788	1427	1221	1252	72	767	398	209	108	1122	72
353	**533**	**353**	**505**	**30**	**533**	**292**	**150**	**74**	**486**	M
31	53	24	41	2	51	30	10	4	33	73
261	381	282	386	28	405	245	126	58	384	74
61	99	47	78		77	17	14	12	69	75
218	**276**	**253**	**216**	**7**	**288**	**115**	**31**	**35**	**177**	N
53	44	68	40	2	62	29	7	8	47	76
28	23	11	27	1	21	7	3	2	7	77
137	209	174	149	4	205	79	21	25	123	78
113	**112**	**141**	**194**	**13**	**166**	**53**	**17**	**17**	**118**	O
43	43	58	49	4	51	16	6	3	35	79
40	43	39	40	7	70	22	6	6	40	80
30	26	44	105	2	45	15	5	8	43	81
35	**61**	**65**	**84**	**5**	**52**	**30**	**10**	**7**	**52**	P
35	61	65	84	5	52	30	10	7	52	82
34	**41**	**49**	**28**	**4**	**56**	**28**	**5**	**4**	**27**	Q
28	35	44	25	4	46	26	5	3	19	83
6	6	5	3		10	2		1	8	84
153	**239**	**154**	**172**	**9**	**322**	**187**	**37**	**45**	**101**	R
37	56	35	21	1	63	24	3	10	8	85
50	95	49	53	5	139	60	16	14	58	86
42	46	40	61	2	93	64	7	13	18	87
6	7	16	10		10	1	5	1	8	88
18	35	14	27	1	17	38	6	7	9	89
	3	**3**	**1**		**3**				**3**	S
	3	3	1		3				3	93

2-14 按行业(大类)、营业状态

(2016年)

行业大类	代码	企业单位数	营业	停业(歇业)
总计	--	**310992**	**275466**	**17685**
农、林、牧、渔业	A	**8935**	**7935**	**456**
农业	01	3250	2881	144
林业	02	2125	1955	93
畜牧业	03	1413	1245	67
渔业	04	603	536	40
农、林、牧、渔服务业	05	1544	1318	112
采矿业	B	**3972**	**3061**	**432**
煤炭开采和洗选业	06	1953	1459	210
石油和天然气开采业	07	171	157	2
黑色金属矿采选业	08	334	245	56
有色金属矿采选业	09	567	447	62
非金属矿采选业	10	667	546	69
开采辅助活动	11	228	174	25
其他采矿业	12	52	33	8
制造业	C	**34673**	**29161**	**3131**
农副食品加工业	13	2722	2243	325
食品制造业	14	1071	851	137
酒、饮料和精制茶制造业	15	995	823	98
烟草制品业	16	169	153	10
纺织业	17	1009	738	176
纺织服装、服饰业	18	877	753	70
皮革、毛皮、羽毛及其制品和制鞋业	19	281	207	42
木材加工和木、竹、藤、棕、草制品业	20	900	748	93
家具制造业	21	264	216	27
造纸和纸制品业	22	478	354	73
印刷和记录媒介复制业	23	1718	1531	124
文教、工美、体育和娱乐用品制造业	24	515	424	60
石油加工和炼焦业	25	416	345	31
化学原料和化学制品制造业	26	2610	2173	242
医药制造业	27	800	705	59
化学纤维制造业	28	105	88	12
橡胶和塑料制品业	29	974	819	89
非金属矿物制品业	30	3622	2995	351
黑色金属冶炼和压延加工业	31	710	588	69
有色金属冶炼和压延加工业	32	882	745	71
金属制品业	33	1649	1444	118

分组的国有控股企业法人单位数

单位：个

筹建	当年关闭	当年破产	当年注销	当年吊销	注册未经营	其他	代码
10113	**3202**	**512**	**80**	**21**	**292**	**3621**	--
393	**32**	**9**	**1**	**1**	**10**	**98**	A
183	7	1	1		5	28	01
54	5				1	17	02
72	7	3			1	18	03
19	1					7	04
65	12	5		1	3	28	05
308	**74**	**10**			**3**	**84**	B
166	47	5			1	65	06
10	1					1	07
22	4	1				6	08
43	6	2				7	09
34	11	2			2	3	10
25	3					1	11
8	2					1	12
1101	**639**	**179**	**8**	**6**	**27**	**421**	C
69	36	9		1	3	36	13
35	24	10			1	13	14
38	12	7			1	16	15
3	2					1	16
22	37	16	1		1	18	17
28	11	1			1	13	18
12	7	3	1		2	7	19
25	17	3				14	20
10	5	1			2	3	21
14	23	3				11	22
15	23	5		1	1	18	23
13	8					10	24
24	8	3				5	25
94	62	11			1	27	26
16	10	2				8	27
1	1	3					28
25	18	6	1			16	29
127	85	22	1	1	4	36	30
15	24	3				11	31
25	28	7			2	4	32
46	21	4	2		2	12	33

2-14 续表 1

行业大类	代码	企业单位数	营业	停业(歇业)
通用设备制造业	34	2519	2140	231
专用设备制造业	35	2416	2043	177
汽车制造业	36	1346	1208	55
铁路、船舶、航空航天和其他运输设备制造业	37	898	785	52
电气机械和器材制造业	38	1726	1427	156
计算机、通信和其他电子设备制造业	39	1288	1131	73
仪器仪表制造业	40	640	573	34
其他制造业	41	412	345	24
废弃资源综合利用业	42	218	186	7
金属制品、机械和设备修理业	43	443	380	45
电力、热力、燃气及水生产和供应业	D	**15868**	**14126**	**427**
电力、热力生产和供应业	44	9915	8709	283
燃气生产和供应业	45	902	783	18
水的生产和供应业	46	5051	4634	126
建筑业	E	**17074**	**15232**	**680**
房屋建筑业	47	3871	3436	186
土木工程建筑业	48	7254	6538	250
建筑安装业	49	2294	2060	88
建筑装饰和其他建筑业	50	3655	3198	156
批发和零售业	F	**67694**	**59733**	**4847**
批发业	51	40453	35378	3156
零售业	52	27241	24355	1691
交通运输、仓储和邮政业	G	**20009**	**18134**	**909**
铁路运输业	53	732	640	29
道路运输业	54	7716	7104	298
水上运输业	55	1110	992	50
航空运输业	56	394	350	8
管道运输业	57	105	92	4
装卸搬运和运输代理业	58	2656	2409	108
仓储业	59	5668	5013	366
邮政业	60	1628	1534	46
住宿和餐饮业	H	**9792**	**8801**	**583**
住宿业	61	6970	6297	410
餐饮业	62	2822	2504	173
信息传输、软件和信息技术服务业	I	**8980**	**8279**	**286**
电信、广播电视和卫星传输服务	63	3863	3586	150
互联网和相关服务	64	861	799	20
软件和信息技术服务业	65	4256	3894	116

单位：个

筹建	当年关闭	当年破产	当年注销	当年吊销	注册未经营	其他	代码
74	33	17			1	23	34
116	37	13				30	35
40	20	3			2	18	36
35	14	3		1		8	37
69	34	13				27	38
41	16	9			1	17	39
15	6	1		2		9	40
28	10	1			2	2	41
19	3		2			1	42
7	4					7	43
999	**167**	**10**	**3**		**22**	**114**	**D**
680	145	5	2		20	71	44
88	4	2				7	45
231	18	3	1		2	36	46
654	**313**	**16**	**8**	**2**	**18**	**151**	**E**
112	94	6	1		9	27	47
282	100	3	3	1	7	70	48
70	48	2	3			23	49
190	71	5	1	1	2	31	50
1548	**732**	**130**	**10**	**8**	**42**	**644**	**F**
917	453	71	8	2	27	441	51
631	279	59	2	6	15	203	52
557	**149**	**29**	**6**		**17**	**208**	**G**
42	2	2				17	53
192	46	7	5		5	59	54
48	7	3			3	7	55
29	2					5	56
7	1					1	57
79	30	5	1		2	22	58
139	51	12			4	83	59
21	10				3	14	60
129	**185**	**20**	**5**		**7**	**62**	**H**
68	131	16	2		4	42	61
61	54	4	3		3	20	62
243	**49**	**5**	**6**		**3**	**109**	**I**
32	24	3	3			65	63
31	2	1	1			7	64
180	23	1	2		3	37	65

2-14 续表 2

行业大类	代码	企业单位数	营业	停业(歇业)
金融业	**J**	**14776**	**13689**	**660**
货币金融服务	66	6732	6333	258
资本市场服务	67	2045	1810	90
保险业	68	5087	4732	280
其他金融业	69	912	814	32
房地产业	**K**	**24616**	**21835**	**1307**
房地产业	70	24616	21835	1307
租赁和商务服务业	**L**	**41950**	**36937**	**2172**
租赁业	71	1623	1452	67
商务服务业	72	40327	35485	2105
科学研究和技术服务业	**M**	**18991**	**17356**	**744**
研究和试验发展	73	1919	1683	87
专业技术服务业	74	13120	12216	403
科技推广和应用服务业	75	3952	3457	254
水利、环境和公共设施管理业	**N**	**7262**	**6360**	**263**
水利管理业	76	1364	1185	59
生态保护和环境治理业	77	743	656	26
公共设施管理业	78	5155	4519	178
居民服务、修理和其他服务业	**O**	**4768**	**4256**	**239**
居民服务业	79	1636	1464	73
机动车、电子产品和日用产品修理业	80	1555	1402	95
其他服务业	81	1577	1390	71
教育	**P**	**2010**	**1775**	**88**
教育	82	2010	1775	88
卫生和社会工作	**Q**	**1475**	**1358**	**52**
卫生	83	1261	1187	29
社会工作	84	214	171	23
文化、体育和娱乐业	**R**	**8048**	**7352**	**400**
新闻和出版业	85	2241	2147	44
广播、电视、电影和影视录音制作业	86	2625	2329	201
文化艺术业	87	1927	1748	83
体育	88	447	410	19
娱乐业	89	808	718	53
公共管理、社会保障和社会组织	**S**	**99**	**86**	**9**
社会保障	93	99	86	9

单位：个

筹建	当年关闭	当年破产	当年注销	当年吊销	注册未经营	其他	代码
292	**27**	**2**			**8**	**98**	**J**
87	9					45	66
104	10				6	25	67
46	8	1				20	68
55		1			2	8	69
532	**306**	**42**	**13**	**1**	**18**	**562**	**K**
532	306	42	13	1	18	562	70
1868	**276**	**34**	**9**		**83**	**571**	**L**
68	8	4			3	21	71
1800	268	30	9		80	550	72
592	**102**	**10**	**4**		**10**	**173**	**M**
116	10	2			1	20	73
318	63	5	3		8	104	74
158	29	3	1		1	49	75
476	**34**	**2**	**3**		**16**	**108**	**N**
81	7	1			2	29	76
47	4				2	8	77
348	23	1	3		12	71	78
178	**30**	**5**	**1**	**1**	**2**	**56**	**O**
69	9					21	79
33	12	3				10	80
76	9	2	1	1	2	25	81
69	**18**			**1**	**1**	**58**	**P**
69	18			1	1	58	82
34	**12**	**1**				**18**	**Q**
23	10	1				11	83
11	2					7	84
137	**57**	**8**	**3**	**1**	**5**	**85**	**R**
11	15	1	1			22	85
39	18	5	2		1	30	86
59	11	1		1	2	22	87
10	5					3	88
18	8	1			2	8	89
3						**1**	**S**
3						1	93

2-15 按地区、营业状态分组的国有控股企业法人单位数

(2016年)

单位：个

地区	企业单位数									
		营业	停业(歇业)	筹建	当年关闭	当年破产	当年注销	当年吊销	注册未经营	其他
全国	**310992**	**275466**	**17685**	**10113**	**3202**	**512**	**80**	**21**	**292**	**3621**
北京	17503	15909	1165	114	182	12	2		3	116
天津	8797	7487	649	376	122	20	4		3	136
河北	10747	9670	483	415	95	14	2	1	9	58
山西	9850	8348	770	470	86	23	6		18	129
内蒙古	5693	5164	167	260	29	12	1		10	50
辽宁	13490	11245	1348	505	198	45	1	9	6	133
吉林	5352	4912	254	118	27	1	2			38
黑龙江	7948	7270	392	128	68	22	2		1	65
上海	11395	10656	335	114	93	5	16		6	170
江苏	20904	19094	752	769	149	3	3	2	25	107
浙江	12158	11300	390	265	72	1	15		105	10
安徽	11826	7601	3006	872	169	33	1		1	143
福建	12053	10154	863	600	201	17	1		7	210
江西	9134	8244	343	266	120	12	2		6	141
山东	20899	19358	567	546	207	19	3		2	197
河南	15632	14540	393	334	129	30	2		5	199
湖北	13062	11652	620	370	142	25	1	1		251
湖南	11014	10173	320	195	129	48			5	144
广东	22050	19216	1438	627	262	26	5	1	15	460
广西	7052	6144	516	55	138	14	1	2		182
海南	2429	2062	198	82	28	8				51
重庆	7353	6748	150	267	85	5	4	1	9	84
四川	10289	9474	361	246	91	10	1	2	11	93
贵州	7955	6751	515	438	80	25	1		14	131
云南	9178	8160	349	473	51	14	1	1	8	121
西藏	975	921	25	13	4					12
陕西	9857	8867	427	407	102	16	2	1	6	29
甘肃	4842	4388	217	135	48	19			1	34
青海	1776	1500	89	140	16	9			3	19
宁夏	1314	1204	39	50	14				1	6
新疆	8465	7254	544	463	65	24	1		12	102